3차 표준보육과정과 누리과정에 맞춘

영유아
동작교육

전가일 · 이세라피나 · 김진욱 공저

학지사

머 • 리 • 말

　인간의 움직임은 태아기부터 시작되어 출생 후 영유아기에 급격하게 많아진다. 잠시라도 아이들을 관찰해 본 사람이라면 누구나 아이들에게 움직임이라는 요소가 세상과 소통하는 통로이자 매우 중요한 배움의 방식이라는 것을 알 수 있다. 아이들은 손으로 움켜쥐고 촉감을 느끼는 방식으로 세계를 탐색하고, 표정과 몸짓으로 자신의 느낌을 말한다. 아이들은 온몸으로 자신의 생각과 느낌을 표현할 수 있다. 레지오 교육의 모토처럼 아이들에게는 수많은 언어가 있고, 몸의 움직임은 아이들의 매우 중요한 언어임이 틀림없다.

　하지만 아직도 많은 영유아교육 현장에서 동작교육이 체육 기술이나 정형화된 율동을 가르치는 것으로 인식되는 부분이 있다. 따라서 유아 교사와 예비교사들은 동작교육에 대한 이론적 탐구를 통해 영유아기 동작교육의 개념 및 의미를 탐색하며 기존의 편견을 지양하고, 동작교육에 관한 자신만의 개념을 정립할 필요가 있다. 이를 바탕으로 영유아기 동작교육에서 적절한 내용은 무엇이고 어떠한 교수방식이 더욱 적합한지, 창의적인 동작활동을 위해서는 무엇을 준비해야 하는지와 같은 실제적인 고민을 할 수 있을 것이다.

　이 책은 크게 이론편과 실제편의 두 부분으로 나뉘어 영유아기 동작교육에 대해 살피고 있다. 이론편에서는 동작교육의 개념, 역사, 발달이론과의 관련성, 교육과정과의 관련성, 동작교육의 내용 및 실행과 상호작용 등 동작교육을 위한 기본 이론들을 다룬다. 실제편에서는 이러한 이론을 바탕으로 영유아교육 관련 현장에서 활용될 수 있는 동작활동 교육계획안의 예를 소개한다.

이론편 제1장에서는 영유아 동작교육의 개념과 의미, 중요성 등 동작교육의 기초를 살펴본다. 이를 통해 유아교육 관련 현장에서 동작교육이 어떠한 의미와 중요성이 있는지 이해할 수 있다. 제2장에서는 동작교육의 역사에 대해 살펴본다. 고대부터 현재에 이르는 동작교육의 역사를 개관한 뒤 우리나라 영유아 동작교육의 역사를 알아본다. 또한 표준보육과정과 누리과정을 통해 우리나라의 교육과정 변화와 동작교육의 관련성을 알아본다. 제3장에서는 영유아기 발달과 동작교육의 관련성을 살펴본다. 영아기와 유아기 발달의 기본 특징을 알아보고, 동작활동과 가장 밀접하게 관련된 신체·운동발달을 집중적으로 살펴본다.

제4장에서는 동작교육의 내용을 다룬다. 동작을 이루는 요소를 알아보고, 영유아기에 흔히 취할 수 있는 동작을 이동 동작, 비이동 동작, 조작 동작의 세 가지로 나누어 각 유형의 구체 동작을 살펴본다. 또한 창의적 동작표현과 같은 동작활동의 응용 영역에 대해서도 알아본다. 제5장에서는 교육과정과 동작교육의 관련성을 살펴본다. 최근 우리나라의 표준적인 영유아기 교육과정이 된 표준보육과정 및 누리과정과 동작교육의 관련성을 각각의 하위 영역에 따라 알아본다. 이를 통해 동작활동이 표준보육과정과 누리과정 속에서 어떻게 계획, 실행될 수 있을지 그 구체적인 방법을 고민하고 이해할 수 있다. 제6장에서는 동작교육 활동에서 이루어지는 교사의 교수방식과 교사-영유아 간의 상호작용 방법을 살펴본다. 동작교육 활동을 진행하는 교사의 교수방식을 크게 세 가지로 나누어 알아보고 각각의 교수유형에 적절한 내용은 무엇인지 설명한다. 이를 통해 교육현장에서 동작활동을 계획하고 실행할 때 교사의 교수방법과 교사-영유아 간 상호작용의 구체적인 모습을 이해할 수 있다. 마지막으로 제7장에서는 동작교육 활동의 계획부터 실행까지의 과정을 살펴본다.

실제편에서는 영유아교육 현장에서 실제로 활용할 수 있는 동작활동계획안의 예를 제시한다. 활동계획안은 영아기와 유아기로 나누어 각각을 국가의 표준적 교육과정의 대주제와 연관되게 구성하였다. 영아기 활동계획안은 2013년에 고지된 3차 표준보육과정의 만 1, 2세의 활동주제 중 열 가지를 선택하여 구

성하였으며, 유아기 활동계획안 역시 2013년 고지된 누리과정의 활동주제로
구성하였다. 활동계획안을 구성하는 데 장안대학교 유아교육과 2013학번과
2014학번 학생들이 도움을 주었다. 학생들의 동의하에 그들이 구성한 계획안
을 수정·보완하여 제시하였다. 특히 계획안 수정·보완과 구성에 많은 수고
를 한 2013학번 이수연 학생과 2014학번 정루비 학생에게 고마움을 전한다.
또한 책을 만드느라 고생하신 학지사 편집부 여러분에게도 감사의 마음을 전
한다.
　　이 책이 현장에서 좋은 움직임 활동이 무엇인지 고민하는 교사들과 새로운
상상력으로 즐거운 동작교육 활동을 고안하고자 고민하는 예비교사들에게 도
움이 되길 바란다.

2015년 2월
저자 일동

차 • 례

이론편

실제편

이론편

제1장

동작교육의 기초

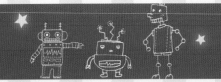

만 4세 유아반 교실에서 교사가 아이들과 함께 페트병으로 만든 볼링 핀을 가지고 놀고 있습니다. 교사와 아이들은 공을 굴려 핀을 쓰러뜨리기 위해 온갖 자세를 취합니다. 핀을 맞추기 위해 열심히 팔과 다리를 크게 움직입니다. 한 사람이 공을 굴릴 때마다 교사는 아이들과 함께 쓰러진 핀의 개수를 큰 소리로 세어 봅니다. 놀이를 마치고 난 후 교사는 자신이 아이들과 함께 재미있는 '동작교육' 활동을 했다고 생각합니다. 하지만 옆 반 담임교사는 이 교사가 놀이를 통해 수·과학 활동을 했다고 생각합니다. 그렇다면 동작교육이란 과연 무엇일까요? 영유아들에게 동작교육을 한다는 것은 아이들과 어떤 활동을 함께 한다는 의미일까요? 그것은 어떤 의미에서 아이들에게 중요한 활동이 될까요? 교실에서 교사가 아이들과 함께 한 어떤 놀이의 한 장면을 동작활동이라고 부를 수 있다면 그 이유는 무엇일까요?

영유아기는 생의 초기로 왕성한 호기심을 느끼며 세계를 탐색해 나가는 시기다. 이 시기의 아이들은 성인과는 다른 방식으로 세계를 탐색하고 자신을 표현한다. 성인과는 다른 언어적 능력을 가진 영유아들은 자신의 몸으로 세계를 탐색한다. 아이들은 만지고, 냄새 맡고, 맛 보고, 흔들면서 세계를 탐색할 뿐 아니라 걷고, 달리고, 춤추면서 자신을 표현한다. 이러한 맥락에서 레지오 에밀리아 교육에서는 아이들에게 수많은 방식의 언어가 있다고 보았으며, 이러한 관점을 표현한 것이 바로 유명한 레지오 프로젝트의 전시회 제목인 '어린이의 수백 가지 언어'다.

이러한 영유아기의 발달적 특성을 생각해 볼 때 아이들의 움직임은 세계를 탐색하면서 배우는 방식이자 동시에 자신의 생각과 감정을 표현하는 중요한 방법이다. 이러한 의미에서 아이들의 움직임 활동에 초점을 두는 영유아 시기의 동작교육은 영유아교육에서 중요한 의미가 있다. 이 장에서는 영유아의 동작교육이란 과연 무엇이며, 그것이 아이들에게 어떤 의미가 있고 어떤 점에서 중요한지, 그리고 영유아 교육기관에서 이러한 동작교육을 하는 목적은 무엇인지 살피고자 한다.

1. 동작교육의 개념

'동작교육'이라는 말을 들었을 때 어떤 이미지가 떠오르는가? 일반적으로 동작교육의 이미지를 물었을 때 대다수의 사람들은 '음악에 맞춰 율동하는 것'과 '손유희' 혹은 규칙에 맞추어 질서정연하게 구르기와 뛰어넘기 등의 체육기술을 배우는 장면을 떠올린다. 동작교육에 대한 이러한 이미지는 우리나라에 '동작교육'이 소개되어 영유아 보육·교육 현장에서 확산된 배경을 살펴볼 때 매우 자연스러운 것이다.

동작교육(movement education)이라는 개념은 우리나라에서 1980년대에 소개되기 시작했는데, 그 명칭과 관련한 두 가지 흐름이 있다. 한쪽에서는 영유아 동작교육을 '신체 표현 활동', '유아 무용교육', '음률활동', '창의적 표현 활동' 등으로 불러 왔다. 이 명칭은 신체를 창의적으로 표현하는 행위에 초점을 둔 무용 지향적인 표현이다(오연주, 김혜옥, 이경실, 권명희, 2013). 그러나 영유아 동작교육은 아이들의 창의적인 신체 움직임뿐만 아니라 영유아의 걷기, 달리기, 뛰어넘기, 뻗기 등 여러 가지 이동 동작과 비이동 동작 등의 신체 활동을 포함하는 것이므로 이러한 명칭은 다소 제한적인 개념이다(이기숙, 1992). 영유아 동작교육의 개념에 대한 또 다른 흐름은 동작교육을 '신체 활동(physical activity)' 혹은 '유아 체육활동'이라고 부르는 것이다. 이것은 영유아의 동작교육에서 걷기, 달리기, 구르기, 뛰어넘기, 공 던지기 등의 신체 활동에 초점을 두는 것으로 동작교육을 일종의 유아 체육활동으로 보는 개념이다. 이 명칭 역시 영유아 동작교육이 아이들의 자발적이고 자유로우며 창의적인 신체 표현 활동들을 포함해야 한다는 의미에서 제한적인 개념이다.

그렇다면 영유아 동작교육은 과연 무엇일까? 동작교육이 무엇인지를 정확히 정의하거나 설명하는 일은 동작교육을 오랫동안 지도해 온 사람들에게도 매우 어려운 일이다(Pica, 2010). 근본적으로 어떤 사물이나 현상의 속성을 살피는 일은 다양한 변화 속에서도 변하지 않고 지니고 있는 근원적인 공통성을 발견해 내야 하기 때문에 매우 어려운 일이다. 그럼에도 우리는 아이들과 함께 동작교육을 해야 하는 교사와 예비교사들이므로 동작교육의 개념에 대해 고민하고 생각하며, 자신의 사고로 동작교육의 개념을 구성해야 할 필요가 있다. 이 책에서는 동작교육에 많은 영향을 미친 루돌프 폰 라반(Rudolf von Laban, 1963)과 겔라휴(Gallahue, 1976)를 통해 동작교육의 개념 구성에 도움을 얻고자 한다.

라반은 무용가이자 안무가로, '동작교육의 아버지'로도 불린다. 라반은 이전까지 유아에게 획일적인 동작을 요구하는 고전발레 등과 같은 신체 활동에 의문을 제기하며 유아가 스스로 움직임을 이해하고 발견하는 움직임 교육(movement education)을 강조했다(오연주 외, 2013). 이러한 배경으로 근래에는 동작교육을 움직임 교육으로 부르기도 한다. 또한 라반은 인간의 움직임(동작)을 시간, 공간, 무게, 흐름이라는 요소들을 통해 체계적으로 분석하고자 했는데, 인간이 움직임을 통해 자신의 생각과 감정을 창의적으로 표현할 수 있을

뿐 아니라 움직임을 통해 지각 능력을 발달시킬 수 있다고 보았다(육완순, 이희선, 1992). 이러한 라반의 움직임 교육으로서의 동작교육에 대한 인식이 소개되면서 그동안 동작교육을 교사 중심의 율동교육으로 보던 시각에 변화를 가져왔다.

겔라휴(1976)는 아동기의 활발한 신체 활동의 중요성을 강조하면서 인간의 기초 운동 능력을 그 발달 수준에 따라 단계적으로 구분하였다. 이러한 겔라휴의 연령별 운동발달 단계는 영유아의 동작교육에서 체계적인 교육과정을 수립하는 데 많은 도움을 주었다. 겔라휴(1976)는 영유아 동작교육의 개념을 그 역할에 따라 '동작을 위한 학습(learning to move)'과 '동작을 통한 학습(learning through movement)'으로 나누었다. 동작을 위한 학습이란 신체적 움직임에 초점을 두고 다양한 움직임 기술을 익히는 것으로 주로 신체 활동이나 체육교육의 일부로 여겨진다. 이에 반해 동작을 통한 학습이란 신체 움직임을 통해 모종의 전인적인 교육적 목표를 추구하는 것이다. 이 개념에서는 영유아가 신체를 통해 자신의 생각과 느낌, 학습한 내용들을 자유롭게 나타내는 표현적인 움직임이 중요시된다. 유아교육 현장에서 '닭의 성장 과정'이나 '물의 순환'과 같은 다양한 개념을 몸으로 표현해 봄으로써 개념에 더 쉽게 접근하도록 하는 활동이 그 대표적인 예다.

국내의 학자들 또한 영유아 동작교육에 대한 정의를 시도해 왔다. 오연주 등(2013)은 동작교육을 "유아들의 기본 움직임과 신체 능력을 탐색하고 발견하며 다양한 동작을 시도하는 경험하는 교육"이라고 정의하였으며, 동작교육이 근육의 발달과 함께 운동 기능을 획득하고 자신의 내적 감정과 생각을 표현하도록 하는 것이라고 하였다. 김현지와 오연주(1998)는 영유아의 동작교육을 통해 유아가 자신의 신체를 인식하게 하고 동작의 기초 영역 및 동작에 영향을 주는 요소들에 대한 인식을 발전시키며 창의적인 표현을 가능하게 함으로써 운동 능력을 기르고 이를 통해 인지적 · 사회적 · 정서적 발달을 도모할 수 있다고 보았다. 배인자와 한규령(1996)은 동작교육을 유아가 자신의 신체를 탐색함으로써 동작의 구조를 이해하고 신체적 능력을 발달시키며 창의적인 자기표현을 할 수 있도록 돕는 교육 영역이라고 보았다.

이러한 이론들과 현장의 경험을 통해 볼 때, 영유아의 동작교육은 운동 기술을 익히기 위한 영유아의 신체 활동뿐 아니라 아이들이 움직임을 통해 세계를 탐색하고 배우며 자신의 생각과 감정을 표현해 나가는 일련의 활동들을 망라하는 개념이다. 따라서 동작교육은 특정한 대 · 소근육 움직임의 사용법이나 체육 기술들을 익히는 신체적 활동뿐 아니라 수 · 과학 개념 및 자연현상 등을 몸으로 표현하는 것과 같은 움직임도 포함한다. 또한 음악에 맞추어 자신의 느낌을 몸으로 자유롭게 나타내거나 타인에게 신체를 통해 자신의 생각을 표현하는 활동 등 다양한 신체 표현 활동들을 포함한다. 그러므로 영유아의 동작교육에서는 교사가 획일적인 지시나 요구를 하기보다는 아이들이 자발적으로 탐색하고 창의적인 표현을 할 수 있게 편안한 정서적 환경을 마련하는 일이 중요하다.

2. 동작교육의 역할과 중요성

영유아의 동작교육은 어떤 면에서 중요한가? 어린이집이나 유치원과 같은 영유아 교육기관에서 교사와 아이들이 함께 동작활동을 하는 것은 아이들의 발달에 어떤 역할을 할까? 이 부분을 이해하는 것은 영유아의 동작활동을 준비하고 실행하는 현장의 교사와 예비교사들에게 매우 중요한 일이다. 우리는 자신이 실행하는 일의 의미와 중요성을 진정으로 이해할 때 그 일에 충실할 수 있다. 영유아에게 동작교육이 중요함은 아이들이 언어적, 신체적, 인지적, 사회적으로 발달하는 과정에 있다는 특성을 고려할 때 더욱 분명해진다. 이 책에서는 동작교육의 중요성을 영유아의 신체적, 언어적, 인지적, 사회 · 정서적 발달과 연관하여 살펴본다.

1) 신체적 발달과 동작교육의 역할

영유아에게 동작교육을 하는 가장 중요한 기본적인 이유는 움직임 활동을 통해 아이들의 신체발달을 촉진하고 건강을 유지 · 증진시키기 위한 것이다. 동작활동을 통한 아이들의 신체 건강 상태는 성인기까지 영향을 미친다. 한 연구에 따르면 유아기에 비활동적이던 사람 중 단 2%만이 성인기에 활동적이 된다고 한다. 또한 비만의 가장 중요한 두 가지 원인인 부적절한 식이요법과 신체적 비활동성은 아동기에 활성화되면 성인기까지 지속되는 경향이 있다(Pica, 2010). 즉, 영유아기의 움직임 정도가 성인기의 건강 상태와 비만 여부에까지 연결되어 영향을 미친다.

영유아기의 신체발달에서 움직임의 역할은 매우 분명하다. 동작활동은 아이들의 신체 건강을 유지·증진시킨다. 이 점에서 아이들의 신체 건강을 건강과 관련된 것과 운동 기술과 관련된 것으로 구분해 볼 수 있다. 건강과 관련된 신체 건강(health-related fitness)의 요인들은 심폐지구력, 근력, 유연성, 신체성분 등이다. 운동 기술과 관련된 신체 건강(skill related fitness)의 요인들은 균형, 민첩성, 협응력, 힘, 속도, 반응시간 등이다. 영유아기의 적절한 움직임(동작) 활동들은 건강과 관련된 신체 건강과 운동 기술과 관련된 신체 건강에 모두 영향을 미치게 된다. 영유아의 개별 신체 능력에 따른 적절한 동작활동은 아이들의 심폐지구력, 근력, 유연성을 증진시킬 수 있을 뿐 아니라 건강한 신체성분을 유지

●●● 아동기의 활발한 신체 움직임은 성인기에까지 영향을 미친다.

하게 하는 데도 역할을 한다. 최근에는 소아비만을 비롯한 비만이 사회적 이슈가 되고 있는데, 적절한 동작활동은 아이들의 섬유와 뼈, 체지방과 근육이 적절한 비율을 이루도록 해 건강한 신체성분이 형성되게 한다. 또한 영유아의 적절하고 즐거운 동작활동 참여는 아이들의 균형감각, 민첩성, 협응 능력, 신체 반응성 등을 향상시킨다.

2) 언어적 발달과 동작교육의 역할

문해적 능력뿐 아니라 구어적 능력도 매우 낮은 영아기 아이들은 표정을 통해 자신의 의사와 정서를 표현한다. 또한 자신의 몸으로 세계를 탐색하며 학습한 내용과 궁금한 것 등을 표정과 몸짓을 통해 표현하며 성인과 상호작용한다. 유아 또한 구어적 언어뿐 아니라 몸짓을 통해 표현하는 것이 타인과 소통하는 데 더 적절한 경우가 많다. 아이들은 읽고, 말하고, 쓰는 것을 통해서만 타인과 소통하는 것이 아니라 그림을 그리고, 춤추고, 걷고, 달리고, 그 밖에 성인이 상상하지 못한 몸짓을 통해서도 자신을 표현한다. 이러한 의미에서 이탈리아의 레지오 에밀리아 교육에서는 아이들에게 문자 외에도 수많은 방식의 언어가 있다고 하였다. 이러한 관점은 우리나라의 공적인 보육 · 교육과정인 표준보육과정과 누리과정의 의사소통 영역에도 잘 드러나 있다. 표준보육과정에서는 영아의 옹알이나 쿠잉 등의 음성언어뿐 아니라 표정이나 몸짓도 말하기의 일부로 본다. 즉, 영아의 신체를 통한 표현을 언어의 한 방식으로 이해하는 것이다. 이것은 누리과정에서도 마찬가지다.

영유아기의 적절한 신체 활동은 실제로 문해적 능력인 언어를 쓰고 말하는 데도 도움을 준다. 예를 들어, 눈과 손의 협응 능력이라는 신체적 발달은 쓰기의 기초가 된다. 그런 만큼 협응 능력과 관련한 신체 활동은 아이들의 언어적 발달에 중요한 역할을 한다. 표준보육과정에서 영아의 손목 힘을 길러 주는 끼적이기를 쓰기의 기초로 보는 것은 그와 같은 맥락이다. 따라서 문해 능력이 발달하는 과정에 있는 영유아기에 동작활동은 아이들에게 중요한 소통의 방식이자 언어적 발달을 촉진하는 역할을 한다는 측면에서 매우 중요한 의미가 있다.

3) 인지적 발달과 동작교육의 역할

어떤 것을 학습할 때는 듣고 보는 것보다 실제로 몸으로 해 보는 것이 훨씬 효과적이다. 우리는 보통 읽는 것의 10%, 듣는 것의 20%, 본 것의 30%, 듣고 보고 말한 것의 70%, 듣고 보고 말하고 신체적으로 행동한 것의 90%를 기억한다(정왕부, 2012). 영유아의 발달적 특성을 고려해 볼 때 아이들은 더욱 그러할 것이다. 아직 추상적 정보 처리에 관한 인지 능력이 미흡한 영유아들은 보고 들은 것보다는 직접 만지고 말하고 신체로 표현하고 행동함으로써 더 잘 배울 수 있다. 실제로, 감각운동기에 속하는 만 2세 미만의 영아들은 손으로 만지고 입으로 빨면서 세계를 탐색한다. 영아들의 이러한 오감각을 통한 탐색은 중요한 배움의 방식이며 영아의 인지발달에 중추적 역할을 하는 신체 활동이다. 이러한 맥락에서 표준보육과정의 신체 영역에서는 오감각을 통한 탐색활동을 강조한다.

유아들 또한 추상적 개념을 학습할 때 신체를 통해 표현하거나 신체로 해당 현상을 경험하게 되면 더 잘 배울 수 있다. 이러한 맥락에서 많은 어린이집과 유치원 등의 영유아 보육·교육기관에서는 개념을 학습하는 활동을 할 때 아이들에게 몸으로 표현해 보게 한다. 예를 들어, 계란이 부화되어 병아리가 되고 닭이 되기까지의 과정을 그림책을 통해서 보는 것보다 자신의 몸을 통해 표현해 보는 것이 아이들에게 훨씬 즐겁고도 기억에 남는 방법이다. 물의 순환, 나무의 한해살이 등과 같은 과학적 현상들뿐 아니라 덧셈과 뺄셈 등의 수 관련 활동들 또한 유아가 직접 몸으로 표현해 보는 체험을 하면 학습효과가 좋다. 이렇듯 영유아기에는 기본적인 동작활동의 신체적 경험을 통해 수, 형태, 분류, 비교 등의 기본적인 인지 개념을 발달시키게 된다. 신체 활동이 인지발달에 미치는 영향에 대한 연구들에서도 대체로 신체 활동이 유아의 지적 능력 향상에 도움이 된다고 하였다(김은정, 2003).

●●● 유아들은 수학적 개념과 같
은 추상적 개념을 신체를 통해 더
잘 배울 수 있다.

4) 사회 · 정서적 발달과 동작교육의 역할

사회발달은 사회 · 문화적 맥락에 따라 다양하게 이해될 수 있다. 어떤 유아 전문가들에게 사회성 발달이란 유아가 놀이 속에서 상호작용하는 능력의 발달을 뜻한다. 또 어떤 이들에게는 사회성 발달이란 "자신이 속한 집단의 일원으로 기능할 수 있는 지적이고 책임감 있으며 자기 주도적인 개인으로서의 발달"을 의미한다(Mayesky, 2006). 또한 정서적 발달은 유아가 다른 사물과 타인을 어떻게 느끼고 자신의 내적 상태를 어떻게 표현하는가 하는 문제이므로 앞에서 언급한 사회발달과 밀접하게 연관된다. 프로스틱(Frostig, 1970)은 아이들의 움직임이 영유아의 사회성 발달에 분명한 영향을 끼친다고 지적하며 다음과 같이 말했다.

동작교육은 유아에게 성공적인 경험을 제공하며 집단의 아이들이나 그룹과의 상호관계를 가능하도록 함으로써 유아가 사회 · 정서적으로 적응하도록 돕는다. 동작교육은 유아에게 '활동'을 하면서 공간을 공유하는 다른 유아를

인식하고 …… (중략) …… 자기 차례를 기다리고 협동하기를 요구한다. 따라
서 유아는 사회적 인식을 발달시키게 되면 또래와의 집단활동을 통해서 만족
감을 얻게 된다.

프로스틱(1970)이 지적한 바와 같이 움직임 활동은 아이들에게 신체를 매개
로 하여 타인과 적극적으로 상호작용하는 기회를 제공함으로써 아이들이 함께
살아가는 타인의 존재를 인식하게 한다. 또한 차례를 기다리고 협동하는 것과
같은 친사회적인 태도를 기르는 기회가 되기도 한다.

또한 신체 활동은 놀이와 함께 아이들에게 흥미와 즐거움을 제공함으로써 영
유아들이 안정적인 정서를 경험하게 하는 활동의 원천이다. 즐거운 신체 활동을
통해 영유아는 정서적 만족감과 즐거움 및 행복감을 경험하고, 이러한 정서는
다시 사회발달에 긍정적인 영향을 끼치게 된다. 이렇듯 영유아 시기의 동작활동
은 타인과 어우러지는 긍정적인 사회성 발달을 도울 뿐 아니라 아이들에게 즐거
움과 행복감, 정서적 안정감을 주는 역할을 하는 주요 활동이다.

3. 동작교육의 목적

동작교육은 영유아가 신체 활동을 통하여 자신의 신체 움직임을 조절하고
기본적인 운동 능력을 익힐 뿐 아니라, 신체를 통해 세계를 탐색하고 배우며 몸
으로 자신의 생각과 감정을 표현하도록 하는 활동이다. 이를 통해 영유아는 신
체적 건강을 도모할 뿐 아니라 표현력과 창의력을 키우게 된다. 여기서는 앞에
서 살펴본 바와 같이 영유아의 발달에 미치는 동작교육의 역할에 따라 영유아
기 동작교육의 목적을 다음과 같은 네 가지로 정리해 보았다.

첫째, 동작교육을 통해 아이들의 신체발달을 도모하고 기본 운동 능력을 기
른다. 영아들은 자신의 신체를 통한 다양한 탐색활동과 움직임 활동을 하면서
오감각과 대 · 소근육을 발달시키게 된다. 유아 또한 다양한 동작활동을 통해
대 · 소근육을 발달시킬 뿐 아니라 신체의 균형, 협응 능력, 유연성, 순발력과

지구력 등을 기르게 된다. 일반적으로 영유아의 신체가 발달함에 따라 운동 능력도 자동으로 습득된다고 생각하는데, 그렇게 얻은 능력으로는 낮은 수준의 동작 기술을 수행할 수 있을 뿐이다(Pica, 2010). 아이들은 다양한 신체 활동을 통해 지속적으로 신체를 훈련하고 운동 능력을 기르는 데 필요한 기본적인 동작들을 연습할 필요가 있다. 동작교육을 하면 아이들의 건강한 신체발달을 도모할 뿐 아니라 신체 능력의 한계치를 끌어올리게 된다. 이를 통해 아이들이 신체의 움직임을 잘 조절하게 되면 자신의 능력에 대한 자신감이 높아진다. 자신의 동작 능력에 만족하는 것은 아이들이 일상의 생활 패턴을 건강하게 유지하는데도 도움이 된다. 카우르(Kaur, 2003)에 따르면, TV를 장시간 시청하는 아이들은 일상생활에서 신체 활동을 하는 시간과 에너지 소비량이 적다. 실제로, 7세 미만의 아이들 다수가 일상생활에서 세계보건기구가 권장하는 수준보다 30% 정도 적은 에너지를 소비한다. 이것은 아이들의 체력 저하와 비만 등의 문제와도 관련된다. 최근, 유아의 체격은 향상되는 추세임에도 체력은 오히려 떨어지고 있으며, 아이들의 반사 능력이 저하되어 부상을 당하는 일이 많아졌다(오연주 외, 2013). 또한 전반적으로 신체 활동 프로그램의 실시로 아이들의 체격이 향상되었으며 신체 활동이 유아의 운동 능력 발달에 효과가 있음을 보고하였다(노순주, 2003). 따라서 영유아기에 적절한 동작활동을 통해 아이들의 건강한 신체발달을 돕고 기본적인 운동 능력을 기름으로써 영유아가 자신의 움직임을 조절하고 신체에 대한 자신감을 갖도록 도와야 한다.

둘째, 동작교육을 통해 아이들의 언어적 능력과 다양한 표현 능력을 기른다. 현장에서 아이들과 동작활동을 하는 장면을 상상해 보자. 교사들은 동작활동을 하기 위해 신체만을 움직이는 것이 아니라 계속해서 설명하고, 질문하고, 반응하며 아이들과 상호작용한다. 아이들은 동작활동 중에 교사·또래와 상호작용하면서 자연스럽게 수많은 대화를 하게 된다. 따라서 교사는 영유아의 모든 발달 영역이 통합되어 있음을 잊지 않아야 하며, 동작교육 시에도 적절하고 바른 어휘를 사용할 뿐만 아니라 풍부한 열린 질문을 통해 아이들과 언어적 상호작용을 해야 한다. 또한 적절한 신체 활동은 아이들의 협응 능력과 대·소근육 움직임의 발달을 촉진함으로써 언어발달을 돕는다. 따라서 교사는 아이들의 손가락과 손목의 힘, 눈과 손의 협응 능력 등을 기를 수 있는 신체감각 활동들을 준비할 필요가 있다. 언어발달과 관련한 영유아 동작교육의 중요한 목적 중 하나는 영유아가 움직임을 통해 자신의 생각과 정서를 표현할 수 있도록 하는 것이다. 획일적인 동작의 모방이 아니라 자신의 지식에 상상력을 더해 어떤 사물과 현상의 속성을 몸으로 표현함으로써 표현력이 발달할 수 있다.

셋째, 동작교육을 통해 아이들의 기본적인 인지 능력과 창의력을 기른다. 피아제(Piaget, 1952) 등 많은 발달이론가는 아이들의 인지 능력은 기본적인 신체발달을 기초로 이루어진다고 보았다. 또한 지각운동 이론가들은 일정한 양의 움직임(동작)은 아이들의 학습에 필수적이라고 생각한다. 추상적인 정보의 처리과정을 요구하는 인지발달은 구체적인 물리적 특성들을 몸소 경험할 때 더욱 원활해진다는 것이다. 실제로 아이들은 신체의 움직임을 통해 공간 감각, 크기와 모양에 대한 감각, 속도와 시간의 개념 등을 익힘으로써 수 · 과학의 기초 능력을 자연스럽게 획득하게 된다. 따라서 교사는 동작교육을 통해 아이들의 인지 능력을 향상하기 위해서 기본 운동 능력에만 초점을 둘 것이 아니라 신체 활동이 인지발달의 기초가 됨을 염두에 두고 아이들이 동작활동을 통해 사물과 현상의 다양함을 경험할 수 있도록 매체와 활동방식을 다양화할 필요가 있다.

영유아기 동작활동의 중요한 목적 중 하나는 아이들이 신체 움직임을 통해 상상력과 창의력을 기르도록 하는 것이다. 동작활동과 창의성의 연관에 관한 연구들(이순례, 2003; 정세호, 엄정애, 2002)은 기본 운동 능력이 발달한 아이일수록 표현 능력이 우수하다고 보고한다. 따라서 교사는 동작교육을 통해 아이들이 다양한 표현 능력을 기르게 하기 위해서는 지시적이고 획일적인 활동보다는 아이들이 자발적으로 참여하고 상상력과 창의적인 사고를 표현할 수 있는 열린 질문을 통한 대화적 상호작용을 하고 편안한 교실 분위기를 마련할 필요가 있다.

넷째, 동작교육을 통해 아이들의 긍정적인 사회 · 정서적 발달을 도모한다. 영유아기의 아이들은 놀이와 신체 활동을 통해 즐거움과 정서적 만족감뿐 아니라 활발한 사회적 상호작용을 경험한다. 아이들은 교사나 친구들과 동작활동을 하면서 타인과 협동하는 방법 그리고 자신과 관점이 다른 타인의 입장을 이해하게 된다. 이러한 경험들은 아이들이 타인의 입장과 관점을 이해하고 존중하

●●● 협동적인 신체 활동을 통해 차례와 규칙을 준수하는 등의 친사회적 태도를 기를
수 있다.

는 긍정적인 사회적 태도의 기초를 형성한다. 움직임 활동이 사회성 발달에 미
치는 영향에 관한 연구들(김수연, 2002; 백민호, 2002)은 아이들이 동작활동을 함
으로써 집중력과 자아 존중감, 친사회적 행동이 발달되었다고 하였다. 이것은
동작활동이 주로 협동을 기초로 하는 집단활동으로 이루어지기 때문에 유아의
협동심이나 타인 조망·수용 능력, 규칙 준수 등의 친사회적인 태도를 기른 결
과로 보인다.

　영유아기에 운동 기능이 발달하면 아이들은 신체적·정서적 안정감을 느낄
뿐 아니라 집단에서 리더십을 발휘할 기회도 많다(오연주 외, 2013). 실제로, 어
린이집이나 유치원과 같은 유아교육·보육 현장에서 움직임 능력이 뛰어난 유
아들이 반에서 놀이나 집단활동을 주도하는 등의 리더십을 발휘하는 모습을 종
종 목격하게 된다. 또한 동작활동은 영유아의 정서에도 영향을 미치는데, 영유
아기의 놀이와 신체 활동은 아이들에게 만족감과 행복감, 즐거움을 주는 원천
이 된다. 따라서 교사는 동작활동을 할 때 영유아들이 특정 동작을 익히거나 활
동을 수행하는 데만 초점을 둘 것이 아니라, 아이들이 자발적이고 즐겁게 활동

에 참여하여 정서적 만족감과 행복감을 맛볼 수 있도록 즐거운 분위기를 형성하기 위해 노력해야 한다.

연습문제

1. 동작교육의 개념에 대한 전통적 흐름 두 가지에 대해 설명하고, 동작교육이 무엇인지를 자신의 언어로 이야기해 보세요.

2. 한 교실에서 교사와 아이들이 음악에 맞춰 리본끈을 흔들며 즐거워하고 있습니다. 이 활동은 동작교육 활동이라고 할 수 있을까요? 그렇다고 하면 어떤 점에서 그러한가요?

3. 영유아기 동작교육의 중요성을 영유아의 발달 특징과 관련하여 기술해 보세요.

4. 영유아기 동작교육의 목적을 생각해 볼 때, '좋은 동작교육 활동'은 과연 어떤 것인지 자신의 생각을 이야기해 보세요.

제2장

동작교육의 역사

시작을 위해 함께 생각하기

　예전에는 아이들이 동네 놀이터와 뒷동산에서 해질녘까지 마음껏 뛰어놀면서 자신도 모르게 수많은 동작을 취하는 경험을 하였습니다. 그리고 오늘날에는 영아와 유아를 대상으로 많은 신체 활동을 하는 특정 프로그램들을 통해 동작을 교육시킵니다. 동작을 교육한다는 생각은 어디에서 출발하였을까요? 동작교육의 초기에는 어떤 교육을 했을까요? 오늘날처럼 실내에서 하나하나의 동작 요소들을 교육할 필요가 있는 것이었을까요?

놀이터에서의 움직임

동작교육은 고대에서 현대에 이르는 동안 역사적 맥락 속에서 인간의 정신과 신체, 이 두 요인에 대한 철학적 사고나 학문적 발전 경향과 함께 변천해 왔다. 최근에 이르러서는 신체와 정신 그리고 감정이 상호작용하며 이들이 개인의 독특한 환경 속에서 복합적으로 작용한다는 것이 널리 인정되고 있는 추세다(심성경, 이선경, 변길희, 김나림, 박주희, 2007).

1. 고대와 중세

고대 그리스에서는 인간발달에 관하여 신체와 정신의 조화로운 발전을 추구하면서도 둘을 구분하여 생각하는 이원론적 신체관이 형성되었고, 체육이 이상국가 실현을 위해 중요한 역할을 한다고 여겨졌다. 그러나 동시에 고대 그리스인들은 늘 정신을 육체보다 우위에 두어 신체를 정신의 충실한 종으로 삼으려 하였다. 소크라테스와 플라톤은 고대 아테네 사회를 동경하면서 신체운동의 가치를 도덕적·교육적 견지에서 인정하는 동시에 모든 일을 감당하기 위해 신체 능력을 향상시키는 일은 시민의 의무라고 생각하였다. 아리스토텔레스와 히포크라테스 또한 신체훈련의 필요성을 역설하면서 자연과학적인 입장에서 신체훈련의 효과에 대해 논하였다. 로마인들은 그리스인들의 추상적이고 심미적인 스포츠 활동을 비능률적이고 낭비적인 행위로 간주하고 실제적이며 실용적인 스포츠 활동을 추구하였다. 초기 로마의 체육은 강건한 체력, 굳센 인내력, 전투에서의 용맹함, 팔다리의 기민성을 길러 주는 내용이며 동시에 복종심을 강화하는 데 초점이 맞춰져 있었다. 후기 로마의 체육은 군인이나 직업 경기자의 전유물로 전락하였고, 시민들은 체육의 도덕적·종교적·미적 가치를 인정하지 않았다. 일반시민들은 운동 경기를 관람하고 도박이나 오락을 통해 쾌락을 추구하였다(최종삼, 손수범, 2011, p. 119에서 재인용).

중세시대의 금욕주의적 이원론자인 기독교인들의 신념은 영혼을 순결하게 하기 위해 육체가 어떤 형태로든 쾌락을 즐겨서는 안 된다는 믿음이었다. 그리하여 인간의 육체는 악하고 부패하며 속죄가 어려운 존재로 평가절하되었다 (Mechikoff & Estes, 2005).

　스포츠 활동이 금지된 배경에는 로마 말기의 타락한 운동 경기 문화와 기독교의 금욕주의 및 유일신 사상이 크게 작용하였다. 후기 로마의 운동 경기는 유혈적이고 냉혹하게 인간의 생명을 담보로 행해졌기 때문에 인간의 존엄성에 크게 위배되었다. 금욕주의를 통해 영적 성장과 내세의 행복을 얻을 수 있다는 신념에 따라 당시 사람들은 신체운동을 강하게 반대하였다. 육체는 죄악의 근원이며 소멸하는 것으로, 내세를 중시하는 기독교에서는 육체와 관련된 신체 활동의 가치를 인정하지 않았다. 더욱이 성직자들은 심신이원론에 입각하여 인간의 신체를 정신과 육체로 구분해 정신과 영혼을 상위에 두고 육체를 하위의 개념으로 둠으로써 철저히 육체를 멸시하였다. 로마인들은 이교도와 밀접한 관계가 있다는 믿음에서 스포츠를 반대하였다. 기독교는 유일신 사상에 근거하여 그리스의 제우스 신을 숭배하는 올림피아 제전 경기나 로마의 신을 숭배하는 로마의 제전 경기들을 인정할 수 없었다. 결국 이러한 이유로 체육은 진정한 가치와 목적이 무시되고 사회적으로 버림받게 되었다(최종삼, 손수범, 2011, p. 133에서 재인용).

2. 문예부흥기(13~17세기)

　초기 인문주의자들은 심신의 조화로운 발달을 추구하고 개성 있는 자유인을 양성하는 데 목적을 두었다. 이것은 신체운동과 위생, 신체와 정신, 취미와 지성, 애정과 의지를 갖춘 전인적 인간을 육성하는 자유교육을 의미한다. 그들은 "건강한 신체에 건전한 정신이 깃든다."라는 고전적 이념을 체육의 최고 목적으로 삼았다. 또한 탁월한 신체기관은 활발한 지력을 촉진한다고 보았고, 체육은 인간의 모든 측면을 조화롭게 발달시키므로 교육에서 반드시 필요한 부분으로 인정하였다. 사회적 인문주의자들은 육체와 정신의 유기적인 관계를 깨닫고 양자 사이의 끊임없는 상호작용을 어느 정도 인식하였다. 영국의 인문주의자 토머스 엘리엇(Thomas Elyot)은 자신의 교육논문 「가정교사」에서 "운동은 식욕을 증대시키며, 신체 각 부위가 충분한 영양을 취하면 정신을 강하게 하고 모든 일에 잘 견디도록 한다. 그러므로 신체운동은 아동교육에서 절대로 무시되어서는 안 된다."라고 주장하였다. 존 로크(John Locke)는 체력을 교육이라는 피라미드의 기지라고 표현하여 체력이 밑받침되지 않는 인격 형성은 제한적이며 건전한 신체에 건전한 정신이 깃든다고 하였다. 18세기의 자연주의는 신체운동과 건강교육을 포함하는 체육의 가치를 가장 높이 평가한 근대적 교육사조로, 건강한 신체를 유지할 때 지적이고 도덕적인 효과를 높일 수 있다고 주장한다. 자연주의자들은 아동들이 즐겁게 참여할 수 있는 풍부한 신체 활동 프로그램을 제공하여 생활 속에서 기쁨을 누리고 위급한 상황을 해결할 수 있으며 사회생활에 적응할 수 있는 유능한 인간을 육성하는 데 신체 활동의 가치를 두었다.

3. 19세기 국가주의

유럽의 근대사회는 18세기 말 프랑스혁명과 산업혁명을 거쳐 19세기에 확립되었다. 이를 통해 시민계급이 대두하였고 절대군주 및 일부 귀족에 의한 정치체제가 붕괴하면서 근대적 민주사회 체제가 성립되었다. 근대 민주주의 체제의 확립으로 일부 귀족계층이 주도하던 스포츠와 신체 활동이 일반 민중에게 개방되면서 창조적이고 자기 표현적인 유희, 스포츠, 무용 등이 보급되었다. 그러나 강대국의 식민지 정책에서 벗어나고자 하는 독일을 비롯한 여러 나라가 체육을 국가주의 운동과 결부시켜 국민적·정치적 색채를 부여하고 체육을 국방력 강화의 한 수단으로 하는 국가주의 체육을 형성하기도 하였다.

4. 20세기 이후

동작교육의 초기 선구자는 신체가 움직임의 표현이라는 생각에 영향을 받았다. 역사적으로 가장 영향력 있는 두 사람은 프랑수아 델사르트(François

Delsarte, 1811~1871)와 루돌프 폰 라반(Rudolf von Lavan, 1879~1958)이다. 19세기 프랑스에 살았던 델사르트는 개성 · 주관 · 비합리성 · 상상력 · 개인 · 자연스러움 · 감성 · 환상 · 초월성을 추구하고자 한 낭만주의에 영향을 받아 움직임에 대한 생각들을 명료하게 정리하였다. 델사르트는 표현적 움직임은 그 움직임에 영감을 주는 정서와 관계가 있다고 보았다. 그래서 신체를 매개로 관객에게 감정과 생각을 전달하는 표현법칙을 연구함으로써 외부로부터 주어지는 감정의 변화에 연령, 성격, 사회계층의 차이에 따라 신체가 어떻게 다르게 반응하는가를 연구하였다(정기정, 2003).

라반은 동작교육의 진정한 선구자였다. 그는 1915~1922년에 대두한 다다이즘에 참여하여 전통의 권위, 이성의 우위, 예술의 기성 가치나 형식을 모두 부정하는 반예술운동을 전개하였다. 자신의 감정을 창의적으로 표현할 수 없던 고전발레와 같은 획일적인 동작교육에 반대하며 신체는 표현의 도구라 생각하였고, 표현적인 동작과 일상의 기능적인 움직임을 구별하였다. 그에 의하면 표현적인 동작은 춤이나 다른 예술적 표현과 소통한다. 라반은 1894년 그의 나이 15세 때, 산속을 거닐다가 아름다운 일출 장면을 보면서 문득 그 느낌을 다른 사람에게 전달하고 싶은 충동을 느꼈다고 한다. "그렇지만 어떻게? 말로? 음악으로? 그림으로? 그런 건 너무 무거워…… 나는 움직였다. 이 모든 아름다움과 완벽한 질서에 스며 있는 순수한 기쁨을 표현하기 위해 움직였다. 내가 본 모든 것을……. 나는 그 속에서 완벽을 보았다. 그리고 생각했다. 오로지 내 몸과 내 영혼이 함께 어울려 만들어 내는 동작의 리듬만이 이것을 표현할 수 있는 유일한 방법이라고." (*Laban Art of Movement Guild*, 1956: 이영, 전인옥, 김온기, 2004, p. 29에서 재인용). 라반은 우리가 부끄럽거나 자신이 없을 때는 등이 구부러지고 자신만만할 때는 꼿꼿이 펴지는 등 신체가 내적 감정이나 기분을 반영하는 것을 표현적 움직임이라 한 반면, 기능적 움직임은 실제로 작업을 하거나 운동을 할 때 얼마나 효율적으로 움직이느냐에 관한 것이라고 보았다(유미경, 1990). 라반은 움직임을 이해하고 경험함으로써 완전하고 조화로운 삶을 살 수 있다고 믿었다. 그의 말에 따르면 신체적 · 공간적 · 시간적 움직임을 통해 표현의 도구인 신체를 활용하여 본질인 미를 추구하고 느끼면서 전인적인 감동을 알게 된다.

신체와 정신은 분리하여 생각할 수 없으며 육체와 영혼의 조화로운 형성을 통해 비로소 인격이 형성된다는 것이다.

20세기의 심리학적 연구자들은 인간이 어떻게 성장하고 발달하는가에 초점을 두고 발달 초기의 과정을 연구하기 시작했으며, 신체 · 인지 · 언어 · 사회성 등 여러 발달 영역의 이론이 형성되었다. 그러나 1930년대부터 발달 영역을 분리시켜 분석하는 관점이 타당하지 않다고 인식되면서 1940년대에 이르러 전인아동(the whole child)의 개념이 형성되었다(이영, 1993). 이 개념 또한 특정 영유아의 발달적 문제를 설명해 내지 못했고, 개인차의 개념이 크게 부각되면서 신체 · 사회 · 정서발달이 강조되었다.

심리학자나 교육학자, 유아교육학자들은 인간의 신체, 감정, 정신이 상호작용하는 가운데 각 개인을 둘러싼 독특한 환경과도 복잡하게 상호작용한다는 생각을 공유했다. 그리하여 발달 과정에서 동작이 하는 역할을 이해하기 위해 여러 학문을 통합하여 새로운 통찰을 얻고자 시도하였다.

유아교육자도 신체 동작이 발달에 미치는 영향에 대한 새로운 이해를 위해 다른 학문 분야와의 교류를 시도하였다. 1970년 미국 전국유아교육협회(National Association for the Education of Young Children: NAEYC)와 미국 보건, 체육교육, 및 레크리에이션 협회(American Association for Health, Physical Education, and Recreation: AAHPER)는 인류학, 생물학, 철학, 신경생리학, 심리학, 무용, 교육학 등의 문헌을 분석하고 종합하여 동작과 개념화 사이의 관계에 관한 기본적 틀을 마련하였다(이영, 전인옥, 김온기, 2008). 이러한 다학문적 접근의 일환으로 라반의 움직임 이론이 동작교육의 중요한 이론적 바탕이 되었다. 라반은 무용과 체육을 포괄하는 움직임 이론을 정립하여 오늘날 동작교육에 획기적 전환점을 이룩하였다. 즉, 학교의 전통적인 주입식 체육교육을 자유로움, 창조성, 표현력에 중점을 두는 동작교육으로 전환시키는 데 지대한 공헌을 하였다(이희자 외, 2009).

5. 우리나라의 동작교육

1945년 이후 1968년까지의 유치원은 몇몇 유치원을 제외하고는 대체로 체계적인 교육과정 없이 오락활동이나 초등학교 입학준비와 유아의 보호 기능이 중심이 되어 유치원의 교육적 기능을 충분히 발휘하지 못하였다. 우리나라에서 유치원 교육과정은 1969년에 처음으로 제정되었다.

1) 유치원 교육과정과 동작교육

(1) 제1차 유치원 교육과정(1969. 2. 19. 문교부령 제207호)

유치원 교육의 혼란을 바로잡고 정상화시키기 위해 1966년 7월 15일 문교부는 유치원 교육과정을 마련하기로 결정하였다. 그 후 전문가와 문교부 교육과정 운영회의 심의를 거쳐 제정된 「유치원 교육과정령」이 1969년 문교부령 제207호로 최초로 공포되었다. 이는 유치원 교육과정의 내용이 생활 중심, 경험 중심, 흥미 중심의 활동임을 잘 나타내고 있다. 특히 5개 생활 영역(건강, 사회, 자연, 언어, 예능)의 목표 모두 유아의 습관과 태도를 기르는 것을 중시하는데, 이는 1920년 이후 미국에서의 아동연구운동과 진보주의 철학 개념에 의해 형성된 개혁 유치원의 교육과정과 같이 생활 중심의 교육과정을 나타내고 있다고 볼 수 있다(이기숙, 1992). 1차 교육과정은 특히 유아기의 중요성 및 바람직한 성장·발달을 강조하는 아동 중심 교육사상에 기반을 두고 있다. 유아의 신체적 발달과 건강 측면을 중시하는 특징이 두드러지며 이를 통해 건강한 신체와 건전한 정신으로 행복하게 생활할 수 있는 유능한 한국 국민이 될 기초를 성취하고자 하였다.

(2) 제2차 유치원 교육과정(1979. 3. 1. 문교부 고시)

1979년에 개정된 유치원 교육과정은 1차 교육과정의 아동 중심 교육사상에 기반을 두었으나, 생활 영역(건강, 사회, 자연, 언어, 예능)을 발달 영역(사회·정

서, 인지, 언어, 신체발달 및 건강) 중심으로 구분하여 생활 영역의 '건강' 부문이
발달 영역의 '신체발달 및 건강' 영역으로 바뀌었다. 구체적인 교육목표로는
자연현상에 대한 흥미 갖고 표현하기, 신체건강 및 안전에 대한 습관 및 태도
기르기로 동작교육의 내용을 제시하였다.

(3) 제3차 유치원 교육과정(1981. 12. 31. 문교부 고시 제442호)

1981년 제3차 유치원 교육과정 개정은 1979년의 교육과정을 수정 · 보완한
다는 입장에서 2차 개정과 같은 발달 영역별로 구성하였다. 구체적인 교육목표
로는 감각 운동 기르기 및 신체발달 도모하기를 제시하였다. 그리고 신체발달
영역에서 지각 운동 기능과 초보적 운동 능력을 감각 기능, 운동 및 신체 조절
로 재조직하여 제시하였다.

(4) 제4차 유치원 교육과정(1987. 6. 30. 문교부 고시 제87-9호)

1987년 제4차 유치원 교육과정에서는 신체발달 영역에서 감각 운동 간의 협
응력, 지각 능력, 신체 조정 능력, 위생, 영양, 안전 등 기초적인 습관을 제시하
였다. 정서발달 영역에서는 자신에 대한 긍정적 태도, 호기심과 성취 의욕, 창
의적 표현을 제시하였다.

(5) 제5차 유치원 교육과정(1992. 9. 30. 교육부 고시 제1992-15호)

1992년에 개정된 제5차 교육과정은 발달 영역별 구성에서 다시 생활 영역으
로 구성하여 유아의 생활 경험에서 교육내용을 선정하였다. 동작교육과 관련된
내용은 건강생활 영역과 표현생활 영역에서 찾아볼 수 있다. 건강생활 영역에
서는 주변 세계를 바르게 지각할 수 있는 감각 기능을 기르게 하고, 대 · 소근육
의 발달 및 운동 기능을 기르게 하며, 다양한 신체 활동을 하게 하는 내용을 포
함한 감각 기능, 운동 및 신체 조절이 해당한다. 표현생활 영역은 자신과 다른
사람의 생각과 표현을 존중하는 정서 함양하기, 신체를 이용하여 다양한 모양
을 동작으로 표현하기 및 다양한 소재를 활용하여 신체 표현하기, 몸의 움직임
을 보고 즐기기와 다양한 종류의 춤 감상하기 내용으로 나누어 제시하였다.

(6) 제6차 유치원 교육과정(1998. 6. 30. 교육부 고시 제1998-10호)

제6차 유치원 교육과정은 건강, 사회, 표현, 언어, 탐구의 5개 생활 영역으로 구성되었다. 이 중 동작교육의 내용은 건강, 표현, 탐구 생활 영역에 포함된다. 건강생활 영역은 감각기관을 활용하고 신체를 인식하고 움직이는 활동으로 구성되었다. 또한 기본 운동 능력에는 이동 운동, 비이동 운동, 조작 운동하기가 포함되었다. 표현생활 영역에는 움직임을 탐색하고 동작과 극놀이로 표현하거나 통합적으로 표현하기가 있다. 또한 감상 부분에서는 춤과 극놀이 감상, 예술적 표현 존중하기, 전통 예술에 친숙해지기를 제시한다. 마지막으로, 탐구생활 영역에서는 주변 상황에 관심을 가지고 탐색하기, 다양하게 생각하기, 독특하게 생각하기로 나누어 제시하고 있다.

(7) 제7차 유치원 교육과정(2007. 12. 13. 교육인적자원부 고시 제2007-153호)

2007년에 개정된 제7차 교육과정에서는 신체와 몸이라는 용어를 동시에 사용하기 시작하였다. 또한 이동, 비이동, 조작 동작 등의 학문적인 전문용어를 이동하며 움직이기, 제자리에서 움직이기와 같은 생활용어로 바꾸었고, 도구 및 놀이시설을 이용할 것과 바깥에서 신체 활동을 할 것을 강조하였다. 교육과정에서는 동작교육과 관련하여 교사에게 다음과 같은 점을 주의하여 지도하도록 하였다. 첫째, 감각을 통해 몸과 주변 세계를 바르게 인식하도록 직접적인 감각 경험을 제공하고, 감각을 활용하는 다양한 교구와 활동을 마련하여 지도한다. 둘째, 규칙적으로 넓은 공간이나 바깥에서 활동함으로써 유아의 흥미와 관심이 자연을 향하도록 하며, 신체적으로는 기본 운동 능력과 유아기에 필요한 기초 체력을 기르도록 한다. 셋째, 대근육을 움직이는 활동을 할 때 교사는 도전적인 과제나 체계적인 활동을 통해 유아가 직접 몸을 움직임으로써 신체를 조절하고 성취감을 맛볼 수 있도록 지도해야 한다.

2) 누리과정과 동작교육

취학 전 교육의 질을 제고하고 생애 초기의 공정한 출발선을 보장하기 위해

2012년 7월 3~4세까지의 유아교육·보육과정이 통합된 누리과정을 확대·도
입하고, 2013년부터 어린이집과 유치원의 공통과정으로 시행하도록 했다. 누
리과정은 신체운동·건강, 의사소통, 사회관계, 예술경험, 자연탐구의 5개 영
역으로 나뉜다. 누리과정의 교육 영역 중 동작교육과 관련된 신체운동·건강
영역 및 예술경험 영역을 살펴보면 다음과 같다(교육과학기술부, 보건복지부,
2013에서 재인용).

(1) 신체운동·건강 영역

신체운동·건강 영역은 유아가 자신의 신체를 긍정적으로 인식하고 신체 활
동에 즐겁게 참여함으로써 유아기에 필요한 기본 운동 능력과 기초 체력을 기
르고, 건강하고 안전한 생활을 실천하는 능력과 태도를 기르게 하기 위한 영역
이다. 구체적으로 신체운동·건강 영역은 신체 인식하기, 신체 조절과 기본운
동 하기, 신체 활동에 참여하기로 구분된다.

〈표 2-1〉 **신체운동·건강 영역의 내용범주와 3~5세의 내용**

내용범주	3~5세 내용
신체 인식하기	감각능력 기르고 활용하기
	신체를 인식하고 움직이기
신체 조절과 기본운동 하기	신체 조절하기
	기본운동 하기
신체 활동에 참여하기	자발적으로 신체 활동에 참여하기
	바깥에서 신체 활동 하기
	기구를 이용하여 신체 활동 하기

① 신체 인식하기

감각능력 기르고 활용하기   '감각능력 기르고 활용하기'는 유아가 감각기관
을 통해 경험하는 여러 가지 자극의 차이를 느껴 보고, 감각기관을 활용하거나
협응함으로써 사물과 주변 환경을 인식하는 능력을 키울 수 있는 내용으로 구

성되어 있다.

3세	4세	5세
감각의 차이를 경험한다.	감각의 차이를 구분한다.	감각으로 대상이나 사물의 특성과 차이를 구분한다.
감각기관을 인식하고, 활용해 본다.	—	—

신체를 인식하고 움직이기　'신체를 인식하고 움직이기'는 유아가 자신의 신체에 관심을 갖고 각 부위의 명칭을 알게 될 뿐만 아니라, 신체 각 부분의 특성을 더욱 잘 인식하게 되면서 신체의 특성을 활용하여 움직일 수 있고 자신의 신체를 긍정적으로 인식하도록 하는 내용이다.

3세	4세	5세
신체 각 부분의 명칭을 알고, 움직임에 관심을 갖는다.	신체 각 부분의 특성을 이해하고 활용하여 움직인다.	
자신의 신체를 긍정적으로 인식하고 움직인다.		

② 신체 조절과 기본운동 하기

신체 조절하기　'신체 조절하기'는 정지 또는 이동 시 무게, 움직이는 속도, 힘, 연속성 등을 고려한 몸의 조정 및 균형 유지 능력을 기르는 것으로, 이를 통해 유아는 바른 자세, 여러 가지 운동 기능 발달에 필요한 지식과 기능, 태도를 익힐 수 있다.

3세	4세	5세
신체의 균형을 유지해 본다.	다양한 자세와 움직임에서 신체의 균형을 유지한다.	
공간, 힘, 시간 등의 움직임 요소를 경험한다.	공간, 힘, 시간 등 움직임 요소를 활용하여 움직인다.	
신체 각 부분의 움직임을 조절해 본다.	신체 각 부분을 협응하여 움직임을 조절한다.	
	눈과 손을 협응하여 소근육을 조절해 본다.	
—	—	도구를 활용하여 여러 가지 조작 운동을 한다.

　　기본운동 하기　　유아기에는 몸을 한 곳에서 다른 곳으로 이동하면서 움직이는 달리기, 미끄러지기, 점프하기 등의 운동과 제자리에서 몸을 축으로 하여 장소를 옮기지 않고 움직여 보는 구부리기, 뻗기, 구르기, 흔들기 등의 운동에 활발하게 참여하면서 운동 능력의 기초를 갖추게 된다. 연령별, 개인별로 신체발달과 성장에 따른 기본 운동 능력의 토대가 다르므로 각자의 신체발달 특성을 고려하여 움직임 활동을 경험해 보도록 하는 내용으로 구성된다.

3세	4세	5세
걷기, 달리기 등 이동 운동을 한다.	걷기, 달리기, 뛰기 등 다양한 이동 운동을 한다.	
제자리에서 몸을 움직여 본다.	제자리에서 몸을 다양하게 움직인다.	

③ 신체 활동에 참여하기

　　자발적으로 신체 활동에 참여하기　　'자발적으로 신체 활동에 참여하기'에서는 유아가 신체 활동에 자발적으로 참여하여 즐김으로써 기쁨과 만족감을 느끼고 자신의 신체운동 능력에 자신감을 느끼도록 하는 데 중점을 둔다.

3세	4세	5세
신체 활동에 자발적으로 참여한다.	신체 활동에 자발적이고 지속적으로 참여한다.	
다른 사람과 함께 하는 신체 활동에 참여한다.		
—	자신과 다른 사람의 운동 능력의 차이에 관심을 갖는다.	자신과 다른 사람의 운동 능력의 차이를 이해한다.

바깥에서 신체 활동 하기 '바깥에서 신체 활동 하기'는 실외 놀이터, 주변 공원이나 놀이터, 가까운 숲 등의 자연환경에서 신체 활동을 하는 내용이다. 유아는 실외에서 마음껏 뛰어놀고, 달리고, 탐색하고, 만져 보며, 쌓거나 파 보는 등의 신체 활동을 할 수 있다.

3세	4세	5세
규칙적으로 바깥에서 신체 활동을 한다.		

기구를 이용하여 신체 활동 하기 '기구를 이용하여 신체 활동 하기'는 유아가 다양한 기구를 활용하여 신체 활동을 함으로써 대근육 운동 능력을 기르고, 기구를 이용하는 방법을 습득하게 하는 내용이다.

3세	4세	5세
여러 가지 기구를 이용하여 신체 활동을 한다.		

(2) 예술경험 영역

예술경험 영역은 유아가 익숙한 주변 환경에서 발생하는 소리, 음악, 움직임과 춤, 모양과 색 등의 미술 요소에서 아름다움을 느끼고, 또래와 교사, 부모, 지역사회의 주민이나 작가가 표현한 예술작품을 가까이 접하면서, 이를 탐색하고 창의적으로 표현하는 것을 즐기며 감상하기 위한 영역이다. 아름다움 찾아보기, 예술적 표현하기, 예술 감상하기의 세 가지 내용범주로 구성되어 있다. 이 중 동작교육과 관련이 있는 요소들을 중심으로 살펴보기로 한다.

〈표 2-2〉 예술경험 영역의 내용범주와 3~5세의 내용

내용범주	3~5세 내용
아름다움 찾아보기	음악적 요소 탐색하기
	움직임과 춤 요소 탐색하기
	미술적 요소 탐색하기
예술적 표현하기	음악으로 표현하기
	움직임과 춤으로 표현하기
	미술활동으로 표현하기
	극놀이로 표현하기
	통합적으로 표현하기
예술 감상하기	다양한 예술 감상하기
	전통예술 감상하기

① 아름다움 찾아보기

움직임과 춤 요소 탐색하기   '움직임과 춤 요소 탐색하기'는 유아가 자신이나 다른 사람의 몸의 움직임 혹은 자연과 주변 사물의 여러 움직임에 주의를 기울이고 반응하면서 움직임과 춤의 아름다움을 느끼고, 움직임과 춤 요소들의 특징을 자연스럽게 발견하며 탐색하는 능력을 기르기 위한 내용이다.

3세	4세	5세
움직임과 춤의 모양, 힘, 빠르기 등에 관심을 갖는다.		움직임과 춤의 모양, 힘, 빠르기의 흐름 등을 탐색한다.

② 예술적 표현하기

움직임과 춤으로 표현하기   '움직임과 춤으로 표현하기'는 유아가 움직임에
영향을 주는 모양, 힘, 빠르기, 흐름 등과 같은 요소를 인식하고 이를 적절히 조
합하고 응용함으로써 자신의 생각과 느낌을 더 아름답고 창의적인 움직임이나
춤으로 표현해 보게 하는 내용이다.

3세	4세	5세
신체를 이용하여 주변의 움직임을 자유롭게 표현한다.		신체를 이용하여 주변의 움직임을 다양하게 표현하며 즐긴다.
움직임과 춤으로 자신의 생각과 느낌을 표현한다.		
도구를 활용하여 다양한 움직임으로 표현한다.		다양한 도구를 활용하여 창의적으로 움직인다.

3) 표준보육과정과 동작교육

보건복지부는 확대, 도입되는 만 3~5세 누리과정에 맞춰 기존 제2차 표준보
육과정을 개편하여 영유아의 전인적 발달을 일관성 있고 연계적으로 실천하며
어린이집의 질적 수준을 높이는 데 기여하고자 2013년 1월 21일 제3차 어린이
집 표준보육과정을 개정, 고시하였다. 어린이집 표준보육과정은 어린이집의
만 0~5세 영·유아들에게 국가 수준에서 제공하는 보편적이고 공통적인 보육
의 목표와 내용을 제시한다. 0~1세 보육과정, 2세 보육과정, 3~5세 보육과정
(누리과정 포함)으로 구성되어 있다.

(1) 0~1세와 2세 표준보육과정

0~1세와 2세의 표준보육과정은 기본생활, 신체운동, 의사소통, 사회관계,
예술경험, 자연탐구의 6개 영역으로 나뉜다. 영아 표준보육과정의 교육 영역
중 동작교육과 관련된 신체운동, 예술경험 영역을 살펴보면 다음과 같다(교육
과학기술부, 보건복지부, 2013에서 재인용).

① 신체운동 영역

신체운동 영역은 다양한 신체 활동을 통하여 자신의 신체를 긍정적으로 인식하고, 일상생활에 필요한 기본 운동 능력을 기르며, 신체 활동에 즐겁게 참여하도록 하기 위한 영역이다. 이를 위해 신체운동 영역은 감각과 신체 인식하기, 신체 조절과 기본운동 하기, 신체 활동에 참여하기의 세 가지 내용범주로 구성되어 있다.

〈표 2–3〉 0~2세 신체운동 영역의 연령별 내용

내용범주	0~1세 내용	2세 내용
감각과 신체 인식하기	감각적 자극에 반응하기	감각 능력 기르기
	감각기관으로 탐색하기	감각기관 활용하기
	신체 탐색하기	신체를 인식하고 움직이기
신체 조절과 기본운동 하기	신체 균형 잡기	신체 균형 잡기
	대근육 조절하기	대근육 조절하기
	소근육 조절하기	소근육 조절하기
	기본운동 하기	기본운동 하기
신체 활동에 참여하기	몸 움직임 즐기기	신체 활동에 참여하기
	바깥에서 신체 움직이기	바깥에서 신체 활동 하기
	기구를 이용하여 신체 활동 시도하기	기구를 이용하여 신체 활동 하기

〈표 2–4〉 0~1세 신체운동 영역의 수준별 내용

내용범주	내용	0~1세			
		1수준	2수준	3수준	4수준
감각과 신체 인식하기	감각적 자극에 반응하기	시각, 청각, 촉각, 후각, 미각으로 자극을 느낀다.			
		시각, 청각, 촉각, 후각, 미각으로 자극에 반응한다.			
	감각기관으로 탐색하기	감각기관으로 주변 환경을 탐색한다.			
	신체 탐색하기	손과 발 등을 바라보며 탐색한다.	주요 신체 부분의 움직임을 탐색한다.		

신체 조절과 기본운동 하기	신체 균형 잡기	몸의 균형을 잡기 위한 자세를 시도한다.	붙잡고 서 있기 등의 자세를 취한다.	안정되게 서 있기 등의 자세를 시도한다.
	대근육 조절하기	뒤집기 등 몸을 조절하여 위치를 바꾼다.	누웠다 앉기 등 몸의 움직임을 조절한다.	
	소근육 조절하기	보이는 물체에 손을 뻗는다.	눈과 손을 협응하여 소근육을 활용해 본다.	
	기본운동 하기	배밀이 등 이동 운동을 시도한다.	기기, 걷기 등 이동 운동을 시도한다.	걷기 등 이동 운동을 시도한다.
		팔다리 뻗기, 흔들기 등 제자리 운동을 시도한다.		서 있기, 앉기 등 제자리 운동을 시도한다.
신체 활동에 참여하기	몸 움직임 즐기기	몸을 활발히 움직인다.		몸의 움직임을 다양하게 시도한다.
	바깥에서 신체 움직이기	규칙적으로 바깥환경을 경험한다.		규칙적으로 바깥에서 신체 활동을 한다.
	기구를 이용하여 신체 활동 시도하기	—	간단한 기구를 이용하여 신체 활동을 시도한다.	

〈표 2-5〉 **2세 신체운동 영역의 수준별 내용**

내용범주	내용	2세	
		1수준	2수준
감각과 신체 인식하기	감각 능력 기르기	다양한 감각적 차이에 반응한다.	
	감각기관 활용하기	감각기관으로 주변 환경을 탐색한다.	
	신체를 인식하고 움직이기	신체 각 부분의 명칭을 안다.	
		신체 각 부분의 움직임을 탐색한다.	
신체 조절과 기본운동 하기	신체 균형 잡기	안정된 자세를 취하려고 시도한다.	
	대근육 조절하기	팔, 다리, 목, 허리 등 움직임을 조절한다.	
	소근육 조절하기	눈과 손을 협응하여 소근육을 조절해 본다.	
	기본운동 하기	걷기, 계단 오르기 등 이동 운동을 한다.	
		제자리에서 몸을 움직여 본다.	

신체 활동에 참여하기	신체 활동에 참여하기	신체 활동에 자발적으로 참여해 본다.
	바깥에서 신체 활동 하기	규칙적으로 바깥에서 신체 활동을 한다.
	기구를 이용하여 신체 활동 하기	간단한 기구를 이용하여 신체 활동을 한다.

② 예술경험 영역

예술경험 영역은 출생 후부터 영유아가 주변 환경 및 생활 속에서 다양한 예술적 요소를 흥미롭게 경험하고 즐기도록 돕기 위한 영역이다. 이를 위해 아름다움 찾아보기, 예술적 표현하기, 예술 감상하기의 내용으로 구성되어 있다. 이 중 동작교육과 관련이 있는 예술적 표현하기를 구체적으로 살펴보기로 한다.

〈표 2-6〉 0~2세 예술경험 영역의 연령별 내용

내용범주	0~1세 내용	2세 내용
예술적 표현하기	리듬 있는 소리로 반응하기	리듬 있는 소리와 노래로 표현하기
	움직임으로 반응하기	움직임으로 표현하기
	단순한 미술 경험하기	자발적으로 미술활동 하기
	모방행동 즐기기	모방과 상상놀이 하기

〈표 2-7〉 0~1세 예술경험 영역의 수준별 내용

내용범주	내용	0~1세			
		1수준	2수준	3수준	4수준
예술적 표현하기	리듬 있는 소리로 반응하기	리듬 있는 소리에 관심을 가진다.		노래를 부분적으로 따라 부른다.	
		리듬과 노래에 소리로 반응한다.		리듬과 음높이에 맞추어 소리를 낸다.	
	움직임으로 반응하기	손발 흔들기와 몸 움직임으로 반응한다.			
		—		간단한 도구를 활용하여 움직인다.	

예술적 표현하기	단순한 미술 경험하기	―	감각적으로 단순한 미술을 경험한다.
	모방행동 즐기기	소리나 표정, 몸 움직임 등을 모방한다.	단순한 모방행동을 놀이처럼 즐긴다.

〈표 2-8〉 **2세 예술경험 영역의 수준별 내용**

내용범주	내용	2세	
		1수준	2수준
예술적 표현하기	리듬 있는 소리와 노래로 표현하기	익숙한 노래를 따라 부른다.	
		신체, 사물, 리듬악기 등을 이용하여 간단한 리듬과 소리를 만든다.	
	움직임으로 표현하기	노래나 리듬에 맞춰 몸으로 표현한다.	
		간단한 도구를 활용하여 몸으로 표현한다.	
	자발적으로 미술활동 하기	자발적으로 그리기, 만들기를 한다.	
		간단한 도구와 미술재료를 다룬다.	
	모방과 상상놀이 하기	모방행동을 놀이처럼 즐긴다.	일상생활 경험을 상상놀이로 즐긴다.

연습문제

1. 우리나라 유치원 교육과정에 포함된 신체 활동은 서구의 어떤 학문적 경향에 영향을
받았는지 연결지어 설명해 보세요.

2. 시대의 흐름에 따라 정신과 신체에 대한 사고가 어떻게 변화했는지 설명해 보세요.

3. 표준보육과정과 누리과정 속에서 신체운동과 예술경험 영역에서의 동작활동은 연령별
로 어떻게 변화하는지 설명해 보세요.

제3장

영유아 발달과 동작교육

　　만 0세의 장미반 교실의 교사는 영아들이 좋아한다는 실내 미끄럼틀을 야심 차게 들여왔습니다. 교사는 영아들이 신나게 미끄럼틀을 탈 생각에 흐뭇합니다. 그런데 지금 11개월 영아와 교사가 한참 실랑이를 벌이고 있습니다. "혜정아, 우리 미끄럼틀 타 보자. 어서 올라와 봐. 미끄럼틀은 정말 재미있는 거야. 응?" 혜정이는 꿈쩍도 하지 않습니다. "따~악 한 번만 타 보자. 타 보면 재미있을 거야." 교사는 혜정이의 몸을 이끌고 혜정이는 교사의 안내로 미끄럼틀 앞까지 갑니다. 교사는 기어서 미끄럼틀을 오르도록 설명해 줍니다. "혜정아, 이렇게 한 팔과 한 다리를 교대로 올라가면 되는 거야. 해 볼까?" 혜정이는 버티지 못하고 얼마 지나지 않아 쭈~욱 미끄러져 내려옵니다. 교사는 혜정이에게 미안해하지만, 그 모습을 본 성욱이의 얼굴에는 꺄르르 미소가 번집니다. 교사는 혜정이에게 미끄럼틀을 타도록 격려해야 하는 것일까요? 혜정이가 스스로 탈 수 있을 때까지 기다려야 할까요? 언제까지 기다려 주어야 할까요?

미끄럼틀의 계단을 오르고, 미끄럼틀을 타고 내려오는 유아

1. 발달의 원리

발달이란 생명체가 환경에 적응하기 위해 신체적으로나 정신적으로 끊임없이 변화해 가는 과정이다. 즉, 인간은 유전자에 의한 성숙과 외부 환경과의 상호작용에 의한 경험과 학습을 통해 환경에 적응해 간다. 발달은 출생에서 죽음에 이르기까지 지속적으로 일어나는 변화이며 이 과정에서 인간 특유의 발달 원리가 발현된다. 인간발달의 원리를 요약하면 다음과 같다(오연주, 김혜옥, 이경실, 권명희, 2013에서 재인용).

첫째, 발달은 대부분 일련의 순서에 따라 진행된다. 모든 유아는 앉은 다음에 설 수 있다. 타인에게 의존한 후에 스스로 독립할 수 있으며, 간단한 사물을 비교·분류한 후에 좀 더 추상적이고 복합적인 사고를 할 수 있게 된다. 즉, 유아의 신체·언어·인지·정서 발달은 간단한 것에서 복합적인 것으로 그리고 구체적인 것에서 추상적인 것으로 일련의 순서에 따라 진행된다.

둘째, 발달은 연속적이지만 항상 고르고 점차적으로 이루어지는 것은 아니다. 발달 과정은 연속적으로 이루어지지만 발달 속도는 개인의 정신적·신체적 기능에 따라 각기 다르다. 발달 과정 중 급격한 발달이 이루어지는 시기가 있고 그렇지 않은 시기가 있다. 예를 들어, 키와 몸무게는 출생 후 처음 1년 동안 일생 중 가장 큰 폭으로 증가하며, 그 후 사춘기 때 급속히 증가한다. 어휘와 운동능력은 유아기에 다른 때보다 가장 크게 발달하며, 논리적인 문제해결 능력은 사춘기를 중심으로 한 시기에 현저하게 발달한다.

셋째, 모든 개개인의 발달 특성 및 능력은 성숙과 경험(학습)의 상호작용에 의해서 이루어진다. 심리적 발달에 미치는 성숙과 경험의 영향은 분리하기가 매우 어렵다. 균형 잡힌 성장과 발달은 주로 성숙에 의해 이루어지며, 운동 능력의 발달은 성숙과 경험의 상호작용에 의해서 이루어진다. 성숙 요인은 발달의 시기를 결정한다. 유아가 걷게 되는 시기에 실제 경험을 제한하였다고 하여(최악의 제한이 아닌 한도 내에서) 걷는 시기가 지연되지는 않는다.

넷째, 발달에는 개인차가 있어서 발달 단계를 거치는 속도나 양상에는 많은 차이가 있다.

　다섯째, 발달의 각 영역은 서로 상호작용한다. 유아의 신체 능력이 향상됨에 따라 지적 능력이 높아지면서 사회적 행동에도 영향을 미치게 된다. 즉, 한 영역의 발달이 다른 영역의 발달에 직·간접적으로 영향을 미친다.

　브레드캠프와 코플(Bredekamp & Copple, 1997)은 유아의 발달과 학습에 대한 원리를 다음과 같이 12가지로 설명하였다.

① 신체, 정서, 언어, 인지, 사회성 등 모든 발달 영역은 서로 밀접하게 연관되어 있다.

② 발달은 선험적인 지식과 기술, 능력에 따라 순차적으로 일어나는 과정이다.

③ 유아마다 다른 속도와 유형으로 발달이 이루어진다.

④ 인생의 초기 경험은 지속적인 영향을 미치며, 발달과 학습을 위한 최상의 시기가 존재한다.

⑤ 발달은 복잡화, 내면화, 구조화되는 방향으로 진행된다.

⑥ 유아의 발달과 학습은 다양한 사회·문화적 맥락 안에서 일어나며 그 영향을 받는다.

⑦ 유아는 능동적인 학습자이므로 직접적인 신체적·사회적 경험을 통해 외부 세계에 대한 지식을 습득해 간다.

⑧ 발달과 학습은 생물학적 성숙과 물리적·사회적 환경과의 상호작용의 결과로 이루어진다.

⑨ 놀이는 유아의 발달을 반영해 줄 뿐만 아니라 사회성·정서·인지 발달을 위한 중요한 매개다.

⑩ 발달은 새로 획득한 기술을 연습할 때뿐 아니라 유아의 현재 수준을 능가하는 도전을 경험할 때 이루어진다.

⑪ 유아는 각기 다른 수준의 지식과 학습 양상을 보이며, 자신이 알고 있는 것을 제각기 다른 방법으로 나타낸다.

⑫ 유아는 신체적 욕구가 충족되고 안전하며 가치 있는 존재로 여겨지고 심리적으로 안정감을 느낄 때 최적의 발달이 이루어지며 가장 잘 학습할 수

있다.

교사들은 발달과 학습의 수준, 능력과 흥미 등 유아의 개별적인 특성과 경험, 유아가 살고 있는 사회ㆍ문화적인 환경 맥락에 기초하여 개별 유아의 발달 능력에 맞으면서 적절한 수준의 도전과 이해를 제공하는 활동을 구성해야 할 것이다. 이를 위해서는 유아의 연령별 발달 특성에 대한 일반적인 지식과 함께 유아 개개인의 개별적인 특성에 대한 정보에 기초해야 한다.

2. 발달이론에 따른 동작교육

영유아의 발달과 관련된 주요 이론은 성숙이론, 환경이론, 상호작용이론으로 구분된다. 이론적 관점에 따라 유아 동작교육의 목적, 목표, 교수방법 등이 달라진다.

1) 성숙이론과 동작교육

평생 인간이 경험하는 발달적 변화는 크게 신체적 변화와 심리적 변화로 구분할 수 있다. 이 중 성장(growth)은 신체의 크기나 몸무게의 증가와 같은 신체의 양적 변화를 의미하며, 성숙(maturation)은 유전 정보에 의해 발생하는 신체적ㆍ심리적 변화를 뜻한다. 성숙은 부모에게서 받은 유전자의 프로그램에 의해 이루어진다. 따라서 성숙에는 보편적 순서가 있다. 유아는 누워만 있다가 엎드릴 수 있게 되고 이후 앉게 되며 마침내 걷고 뛰게 된다. 월령에 따라 유아가 도달할 수 있는 행동 수준이 있고, 성숙을 통해 한 단계에서 다음 단계로 옮겨 가게 된다.

성숙이론에서는 유아 간 발달 속도와 수준에 차이가 나는 것은 유전적으로 다르게 조정되기 때문이며 환경은 유아의 발달에 영향을 미칠 수는 있으나 발달을 촉진할 만큼의 영향력은 없다고 본다. 이는 전 세계의 많은 영유아가 서로 다른 환경에서도 거의 같은 발달 경로를 겪는다는 점과 쌍생아 연구에서 한 영아에게만 운동발달이 잘 이루어지도록 자극을 주었지만 쌍생아 간 운동발달 능력에 차이가 나타나지 않았다는 결과로 증명될 수 있다. 즉, 조기교육을 통해서 지속적으로 특정한 자극을 받은 경험이 더 나은 행동 수준에 이르는 결과로 나타나지는 않는다는 의미다. 오히려 발달적으로 성숙하기 전에 행동과 기술을 가르치는 것은 효율적이지도 않거니와 오히려 발달을 저해할 수 있다. 유아에게는 수준에 맞지 않는 것을 일찍 배우도록 강요당할 때 스스로 저항하면서 자기 수준에 맞도록 성장을 이끌어 나가는 능력이 있다. 이를 자기 규제력(self-regulatory power)이라 한다.

유아가 어떤 행동을 하는 것은 자신의 발달 수준에 맞는 동작을 하는 중인 것이다. 따라서 교사는 유아가 자신의 흥미나 요구에 따라 스스로 활동을 선택하고 참여하도록 격려하고 환경을 구성해 주면 된다. 유아가 계단 오르내리기에 흥미를 보이고 반복해서 오르내리기를 한다면 교사는 유아가 계단을 오르내리는 활동을 충분히 경험하도록 시간을 배려해 줄 필요가 있다. 또한 교사는 유아의 행동을 잘 관찰하여 어느 수준에 있는지를 파악해야 한다. 특정 월령이 되었을 때 보편적으로 도달하는 행동 수준(age norm)이 있음을 이해하고, 현재 유아가 성취한 발달 수준과 성취해야 할 수준을 알고 있어야 한다. 예를 들어, 계단 오르기 활동을 할 때에도 네 발로 기어서 계단을 오르는지, 두 발로 오르기는 하지만 두 발이 모두 한 계단에 모인 후 다음 계단으로 옮겨 가는지, 바로 오른발과 왼발을 교차하여 다음 계단으로 이동하는지를 파악한다. 이를 바탕으로 교사는 각 유아의 발달 수준에 적합한 활동을 안내할 수 있게 된다.

2) 환경이론과 동작교육

환경이론은 발달이 유전에 의해서라기보다 환경의 영향에 의해서 조절된다는 입장이다. 영유아의 행동은 자극이 있을 때 경험에 기초해서 나오는 반응이다. 따라서 발달은 환경에서 받아들인 자극에 대한 반응의 결과대로 일어나게 된다. 성숙이 발달에 필수적이기는 하지만 충분하지 않으며 다양하고 풍부한 신체 활동 경험과 학습을 통해서 유아의 발달 수준을 향상시킬 수 있다고 본다. 발달이 지연되는 것은 성숙이 덜 되어서라기보다 적절한 경험이 부족하거나 자극에 부적합한 반응을 보였거나 어떤 행동을 형성하기 위한 학습을 하지 못하였기 때문이라고 해석한다.

교사들은 유아의 이전 경험에 기초하여 특정 행동을 습득하도록 지도한다. 변화시킬 행동 목표를 구체화하고 목표 행동에 도달하도록 여러 가지 활동을 통해 행동의 변화를 유도한다. 그 과정에서 교사는 언어적 · 비언어적 지시와 안내를 하면서 보상과 칭찬을 통해 행동을 강화한다. 유아 동작교육에서 이러한 관점은 특정한 동작 기술의 정확한 수행과 발달을 중요시하여, 어떤 동작을 할 수 있는가 없는가, 정확한 동작을 하는가에 관심을 갖도록 한다. 이와 같은 방법은 운동 능력에 문제가 있는 유아에게 효과적일 수 있다.

3) 상호작용이론과 동작교육

상호작용이론은 발달이 유전적 요인과 환경적 요인 모두가 중요한 영향을 미친 결과라는 입장이다. 발달은 내재하는 유전적 요인이나 외부의 객관적인 환경 요인에 의해 결정되는 것이 아니라 유아가 외부의 물리적 · 사회적 환경과 어떻게 상호작용하느냐의 주관적인 경험에 의해 발현되는 결과다. 즉, 유아는 성숙이나 환경의 일방향적인 영향을 받는 수동적인 대상이 아니라 자신을 둘러싼 환경을 스스로 탐색하고 상호작용하면서 환경의 특성과 법칙을 발견해 가는 능동적인 존재다. 따라서 단순히 개체 내에 유전적으로 프로그램되어 있는 성숙의 단계대로 유아의 활동이 자연스럽게 발달하도록 두는 것만으로는 충분하지 않으며, 미리 계획된 학습내용을 일방적으로 가르치는 것 또한 적절하지 않다.

이와 같이 상호작용이론이 발달에 관해 제시하는 관점은 구성주의이론에 기초한다(김은심, 2009). 구성주의는 지식이란 무엇이고 어떻게 형성되는가에 대한 의문점에서 출발하였다. 구성주의에서 지식은 유아와 분리되어 외부에 객관적으로 실재하는 절대적인 것이 아니라, 유아가 자신의 내적인 인지구조를 기초로 외부 세계와 상호작용하는 경험을 통해 만들어지는 상대적이며 주관적인 것이다. 사회적 구성주의자인 비고츠키(Vygotsky)는 유아를 외부 세계의 타인과 상호작용하면서 내적인 정신과정을 만들어 가는 능동적인 존재로 보았다. 교사는 유아의 행동을 관찰하여 독립적으로 문제를 해결할 수 있는 실제적 발달 수준과 자신보다 능력 있는 또래와의 협동을 통해 해결할 수 있는 수준을 파악하고, 발달 수준에 적합한 비계를 설정하여 유아들과 상호작용한다. 예를 들어, 바닥에 홀라후프를 여기저기 흩어 놓고 홀라후프의 안쪽과 바깥쪽을 반복해서 호핑하는 동작을 유아가 스스로 능숙하게 한다면 눈을 감고 해 보기, 두 발을 모아 홀라후프 안쪽으로만 점프해서 가기 등 약간 높은 수준의 동작을 해 보도록 자극한다.

최근 대부분의 동작 발달 전문가들은 개인의 유전적 · 생리적 · 내재적 요인과 경험, 학습, 양육과 같은 외재적 환경 요인이 동작 과제와 적극적으로 교류하고 있다는 상호 교류적 모델(transactional model)이 적절한 이론이라는 데 인식을 같이하고 있다. 개인의 내적 요인, 외부 환경 요인, 동작 과제는 상호 영향을 줄 뿐만 아니라 서로 조절해 간다는 것이다(김은심, 2009).

3. 영유아기 발달과 동작교육

최근의 뇌 연구에 의하면 초기의 동작 경험은 뇌가 최적으로 발달하는 데 매우 중요하다(Gabbard, 1998). 발달 초기의 동작 경험은 성장하는 뇌의 신경세포를 자극한다. 자극받은 신경세포는 유지되고 성장하는 반면, 동작 경험의 부족으로 자극받지 못한 신경세포들은 사용되지 못하고 소멸되는 가지치기 과정을 겪는다. 동작 경험을 통해 기본적인 운동 기술을 발달시킬 수 있는 최적기는 태아기에서 약 5세까지다(Robert, 2001). 여기에서는 이 시기 영유아의 동작 능력의 발달 방향과 연령별 발달이정표를 알아보고, 이들이 동작교육에 시사하는 바를 살펴본다.

1) 동작 능력의 발달 방향

동작 능력의 발달은 신체적 성장을 의미한다. 이는 유아가 자신의 신체를 사용하는 능력 면에서의 성장이다. 발달 과정은 [그림 3-1]과 같이 세 가지 기본 방향을 따른다(Mayesky, 2012).

첫째, 동작 능력은 대근육에서 소근육 혹은 전체 운동에서 세부적인 운동(large-muscle to small-muscle movement or gross-motor to fine-motor movement)으로 발달이 진행된다. 유아의 목, 몸, 팔, 다리와 같은 대근육이 발달한 후에 손가락, 손, 손목, 눈과 같은 소근육이 발달한다. 이는 유아가 처음에 팔을 뻗어 손바닥으로 연필을 잡고 그리다가 점차 손목과 손가락의 미세근육을 이용해 정교한 그림을 그리게 되는 것을 통해 알 수 있다.

둘째, 동작 능력은 위에서 아래로, 머리에서 발 방향(cephalocaudal direction)

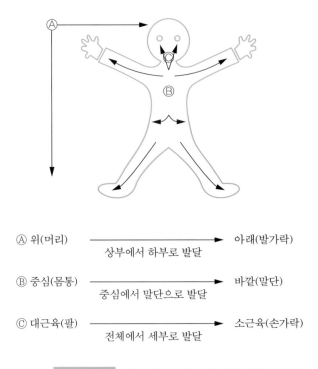

Ⓐ 위(머리) ──── 상부에서 하부로 발달 ────▶ 아래(발가락)

Ⓑ 중심(몸통) ──── 중심에서 말단으로 발달 ────▶ 바깥(말단)

Ⓒ 대근육(팔) ──── 전체에서 세부로 발달 ────▶ 소근육(손가락)

[그림 3-1] 영유아의 동작 능력 발달 방향

출처: Mayesky (2012), p. 184.

으로 발달이 진행된다. 유아는 누워만 있다가 목을 가눈 다음 가슴을 들 수 있게 되고 앉을 수 있게 된 후 두 다리로 걷게 된다. 목, 가슴, 허리, 다리 순서, 즉 상부에서 하부로 발달하는 과정을 엿볼 수 있다.

셋째, 동작 능력은 신체 내부에서 외부로, 중심에서 바깥쪽(proximodistal direction)으로 발달이 진행된다. 유아는 어느 순간 몸을 뒤집을 수 있게 되고 그 다음 팔로 몸을 지탱해 상체를 일으키게 된다. 이는 바깥쪽에 있는 팔의 근육보다는 몸의 내부 근육이 먼저 발달하기 때문이다.

이 밖에 조희숙 등(1996)은 두 가지 발달 원리를 추가로 제시하였다.

넷째, 동작 능력은 수평적인 동작에서 수직적인 동작으로 발달한다. 유아는 앞으로 걷고 뛰는 동작이 가능해진 다음 수직으로 뛰는 동작을 할 수 있게 된다.

다섯째, 동작 능력은 양방에서 일방으로 발달한다. 유아는 처음에 양쪽 손을 모두 사용하지만 시간이 흐를수록 점차 어느 한쪽 손을 주로 사용하게 된다.

2) 영유아기 동작 발달

(1) 영아기의 동작 발달

생애 최초의 한 달 동안 신생아의 운동 특성은 외부 자극에 의해 무의식적으로 신체가 움직이는 반사행동이다. 이러한 반사행동은 외부의 위협으로부터 신생아를 보호하고 먹는 것을 비롯한 생리적 기능을 유지하는 데 매우 유용하다. 대표적인 반사동작들은 눈 깜빡이기, 방향 반사, 모로 반사, 바빈스키 반사, 빨기, 삼키기, 배설 등이 있다. 이러한 반사적 행동은 신경 시스템이 성숙함에 따라 점차 의도적인 행동으로 발전해 간다. 월령별 운동발달의 특성은 다음과 같다(Montgomery & Connolly, 2008).

1~3개월 영아는 엎드린 자세에서 어깨로 지탱해 머리를 든다. 눈앞에 예쁜 색의 소리 나는 장난감을 보여 주면 턱을 들기도 한다. 영아는 엎드린 상태에서 머리를 45도 들어서 10초 동안 유지할 수도 있고, 머리를 양쪽으로 흔들며 움직일 수도 있다. 볼에 닿는 물건이나 소리를 내며 움직이는 것에 관심을 보이고 손을 뻗어 잡으려고 한다. 그러나 실제로 잡지는 못하고 손가락을 펼쳐 양손이

앞에서 서로 만나는 정도의 발달을 보인다. 양손을 꼭 쥐고 있는 상태가 점점 줄어들고 양손을 가볍게 펼친 채로 있는 시간이 길어진다. 영아는 자신의 의지로 주먹을 쥐고 손을 돌리거나 하면서 즐거워한다. 손이 닿는 주변의 물건을 만지려고 하고 자신의 손가락 사이에 들어간 것을 잡으려고 하고 손과 손가락으로 놀기도 한다. 부모가 앉히고 잡아 주면 머리가 흔들거리지 않고 목을 똑바로 유지할 수 있게 된다. 누워 있는 영아의 양 겨드랑이 사이에 손을 넣어 천천히 몸을 일으키면 10초에서 20초 정도 머리를 가눌 수 있다. 누운 상태나 엎드린 상태에서 그대로 들어 올려도 머리가 따라 올라온다.

4~7개월 영아는 엎어 놓으면 가슴을 들어 몸을 뒤로 젖힌다. 엎드린 상태에서 30초 정도 머리를 들 수 있다. 손으로 바닥을 짚고 가슴을 올릴 수 있게 된다. 다리의 힘이 점차 강해져서 다리를 쭉 뻗거나 덮은 이불을 걷어차기도 한다. 때로는 엎드린 자세에서 배를 중심으로 손발을 움직여 오른쪽이나 왼쪽으로 빙글빙글 돌기도 한다. 이 행동을 숙달하면 뒤로 물러나기도 하고 기면서 전진하는 움직임으로 발전해 간다. 배로 기면서 팔꿈치를 이용해 앞으로 나아간다. 처음에는 손과 팔의 힘만으로 나아가려고 하다가 점차 다리의 힘을 사용해 빨리 전진하게 된다. 장난감을 주면 곧바로 잡고 논다. 소리가 나면 열심히 팔을 흔든다. 손의 운동 능력이 발달해서 목표 지점의 장난감을 잡을 수 있게 된다. 스스로 앉을 수 있게 되며 30초 정도 혼자서 앉아 있을 수 있다.

8~11개월 영아는 누운 자세에서 몸을 돌려 일어나 앉을 수 있게 된다. 드디어 기는 자세에서 배를 들어 올리고 기어서 전진한다. 엄마가 엎드려 있으면 기어오르고, 만 1년 가까이 되면 미끄럼틀을 기어서 반대 방향으로 잘 오를 수 있다. 사물을 잡고 일어서다가 앉은 자세에서 혼자 설 수 있게 된다. 손끝의 발달로 한 손에 쥔 물건을 다른 손으로 옮기거나 양손에 각각 물건을 쥘 수 있고, 앉아서 양손에 잡은 장난감을 각각 다룰 수 있게 된다. 나중에는 선 상태에서도 손에 쥔 장난감을 바꾸어 잡을 수 있고, 엄지손가락과 검지손가락으로 작은 것을 잡기도 한다. 이 시기에는 공을 튀기고 굴러가는 공을 잡으러 가고 공을 굴리기도 하며 나중에는 잡아서 던지기도 한다. 공뿐만 아니라 뭐든지 던지는 것을 좋아하는 시기다. 도리도리를 해 보여 주면 따라서 머리를 좌우로 흔들고,

신나는 곡을 들려 주면 머리를 흔들며 박자를 맞추거나 선 채로 양손에 장난감을 쥐고 서로 부딪히기도 하며 손발을 흔들면서 좋아한다.

1세~15개월의 영아는 손을 잡아 주고 걷게 하면 곧잘 걷다가 점차 혼자 걸을 수 있게 된다. 장난감 유모차 등 바퀴가 달린 장난감을 밀면서 걷는다. 높이 40~50cm 되는 곳을 기어오르고, 뒤로 엎드려 내려간다. 계단을 오르는 데 흥미를 보인다. 앉아서 자동차 등의 장난감을 움직이고 나무 블록을 쌓고 점토를 두드리거나 반죽을 한다. 상자의 뚜껑을 열 수 있으며 물건을 넣거나 꺼내기 등의 반복행동을 한다. 종이가방을 들어 올리거나 끌고 물건을 집어서 옮길 수 있다.

16~19개월 영아는 계단의 손잡이를 잡고 한 계단씩 양발을 모아 오르게 된다. 계단을 뒤로 기어 내려갈 수 있고, 보조해 주면 계단을 서서 오르거나 내려가며 높은 곳을 오르거나 내려간다. 미끄럼틀을 기어 올라가 내려온다. 짧은 줄이나 봉을 잡고 자유롭게 흔들거나 돌릴 수 있다. 손발을 굽혔다 폈다 하는 운동을 활발히 하며 신나는 곡을 틀면 곡에 맞춰 몸을 움직이기도 한다.

20~24개월 영아는 특히 걷고 달리고 뛰는 기초적인 기능이 크게 신장되는 시기다. 또래와 손을 잡고 걸을 수 있고 팔을 흔들며 걷거나 옆으로 걸을 수 있다. 짧은 거리는 뒤로 걸을 수도 있다. 보조해 주면 외발로 서고 두 다리를 모아 뛸 수 있으며 높이 10~20cm 정도의 받침대나 계단에서 뛰어 내린다. 또 철봉에 매달릴 수 있다.

만 2세 영아는 성큼성큼 걷고 공을 양손으로 받을 수 있다. 양발 뛰기로 원 안에 들어가고 나오기를 한다. 옆으로 구르고 뜀틀에 오르며 평균대 밑을 빠져나갈 수도 있다. 무릎을 구부려 매달리고 발을 뻗어 미끄러져 내려온다.

0개월	1개월	2개월	3개월
태아 자세	턱을 든다.	가슴을 든다.	잡으려고 하지만 놓친다.
4개월	5개월	6개월	7개월
받쳐 주면 앉는다.	무릎에 앉고 물건을 잡는다.	유아용 의자에 앉고 매달려 있는 물건을 잡는다.	혼자 앉는다.
8개월	9개월	10개월	11개월
잡아 주면 선다.	기구를 잡고 서 있다.	긴다.	잡아 주면 걷는다.
12개월	13개월	14개월	15개월
기구를 잡고 일어선다.	계단을 오른다.	혼자 선다.	혼자 걷는다.

[그림 3-2] 영아기 동작 발달 순서

(2) 유아기의 동작 발달

만 3세 유아는 무릎을 위로 올리면서 제자리에서 뛰는 스킵 스텝이 가능하다. 양발뛰기가 가능하고 공을 던져 올렸다가 받을 수 있다. 링 굴리기를 하고 앞구르기, 오르기, 내리기, 빠져나가기를 반복한다. 매달려서 이동하기가 가능하며 그네를 탈 수 있다. 정글짐의 봉을 따라 걸으며 이동할 수 있다.

만 4세 유아는 전력으로 달리면서 허들을 뛰어 넘을 수 있고 앉아서 양발뛰기로 일어서기를 할 수 있다. 공을 튕겨서 올라온 공을 잡을 수 있으며 줄넘기로 앞으로 뛰기 한 번을 할 수 있다. 연속 앞구르기가 가능하며 양다리를 서로 교차하며 뒤로 걷기를 한다. 철봉에서 앞쪽으로 회전해서 내리고 봉을 잡고 올라가 손을 놓는다. 서서 그네를 타거나 미끄럼틀을 오른다.

만 5세 유아는 달리면서 한 손으로 공을 튀길 수 있다. 줄넘기로 크로스 뛰기를 한다. 팔로 후프를 돌린다. 앞구르기와 뒤구르기를 한다. 발로 발판을 딛고 뛰어 오름과 동시에 양손을 뜀틀 앞쪽에 대고 뜀틀을 밀면서 다리를 벌려 뛰어 넘는다. 한 발로 뛰어 거꾸로 매달리며, 2개의 봉을 잡고 오르고 내린다.

3) 영유아기 연령별 동작의 기본 유형

신생아기의 반사적 동작을 거쳐 유아기의 초보적인 동작 능력으로 점차 발달해 간다. 이때 습득하고 발달시켜야 할 기본적인 동작은 이동 동작(locomotor movement), 비이동 동작(stability movement), 조작 동작(manipulative movement)의 세 가지로 나뉜다(Gallahue, Ozmun, & Goodway, 2012). 이동 동작은 걷기, 달리기, 두발 모아 뛰기 등과 같이 공간을 통해 위치를 변화시키면서 움직이는 동작이다. 비이동 동작은 뻗기, 구부리기, 꼬기, 떨기 등과 같이 우리의 몸을 축으로 장소를 옮기지 않고 한 자리에 선 채 움직일 수 있는 동작을 뜻한다. 마지막으로 조작 동작은 손이나 발을 이용하여 물체에 힘을 주거나 물체에서 힘을 흡수하는 것과 관계가 있다. 대근육 조작의 형태로는 차기, 던지기, 받기 등이 있고, 소근육 조작으로는 단추 끼우기, 가위질 하기, 그림 그리기 등이 있다(이영, 전인옥, 김온기, 2008). 이와 같은 기본 동작들은 유아기의 운동 경험과 움직임의 획득을 위해 매

〈표 3-1〉 운동발달 단계와 운동 기능

분류＼단계	초보적 운동 단계(0~2세)	기본적 운동 단계(2~7세)
이동 동작	배를 대고 기기(crawling), 배를 들고 기기(creeping), 기어오르기, 걷기, 오르기, 내려가기	달리기, 서기, 뛰어넘기, 한 발로 두 번씩 번갈아 뛰기, 한 발로 뛰기, 뛰기, 빨리 걷기, 뛰어 오르내리기, 달려들기, 기어오르기, 넘어 타기, 바꾸기, 헤엄치기, 빠져나가기, 미끄러지기
비이동 동작	머리·목의 컨트롤, 구르기, 몸 뒤집기, 가슴으로 지탱하기, 앉기, 웅크리기, 서기, 일어서기	돌기, 구르기, 한 발로 서기, 균형 잡기, 매달리기, 타기, 건너기, 물구나무서기, 뜨기
조작 동작	손을 뻗기, 잡기, 집기, 올려놓기, 차기	던지기, 차기, 치기, 공 치기, 때리기, 붙잡기, 잡기, 업기, 옮기기, 내려놓기, 밀기, 젓기, 당기기

출처: 마에하시 아키라(2005), p. 96.

우 중요하다. 동작 발달 단계에 따른 기본동작의 내용은 〈표 3-1〉과 같다.

기본적인 동작을 세 가지로 분류하였지만 실제 많은 동작은 이동, 비이동, 조작 동작을 포함하고 동작 간의 조합으로 이루어져 있다. 예를 들어, 축구는 이동 기술(달리고 점프하기), 조작 기술(드리블, 패스, 차기, 헤딩), 비이동 기술(상대방의 동작에 반대로 몸을 써서 빠져나가기)을 모두 포함한다.

4) 영유아기 연령별 동작 발달 단계와 단계별 특성

(1) 영유아기 연령별 동작 발달 단계

앞서 연령별 시기에 따라 수행 가능한 동작들을 구체적으로 살펴보았다. 이러한 동작 능력은 발달 수준에 따라 크게 몇 단계로 구분될 수 있다. 갤러휴와 오즈먼(Gallahue & Ozmun, 2009)은 운동 기능의 발달 단계를 연령에 따라 반사적인 동작(reflexive movement), 초보적인 동작(fudimentary movement), 기본적인 동작(fundamental movement), 전문화된 동작(specialized movement)의 4단계로 구분하였다.

(2) 영유아기 연령별 동작 발달 단계별 특성

겔라휴 등(Gallahue et al., 2012)은 연령별 운동 발달 4단계의 단계별 특성을 다음과 같이 설명한다.

① 1단계: 반사적인 동작 단계—태아 · 신생아기까지

자신의 의지와 관계없이 통제되는 움직임인 반사는 태아가 처음으로 하는 동작이다. 영아는 반사적인 행동을 통해서 환경에 대한 정보를 얻는다. 영아는 접촉, 빛, 소리, 압력의 변화 등에 비자발적인 반응을 하는데 이를 통해 자신의 신체를 인식하고 외부 세계를 알아가게 된다. 동작 발달의 반사적인 단계는 정

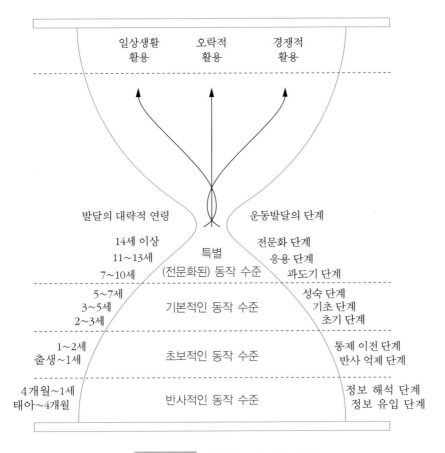

[그림 3-3] 연령별 동작 발달 단계

출처: Gallahue, Ozmun, & Goodway (2012), p. 50; 오연주, 이경실, 김현지, 박경애(2000), p. 41.

보 유입 단계(information encoding stage)와 정보 해석 단계(information decoding stage)의 두 단계로 나뉜다. 정보 유입 단계는 태아기에서 4개월까지 이어지며, 이 시기의 영아는 비자발적인 동작을 통해 정보를 얻고 영양을 찾으며 위험에서 자신을 보호한다. 정보 해석 단계는 4개월경부터 시작되며 영아는 단순히 자극에 무의식적으로 반응하는 것이 아니라 저장된 정보를 바탕으로 감각 자극을 인식한 후 처리할 수 있게 된다.

② 2단계: 초보적인 동작 단계—출생에서 2세까지

초보적인 동작 단계는 처음으로 자발적 움직임의 형태가 나타나는 시기다. 머리와 목을 가누고 몸을 통제하는 비이동 동작이 가능해지고, 기거나 걷는 등의 이동 동작도 가능해진다. 손을 뻗어 물체를 잡거나 놓는 조작 동작도 할 수 있게 된다. 이러한 동작들은 초보적인 동작 단계에서 일반적으로 관찰된다. 초보적인 동작 단계도 동작의 통제 수준에 따라 크게 반사 억제 단계(reflex inhibition stage)와 통제 이전 단계(precontrol stage)의 두 단계로 나뉜다. 생애 초기에는 반사가 주된 움직임이지만 반사 억제 단계에서 점차 대뇌 피질이 발달하고 환경적인 제약들이 줄어들면서 반사는 억제되고 점차 사라진다. 잘 통제되지 않고 정교하지 않은 것처럼 보이지만 목적지향적인 움직임을 보인다. 통제 이전 단계에서는 더욱 정확하게 동작을 통제할 수 있게 된다. 이 시기에 유아는 물체를 조작하고 엄청난 효율성과 통제력을 가지고 환경을 철저히 탐색한다.

③ 3단계: 기본적인 동작 단계—2세에서 7세까지

이 단계에서 유아는 움직임을 통해서 자신의 신체적 잠재력을 탐색하고 실험하는 활동을 하게 된다. 처음에는 이동, 비이동, 조작 동작들을 독립적으로 시도해 보면서 그 방법들을 발견해 가다가 나중에는 서로 조합하여 동작을 하게 된다.

2~3세에 해당하는 초기 단계(initial stage)에서 유아는 기초적인 기능의 동작을 수행하기 위해 처음으로 목적지향적인 시도를 한다. 그러나 움직임의 면에서 보면 신체의 움직임은 과장되고 리드미컬한 동작의 흐름과 통합적인 면을

보았을 때 아직 미숙한 시기다. 움직임의 시·공간적 통합 또한 아직 약하다. 3~5세의 기초 단계(emerging elementary stages)에 이르면 움직임의 시·공간 요소를 통합하는 면이 향상되고 동작을 더 잘 통제하고 리드미컬하게 움직일 수 있게 된다. 하지만 여전히 움직임은 과장되고 제한적이다. 5~7세의 성숙 단계(proficient stage)에서 유아는 효율적이고 통합적이며 잘 통제된 동작을 할 수 있게 된다. 연습, 격려, 지시를 통해 유아는 더 멀리, 더 빨리, 더 많이, 더 정확하게 동작할 수 있다.

④ 4단계: 전문적인 동작 단계—7세 이후 청년까지

이 시기에 이전의 기본 동작은 일상생활, 여가, 스포츠에서의 다양하고 복잡한 동작활동을 위한 토대가 된다. 예를 들어, 앙감질(hopping)과 뛰기(jumping)의 기본 동작은 줄넘기, 포크댄스 등에 응용된다. 이러한 전문적인 동작의 단계는 7~10세의 과도기 단계(transitional stage), 11~13세의 응용 단계(application stage), 14세~청년기까지의 전문화 단계(lifelong utilization stage)로 나뉜다. 과도기 단계에서는 이전의 기본 동작들을 더욱 정확하게 할 수 있게 되고, 응용 단계에서 기본 동작들이 복합된 복잡한 동작 기술이 나타난다. 마지막으로 전문화된 단계는 삶의 모든 영역(스포츠, 여가, 일상 등)에서 동작을 응용하고 적용하는 시기다.

이와 같이 신체적인 성장, 성숙과 병행하여 동작의 발달이 진행된다. 교사는 유아가 동작 과제를 잘 수행하고 즐겁게 동작 경험을 하도록 연령별 발달 특성을 잘 이해하고 발달에 적합한 동작활동을 구성하여 제시하여야 한다. 미국 전국유아교육협회(NAEYC)에 따르면, 발달적 적합성(developmental appropriateness) 개념에는 연령 적합성(age appropriateness)과 개별적 적합성(individual appropriateness), 사회·문화적 적합성(social/cultural appropriateness)의 세 가지 측면이 있다. 연령 적합성이란 신체적 측면에서 보편적이며 예측이 가능한 발달 단계가 있음을 나타낸다. 개별적 적합성은 모든 유아가 자신만의 시간에 따라 발달해가는 독특한 존재라는 의미이며, 사회·문화적 적합성은 학습 경험이 유아에게 의미 있는 것이어야 한다는 뜻이다(Bredekamp & Copple, 1997; Pica, 2010, p. 57에서 재인용). 영유아기의 동작 발달 특성은 보편적인 경향에 따라 출현하기 때문에 교사들은 이를 바탕으로 영유아가 어떤 수준에 이르렀는지를 파악할 수 있다. 그럼에도 영유아는 서로 다른 속도로 발달이 일어나므로 각 개인의 발달 수준에 초점을 두는 것이 중요하다.

영유아의 초보 동작 능력과 기본 동작 능력 및 그 동작이 발현되는 시기를 정리하면 〈표 3-2〉, 〈표 3-3〉, 〈표 3-4〉와 같다.

〈표 3-2〉 이동 동작 능력과 출현 시기

동작 형태	동작 능력	출현 시기
걷기(walking) 바닥에 닿은 한쪽 발 앞으로 다른 쪽 발을 내디디는 것	도움 없이 똑바로 서서 걷기	13개월
	옆으로 걷기	16개월
	뒤로 걷기	17개월
	도움을 받아 계단 오르기	20개월
	혼자 계단 오르기	24개월
	혼자 계단 내려가기	25개월
	두 다리를 교대로 사용하여 계단 오르기	4~5세
달리기(running) 두 발이 동시에 바닥에 닿지 않게 되는 짧은 순간을 포함하는 것	빨리 걷기	18개월
	달리기(두 발이 동시에 공중에 뜬 상태를 포함)	2~3세
	효율적이며 숙련된 달리기	4~5세
	달리기 속도의 증가	5세
뛰기(jumping) 뛰기의 세 가지 형태 ① 멀리뛰기 ② 높이뛰기 ③ 뛰어내리기 한 발이나 두 발로 뛰어 두 발로 착지하는 것	낮은 장애물에서 내려오기	18개월
	장애물 위에서 두 발 모아 뛰어내리기	2세
	두 발 모아 뛰어오르기	28개월
	멀리뛰기	5세
	높이뛰기	5세
앙감질(hopping) 한 발로 뛰어올라 같은 발로 착지하는 것	편한 발로 3회 앙감질	3세
	같은 발로 4~6회 앙감질	4세
	같은 발로 8~10회 앙감질	5세
	약 11초 동안 15m 거리를 앙감질	5세
	리듬의 변형에 맞추어 능숙하게 앙감질	6세

말뛰기(galloping) 한쪽 발을 다른 쪽 발의 앞에 둔 채로 걷기와 뛰 어넘기를 조합한 것	기본적이고 서투른 말뛰기 숙련된 말뛰기	4세 6세
스키핑(skipping) 리듬에 맞추어 스텝과 앙감질을 다양하게 결합 시키는 것	한 발 스킵 숙련된 스키핑(약 20%) 숙련된 지속적 스키핑	4세 5세 6세

출처: Gallahue (1976); Gallahue & Donnelly (2003), pp. 38-41: 이영, 전인옥, 김은기(2008), pp. 95-97에서 재인용.

〈표 3-3〉 **조작 동작 능력과 출현 시기**

동작 형태	동작 능력	출현 시기
도달하기, 잡기, 놓기 (reach, grasp, release) 의도한 바대로 사물에 성공적으로 접촉하여 잡 았다 놓는 것을 포함	최초의 도달 행동 사물을 잡기(corrolling of object) 손바닥으로 잡기(palmar grasp)	2~4세 2~4세 2~4세

던지기(throwing)
의도한 방향으로 손에
힘을 주어 사물을 밀어
내기
	몸통은 목표를 마주 보고 발은 고정시킨 채, 팔만을
	  뻗어 공을 던지기
	전 단계와 동일하나 몸통을 회전시켜 던짐
	공을 던지는 팔과 같은 쪽으로 다리를 앞으로 내디디
	  며 던지기
	성숙된 던지기 형태
	남아가 여아보다 성숙된 던지기 형태를 보임
		2~3세
		3.6~5세
		5~6세
		6.6세
		6세 이상

받기(catching) 날아오는 사물의 힘을 손으로 받는 것으로 점 차 큰 사물에서 작은 사 물을 받는 것으로 진전	공을 쫓아가기 공중 볼에 반응하지 못함 공중 볼에 대한 팔 동작의 반응이 늦음 공을 받기 위한 팔의 위치에 대해 이야기해 주어야 함 두려움 반응(공을 받을 때 고개를 돌림) 몸을 사용하여 껴안 듯이 받기 손만을 사용하여 작은 공 받기	2세 2세 2~3세 2~3세 3~4세 3세 5세

차기(kicking) 발에 힘을 주어 사물을 밀어내기	공에 대한 동작을 시도하나, 실제로는 차지 못함	18개월
	다리를 뻗은 상태에서 공을 차며 다른 신체 부위의 동작은 거의 없음(공 건드리듯 차기)	2~3세
	다리를 구부려 뒤로 보냈다가 차기	3~4세
	다리의 스윙 폭이 더 커지고, 팔은 반대 방향으로 움직이며 균형을 잡음	4~5세
	성숙된 형태(공을 완전히 걷어차기)	5세
치기(striking) 사물을 마주 보고 수직 면으로 휘두르기	사물을 마주 보고 수직 면으로 휘두르기	5세

출처: Gallahue (1976); Gallahue & Donnelly (2003), pp. 38-41: 이영, 전인옥, 김온기(2008), pp. 95-97에서 재인용.

〈표 3-4〉 비이동 동작 능력의 출현 시기

동작 형태	동작 능력	출현 시기
역동적 균형 (dynamic balance) 무게중심의 이전에 따라 몸의 평형을 계속 유지하는 것	1인치(2.54cm) 길이의 직선 따라 걷기	3세
	지름 1인치(2.54cm)의 원 둘레 따라 걷기	4세
	낮은 평균대 위에 서 있기	2세
	4인치 폭의 짧은 평균대 위를 걷기	3세
	4인치 폭의 짧은 평균대 위를 발을 바꾸어 걷기	3~4세
	2~3인치 폭의 평균대 위를 걷기	4세
	기본적인 앞으로 구르기	2세
	성숙된 앞으로 구르기	6~7세
정적 균형 (static balance) 무게중심을 고정시킨 채 평균을 유지하는 것	잡고 서 있기(일으켜 세우기)	10개월
	잡지 않고 서 있기	11개월
	혼자서 일어서기	12개월
	한 발로 3~5초간 균형 잡기	5세
	거꾸로 서 있기	6세
중축성 동작 (axial movement) 축 이동 동작은 정적 자세로 구부리기, 뻗기, 꼬기, 돌기 등을 포함	축 이동 동작은 유아기 초기에 발달하기 시작하며 던지기, 받기, 차기, 치기 등의 조작적 동작 형태가 나타나면서 점차 숙련됨	2개월~ 6세

출처: Gallahue (1976); Gallahue & Donnelly (2003), pp. 38-41: 이영, 전인옥, 김온기(2008), pp. 95-97에서 재인용.

그러나 앞의 표에서 제시하는 여러 가지 동작의 출현 시기는 평균적인 신체
발달에 기초한 것이다. 모든 아이는 발달 속도에 개인차가 있으므로 표에 제시
된 시기는 실제 아이들의 동작 출현 시기와는 다소 다를 수 있다. 교사는 동작
교육 활동을 위해 영유아의 신체 및 운동 발달이론을 숙지할 뿐만 아니라 아이
들의 발달 속도 개인차의 중요성을 잊지 말고 이를 고려하여 지도해야 한다.

연습문제

1. 동작교육 활동 한 가지를 가정해 보고 이를 관련된 발달이론(성숙이론, 환경이론, 상호
   작용이론) 각각의 관점에서 생각해 보세요.

2. 동작 요소(힘, 시간, 속도, 관계 등) 한 가지를 선택하여 활동의 아이디어를 구성한 다음
   이를 만 1세, 만 3세, 만 5세의 각 연령에 적합하도록 활동의 난이도를 조절해 보세요.

3. 영유아의 신체운동 발달과 관련하여 '발달에는 개인차가 있다'는 발달 원리의 중요성
   에 대해 이야기해 보세요. 교사가 동작교육 활동을 하는 데 있어 영유아의 발달 개인
   차를 중요하게 고려해야 하는 이유는 무엇입니까?

제4장

동작교육의 내용

유아반 교실에서 두 명의 교사가 동작활동 계획을 고민하고 있습니다. 한 교사는 유아들을 위한 동작활동으로 코팅된 종이 물고기들을 낚시하는 게임을 생각하고 있습니다. 그런데 다른 한 교사는 이 활동이 과연 동작활동인지 고민이 됩니다. 이 활동에는 영유아가 익혀야 할 특정한 동작도 없고 눈에 뛰는 대근육 움직임도 없기 때문이지요. 하지만 아이디어를 낸 교사는 이 활동이 동작활동이라고 생각합니다. 과연 이 활동은 영유아 동작활동인가요? 이 활동은 동작교육 활동으로서 갖추어야 할 내용을 포함하고 있나요?

아이들이 막대를 이용해서 종이 물고기를 잡는 게임은 동작활동이 될 수 있을까?

동작교육의 내용에 무엇을 포함시킬 것인가 하는 문제는 궁극적으로는 아이들과 함께하는 교사에게 달렸다. 한국의 영유아 교육·보육 현장에 많은 교육 프로그램이 있고 현재 정부가 고지한 공적인 표준보육과정과 누리과정이 있다 하더라도, 결국 어떠한 내용으로 아이들과 함께 움직임 활동을 할 것인가 하는 문제는 교사가 무엇을 중요하게 여기고 어떠한 방식으로 상호작용하는지에 가장 큰 영향을 받는다. 따라서 영유아들을 위해 동작교육 활동을 준비하는 교사들이 동작활동의 내용을 적절하고 풍성하게 선정하기 위해서는 동작의 요소와 기초 동작들을 인식해야 한다. 또한 1장에서부터 계속 설명하였듯이 동작활동은 체육 기술을 습득하는 데서 끝나는 것이 아니라 다양한 표현활동이 되어야 하므로 교사들은 동작의 기본 영역뿐 아니라 어떠한 방식으로 움직임을 응용하여 활동으로 구성할 수 있을 것인가를 이해해야 한다. 이 장에서는 동작의 기본 영역으로 동작의 요소와 기초 동작들을 살핀 후, 동작의 응용 영역으로 리듬활동과 창의적 동작활동을 알아보고자 한다.

1. 동작의 기본 영역

동작의 기본 영역에서는 먼저 신체의 움직임을 구성하는 동작의 요소들을 살핀 후 기초 동작에 대해 알아볼 것이다. 여기에서는 영유아의 동작교육과 관련된 기초 동작을 이동 동작, 비이동 동작, 조작 동작으로 나누어 살펴보고자 한다.

1) 동작의 요소

동작교육을 준비하는 교사들은 무엇이 영유아의 움직임(동작)을 구성하는 요소인가를 이해해야 한다. 동작 요소에 관해서는 무용가이자 안무가였던 라반(Laban)의 분석이 현재까지 많은 도움을 주고 있다. 그는 동작을 시간, 무게, 공간 및 흐름이라는 네 가지의 구조로 분석하였다. 퍼셀(Purcell, 1994)은 이러한 동작의 기본 구조를 바탕으로 동작의 기본 요소를 '신체 인식', '공간 인식', '노력', '관계'로 나누었다. 여기에서는 동작교육에 관한 저서들이 일반적으로 분석하는 바와 같이 동작의 요소를 신체 인식, 힘, 공간, 시간, 흐름, 관계의 여섯 가지로 구분하여 살피고자 한다.

(1) 신체 인식

신체 인식(body)은 동작활동에서 '무엇이 움직이는가?'에 관한 인식을 의미한다. 이것은 동작을 가능케 하는 기본 요소 중 인간의 의지와 관련되어 있다. 공간과 힘, 시간과 흐름 등의 동작 요소가 있다 하더라도 움직임의 주체가 되는 인간 주체의 신체 인식이 없다면 동작은 살아 움직이지 않는다. 이러한 신체 인식은 동작을 가능케 하는 기본 요소일 뿐 아니라 동작활동을 통해 획득되는 것이기도 하다. 영유아의 동작활동에서 아이들은 움직임을 통해 자신의 신체를 더 잘 이해하고 자신의 신체를 어떻게 움직여야 하는지도 더 잘 알게 된다. 영유아들은 동작활동을 통해 자신의 신체 부분의 명칭을 익히고 부분들이 어떻게 움직이는지를 살피며 신체의 부분과 전체의 관계도 인식하게 된다.

영유아가 자신의 신체를 인식하고 잘 이해하게 하기 위해서는 먼저 자신의 신체 부분들을 탐색하도록 하는 과정이 필요하다. 아이들은 머리, 어깨, 무릎, 팔, 손, 발, 다리 등 신체 부분의 구조를 탐색함으로써 신체 부분의 특징을 이해하게 된다. 관절과 손목 등 신체 부분의 움직임을 탐색하고 관련 활동을 함으로써 소근육 움직임의 특징과 방법을 알게 된다. 또한 구부리기, 흔들기, 뻗기, 일어서기, 꼬기 등 다양한 전신 동작을 하면서 전신을 움직이는 방법을 알게 된다. 이 밖에도 신체를 이용해 직선이나 곡선, 글자 등의 모양을 만들거나 달리기와 걷기, 호핑 등의 이동 동작을 함으로써 대근육의 움직임과 전신의 움직임을 조절하는 방법을 익히게 된다. 이렇게 영유아의 자신의 신체에 대한 인식이 자라날수록 더욱 다양한 동작이 가능해지고 자신의 몸을 활동적으로 움직이는 데 적극적인 태도를 갖게 될 것이다. 3차 표준보육과정의 영아기 신체 활동 영역에도 주요 하위범주로 신체 인식에 대한 부분이 있다. 이는 동작교육에서 동

●●● 유아들은 청진기로 배 속의 소리를 듣는 활동을 통해 신체 인식을 경험할 수 있다.

작의 요소로 여기는 신체 인식과 크게 다르지 않은 맥락이다.

　신체 인식의 하위 개념들은 다음과 같다.

- 신체 부분: 머리, 어깨, 무릎, 팔, 손, 다리, 발, 근육, 뼈 등
- 신체 동작: 구부리기, 흔들기, 뻗기, 일어서기, 꼬기, 돌기 등
- 신체 모양: 직선 만들기, 곡선 만들기, 글자 만들기, 사물의 모습 모방 등
- 신체 활동: 이동 동작, 비이동 동작, 조작 동작 등

▶ 신체 인식에 초점을 둔 동작활동의 예

- 눈, 코, 입, 이마, 귀 등 얼굴의 부분을 가리키기
- 제자리에서 한 바퀴 돌고 앉기
- 오른손으로 왼쪽 다리 만지기/ 왼손으로 오른쪽 다리 만지기
- 화가 날 때, 기쁠 때, 슬플 때의 표정 짓기
- 여름에 자라는 나무처럼 팔과 손을 쭉 뻗기
- 신체의 어느 한 부분을 꼬고 서 있기

- 친구와 둘씩 짝을 지어 차례로 걸어서 돌아오기
- 한쪽 다리는 들고 다른 한쪽 다리로 신문지 위에서 몸 지탱하기
- 친구와 둘이서 몸으로 원 만들기
- 몸을 가장 크게 만들기/가장 작게 만들기

☞ "이 밖에 또 신체 인식에 초점을 둔 어떤 동작활동을 생각해 볼 수 있을까?"

(2) 힘

힘(force)은 유아의 동작에 에너지를 부여하여 동작의 강약을 가능하게 하는 것으로 '신체가 어떻게 움직이는가?' 하는 것과 관련된다. 힘은 유아의 신체 동작에서 동작의 강도를 형성하며 근육의 긴장 정도를 나타낸다. 힘을 강하게 사용하면 동작을 하는 근육에 큰 에너지가 가해지고 강력하고 힘찬 동작이 된다. 반면, 힘을 가볍고 느슨하게 가하면 신체의 근육은 이완하고 부드럽게 되며 동작은 섬세해진다. 힘의 정도는 동작의 주체가 의도하는 바에 따라 달라진다. 유아가 어떤 의도와 목적으로 신체를 움직이는가에 따라 힘의 정도가 달라지고 결과적으로 그에 따라 동작도 달라진다. 따라서 영유아 신체 활동에서 유아가 자신의 힘을 잘 인식하고 조절하는 것은 매우 중요하다. 유아가 신체에 가하는 힘과 속도에 따라 유아의 동작은 가볍고 사뿐하게 움직이는 나비가 될 수도 있고, 힘차고 강하게 뛰어다니는 사자가 되기도 한다. 동작을 가능하게 하는 힘의 하위 요소들은 다음과 같다.

- 세기: 강하게, 약하게, 보통으로
- 무게: 무거운, 가벼운, 보통인
- 내구력: 팽팽한, 느슨한, 보통인

▶ 힘에 초점을 둔 동작활동의 예

- 바람소리에 맞추어 센 바람과 약한 바람처럼 움직이기
- 바닥에 그려진 선을 따라 큰 발소리와 약한 발소리로 걷기
- 스카프로 연결한 줄을 양쪽에서 잡고 한 번은 강하게, 한 번은 약하게 당기기

☞ "이 밖에 또 힘에 초점을 둔 어떤 동작활동을 생각해 볼 수 있을까?"

(3) 공 간

우리의 신체 활동은 진공 속에서 일어나는 것이 아니라 일정한 공간 속에서 일어난다. 동작의 요소에서 공간(space)이란 신체가 '어디로 움직이는가?'를 이해하는 것과 관련된다. 신체는 여러 방향(앞, 뒤, 옆)과 여러 방식으로(돌아서, 똑바로, 지그재그로) 움직인다. 공간 인식이 발달한 유아는 다른 친구들과 부딪치지 않으면서 공간 속에서 움직일 수 있다. 신체 활동에서 공간이라는 요소는 개인 공간 혹은 자기 공간(personal space)과 공유되는 일반 공간(general space)이라는 두 가지 영역으로 분류된다. 개인 공간이란 몸을 둘러싸고 있는 인접 공간을 말하는 것으로 유아가 한 지점에 머무르는 동안 유아의 신체가 닿을 수 있는 공간이다. 일반 공간은 공유된 공간이라고도 하는데 신체가 닿지 않는 곳의 주변 영역이며 집단이 함께 사용하는 공간이다.

신체 동작이란 일정한 공간 안에서 일어나는 움직임이기 때문에 공간에 대한 개념을 발달시키는 것이 중요하다. 공간의 범위에 따라 유아의 신체 동작은 넓은 장소, 좁은 장소, 보통의 적절한 장소에서 이루어질 수 있다. 그리고 유아의 신체가 움직이는 방향에 따라 유아의 동작은 앞, 뒤, 옆, 위, 아래로 움직인다. 또한 공간 속에서 움직임은 높이를 발생시킨다. 공간 속에서 유아가 움직이는 높이에 따라 유아는 높게 혹은 낮게 움직인다. 신체 동작을 생성하는 요소인 공간의 하위 요소는 다음과 같이 분류될 수 있다.

●●● 친구와 함께 터널을 통과하는 동작활동은 특정 공간에 대한 감각을 경험하게 한다.

• 장소: 개인 공간, 일반 공간
• 범위: 넓은, 좁은, 보통인
• 방향: 앞, 뒤, 옆, 위, 아래
• 높이: 높게, 낮게, 보통으로

▶ 공간 인식에 초점을 둔 동작활동의 예
  • 친구들과 함께 손을 잡고 원을 점점 크게 혹은 작게 만들며 공간의 변화를 느끼기
  • 음악에 맞춰 춤추다가 교사의 지시에 맞춰 바닥에 그려진 원 안에 들어가 앉는 게임하기
  • 고양이와 쥐를 정하고 다른 친구들이 손을 잡아 공간을 분리시키는 술래놀이하기
  • 바닥에 그려진 여러 가지 패턴의 선을 따라 빠르게 혹은 천천히 걷기
☞ "이 밖에 또 공간에 초점을 둔 어떤 동작활동을 생각해 볼 수 있을까?"

(4) 시 간

동작에서 시간(time)은 신체의 움직임에 속도를 부여하는 요소다. 이것은 '얼

마나 변화 있게 움직이는가?' 하는 것과 관련되어 있다. 신체에 가하는 시간의 흐름에 따라 우리의 움직임은 빠르거나 느린 서로 다른 속도의 리듬감 있는 동작이 된다. 이러한 속도와 리듬감은 움직임을 생동감 있게 한다. 특히 유아기에는 이렇게 리듬감과 속도에 변화를 주는 동작들을 통해 신체 조절을 경험할 필요가 있다. 또한 일반적으로 영유아들은 리듬감과 속도에 변화가 있는 동작을 하는 것을 즐거워한다. 아이들과 함께 동작활동을 할 때 시간의 흐름에 극적인 변화를 주면 빠르고 느린 대조적인 동작을 통해 움직임의 시간 요소를 경험해 볼 수 있다. 시간에는 다음과 같은 하위 요소들이 있다.

- 속도: 빠르게, 느리게, 보통으로
- 리듬: 시간의 흐름에 따라 생긴 리듬
- 박자: 시간의 연속과 불연속에 따라 생기는 박자

▶ 시간에 초점을 둔 동작활동의 예
- 거북이처럼 기어 가다가 토끼처럼 뛰기
- 몸으로 다양한 속도의 바람을 표현하기(거세게 부는 바람, 약하게 부는 산들바람, 태풍 등)
- 자동차가 되어 달리기(교사의 지시에 따라 빨리 달리는 자동차와 천천히 달리는 자동차)

☞ "이 밖에 또 시간에 초점을 둔 어떤 동작활동을 생각해 볼 수 있을까?"

---

(5) 흐름

동작활동에서 흐름(flow)이란 신체의 움직임이 연속적인가 불연속적인가를 결정하는 요소다. 일반적으로 동작의 흐름을 '탄력 있는 흐름(bound flow)'과 '유연한 흐름(free flow)'이라는 두 가지 어휘로 설명한다(Pica, 2010). '탄력 있는 흐름'이란 로봇의 동작처럼 움직임이 툭툭 끊어지거나 유아들이 앙감질과 멈추기를 반복하는 것과 마찬가지로 동작이 계속해서 흘러 이어지지 않고 불연속

적인 것이다. 이러한 동작은 어떤 순간에도 쉽게 정지할 수 있다. 이에 반해,
'유연한 흐름'이란 스케이트를 타는 동작과 같이 하나의 동작이 연속적으로 진
행되는 것으로 갑자기 멈추기가 어렵다. 흐름의 하위 요소는 다음과 같이 크게
연속과 불연속으로 나뉜다.

- 연속: 유연하게, 지속적으로, 자유롭게
- 불연속: 끊기는, 정지된, 제한된

▶흐름에 초점을 둔 동작활동의 예
- 음악에 맞추어 춤을 추다가 교사의 지시에 따라 그대로 멈추기
- 로봇처럼 관절의 움직임을 불연속적으로 하여 걷기
- 실외에서 술래를 피해 달아나다가 술래가 다가오면 얼음 조각처럼 부동자세
  하기

☞ "이 밖에 또 흐름에 초점을 둔 어떤 동작활동을 생각해 볼 수 있을까?"

(6) 관계

동작활동에서 관계(relationship)란 신체의 일부분과 전체, 유아와 유아, 유아
와 교사 간에 상호성을 형성하는 요소다. 즉, 움직이는 주체의 신체 부분 간의
관계뿐 아니라 움직이는 주체와 주체 외부의 타인과 사물에 대한 관계를 포함
한다. 이러한 관계성에 따라 동작은 신체와 더 가까이 혹은 멀리, 그리고 타인
이나 사물과도 가까이 혹은 멀리서 움직이게 된다. 동작에서 관계의 요소는 공
간 요소와도 밀접하게 연관된다. 타인과의 관계에서 여럿이 함께하는 동작들은
더 좁은 공간성을 경험하게 한다. 유아들은 동작에서 관계의 요소들을 경험함
으로써 자신의 신체의 부분과 전체에 대해 총체적으로 인식할 수 있게 되고, 자
신의 움직임이 타인과 다른 사물에게 미치는 영향력을 이해하게 된다. 이러한
동작의 관계 요소에 대한 경험은 유아가 신체 활동을 할 때 자신의 신체 움직임
에 책임감을 갖게 하고 신체를 잘 조절할 수 있게 한다. 또한 동작에서 관계 요

소들을 많이 경험하는 것은 유아에게 타인의 관점을 이해할 기회를 제공한다. 이것은 결과적으로 영유아의 사회성 발달과도 무관하지 않다. 동작에서 관계의 하위 요소들은 다음과 같이 정리될 수 있다.

- 신체 관계: 신체의 부분들과 전체의 관계, 신체의 부분과 부분의 관계
- 사람과의 관계: 둘씩 짝을 지어, 집단으로, 모둠으로
- 사물과의 관계: 위로, 아래로, 앞으로, 뒤로, 밖으로, 안으로 등

▶관계에 초점을 둔 동작활동의 예

- 혼자서 음악에 맞춰 춤을 추다가 교사의 지시에 따라 둘 혹은 셋, 넷이 짝을 짓기
- 선생님이 준비한 그림판의 동물들을 한 모둠의 친구들이 함께 동작으로 표현하기
- 친구와 짝을 지어 바닥에 있는 훌라후프를 한 사람은 밖에서, 한 사람은 안에서 뛰어넘기
- 친구와 짝을 지어 교사가 제시하는 글자 모양 만들어 보기

☞ "이 밖에 또 관계에 초점을 둔 어떤 동작활동을 생각해 볼 수 있을까?"

●●● 친구와 둘이서 손잡고 춤추기와 같은 활동은 동작에서 관계의 요소에 초점을 둔 것이다.

〈표 4-1〉 **동작 개념의 구성 요소**

동작 구성 요소	하위 개념	내용
신체 인식	• 신체 부분 • 신체 동작 • 신체 모양 • 신체 활동	머리, 어깨, 무릎, 팔, 손, 다리, 발, 근육, 뼈 등 구부리기, 흔들기, 뻗기, 일어서기, 꼬기, 돌기 등 직선, 곡선, 글자, 사물의 모습 모방 등 이동 동작, 비이동 동작, 조작 동작 등
힘	• 세기 • 무게 • 내구력	강하게, 약하게, 보통으로 무거운, 가벼운, 보통인 팽팽한, 느슨한, 보통인
공간	• 장소 • 범위 • 방향 • 높이	개인 공간, 일반 공간 넓은, 좁은, 보통인 앞, 뒤, 옆, 위, 아래 높게, 낮게, 보통으로
시간	• 속도 • 리듬 • 박자	빠르게, 느리게, 보통으로 시간의 흐름에 따라 생긴 리듬 시간의 연속과 불연속에 따라 생기는 박자
흐름	• 연속 • 불연속	유연하게, 지속적으로, 자유롭게 끊기는, 정지된, 제한된
관계	• 신체의 관계 • 사람과의 관계 • 사물과의 관계	신체의 부분들과 전체의 관계, 신체의 부분과 부분의 관계 둘씩 짝을 지어, 집단으로, 모둠으로 위로, 아래로, 앞으로, 뒤로, 밖으로, 안으로 등

출처: Joyce (1980): 오연주, 김혜옥, 이경실, 권명희(2013)를 바탕으로 수정함.

앞에서 살펴본 동작의 구성 요소 여섯 가지에 대한 하위 요소와 그 내용을 간단히 정리하면 〈표 4-1〉과 같다.

2) 기초 동작

영유아의 동작교육에서 기초 동작이란 동작교육에 기본이 되는 신체적 움직임을 말한다. 영유아기는 겔라휴(Gallahue)의 운동발달 단계에서 2, 3단계에 해당한다. 이 책에서는 겔라휴(1996)와 피카(Pica, 2010)에 기초하여 영유아 시기의 기초 동작들을 이동 동작, 비이동 동작, 조작 동작의 세 가지로 나누어 살필 것이다. 영유아기 동작교육을 위한 기초 동작들은 〈표 4-2〉와 같다.

〈표 4-2〉 **기초 동작**

이동 동작	비이동 동작	조작 동작
• 기어가기(creep) • 걷기(walk) • 달리기(run) • 건너뛰기(leap) • 앙감질(hopping) • 말뛰기(gallop) • 미끄러지기(slide) • 스키핑(skipping) • 스텝-홉(step-hop) • 구르기(roll)	• 뻗기(stretch) • 구부리기(bend) • 앉기(sit) • 뛰기(jump) • 회전하기(turn) • 흔들기(swing) • 꼬기(twist) • 피하기(dodge) • 떨어지기(fall)	• 당기기(pull) • 밀기(push) • 들어올리기(lift) • 치기(strike) • 던지기(throwing) • 받기(catch) • 차기(kicking) • 공 굴리기(ball rolling) • 공 튀기기(bouncing)

출처: Gallahue (1996); Pica (2010)에 기초하여 수정함.

(1) 이동 동작

이동 동작은 공간 속에서 일정한 힘과 속도를 가해 위치를 바꾸면서 움직이는 것을 뜻한다. 전이동작이라고도 불리는데, 신체가 한 지점에서 다른 지점으로 옮겨진다는 의미다. 이동 동작 기술은 영유아가 자라면서 자연스럽게 발달하게 되지만, 더욱 많은 연습과 격려와 지도가 있다면 더욱 숙달한 수준에 이를 수 있다(Pica, 2010). 이러한 동작은 영유아 동작교육 활동을 진행하기 위한 기초 준비이며, 이러한 이동 동작 자체에 초점을 두어 동작활동을 구성할 수도 있다. 여기에서는 영유아 동작교육에 필요한 기초적 이동 동작을 다음과 같은 10가지로 살펴보고자 한다.

① 기어가기

기어가기(creep)는 손과 무릎을 사용하여 신체를 이동시키는 것이다. 이러한 기어가기 동작은 12개월 전후의 영아에게서 활발하게 나타난다. 기어가기 전의 단계에서는 바닥에 배를 댄 채 팔꿈치로 상체의 무게를 받치고 머리와 어깨를 들어 올려 기는(crawl) 동작이 나타난다. 기어가기 동작을 통해 사지의 힘과 몸의 균형감각을 기를 수 있다. 때로 만 3~4세의 유아들도 이러한 동작 기술이 부족한 경우가 있는데 이때에는 기어가기를 통한 활동을 제공할 필요가 있다.

▶ 기어가기에 초점을 둔 동작활동의 예

- 비닐로 만들어진 해저 터널을 한 사람씩 기어서 통과하기

- 거북이가 되어 일정한 지점까지 기어 갔다가 돌아오기

- 바닥에 거미줄을 꾸미고 음악에 맞추어 기어 가면서 거미줄에 걸린 동물 등을 흉내 내기

☞ 이 밖에 또 어떤 기어가기 동작활동을 생각해 볼 수 있을까?

●●● 거북이 등을 붙이고 거북이처럼 기어 가기

② 걷 기

걷기(walking)는 한 다리에서 다른 한 다리로 무게중심을 바꾸며 자리를 이동하는 동작을 뜻한다. 한쪽 발끝에서 다른 쪽 발뒤꿈치로 무게중심을 옮기며 공간을 이동하므로 두 발이 번갈아 지면에 닿게 되고 팔과 다리는 교차해서 움직인다. 걷기는 앞, 뒤, 옆의 어느 방향으로나 할 수 있다. 걷기에 속도를 변화시키거나 힘의 강약과 리듬을 첨가하여 색다른 방식의 걷기 활동으로 구성해 볼 수도 있다.

> ▶ 걷기에 초점을 둔 동작활동의 예
> • 한쪽에서 연주되는 친구들의 타악기 소리에 맞추어 교실을 행진하기
> • 바닥에 그려진 선을 따라 비행기가 되어 팔을 들고 여러 가지 속도로 걷기
> • 친구들과 손을 잡고 음악에 맞추어 원을 작게 혹은 크게 만들어 걷기
>
> ☞ 이 밖에 또 어떤 걷기 동작활동을 생각해 볼 수 있을까?

③ 달리기

달리기(running)는 몸의 무게중심을 한쪽 발에서 다른 쪽으로 옮겨서 순간적으로 몸을 공중에 뜨게 하는 움직임을 뜻한다. 달리기가 걷기와 다른 점은 달리기는 순간적으로 몸이 공중에 떠 있는 시간이 있다는 점이다. 달리기를 할 때는 몸을 약간 앞으로 기울이고 팔은 약간 구부린 채 내딛는 다리의 반대쪽 팔로 움직이게 된다. 달리기는 상당한 활동력을 요구하는 운동 기술 중 하나이며 폐, 심장, 근육을 활발히 활동하게 하는 전신운동이다. 걷기와 같이 어느 방향으로나 달릴 수 있는데, 보폭을 크게 혹은 작게 하거나 속도에 변화를 주어 색다른 방식으로 뛰어 볼 수 있다.

> ▶ 달리기에 초점을 둔 동작활동의 예
> • 바닥에 그려진 직선, 곡선, 원 모양을 따라 음악에 맞추어 달리기
> • 친구와 함께 쟁반 위에 공을 담고 목표 지점으로 뛰어갔다 돌아오기
> • 실외에서 호랑이나 사자가 되어 음악에 맞추어 자유롭게 달리기
>
> ☞ 이 밖에 또 어떤 달리기 동작활동을 생각해 볼 수 있을까?

④ 건너뛰기

건너뛰기(leaping)는 달리기의 변형으로 한 발로 균형을 잡아 공중으로 도약해서 다른 발로 내리는 신체 동작을 말한다. 도약할 때 무릎은 앞쪽으로 뻗고

발은 바닥에 착지하기 위해 펴게 된다. 달리기 스텝의 높이와 거리가 증가함에 따라 공중에 떠 있는 시간이 길어지는데 더 높고 멀리 건너뛰는 것은 달리기 동작과 연결되어 있다. 유아교육 현장에서는 체육시간에 건너뛰기 동작을 연습하는 것뿐 아니라 다양한 이야기나 게임 속에서 건너뛰기 움직임을 경험해 볼 수 있다.

> ▶ 건너뛰기에 초점을 둔 동작활동의 예
> • 간격이 다양한 유니바를 건너뛰어 보기
> • 바닥에 그려진 시냇물 위에 징검다리를 만들어 교사가 들려주는 이야기대로 건너뛰어 보기
> • 실외놀이터에서 모래로 웅덩이를 만들어 건너뛰어 보기
> ☞ 이 밖에 또 어떤 건너뛰기 동작활동을 생각해 볼 수 있을까?

●●● 영아들이 구름사다리 위를 건너뛰기 방식으로 통과하고 있다.

⑤ 앙감질

앙감질(hopping)은 한 발에 무게중심을 두고 바닥에서 뛰어오른 뒤 같은 발로 다시 착지하는 신체 동작을 말한다. 이때 다른 한쪽 발은 땅에 닿지 않게 해야 한다. 만 4세 정도가 되면 앙감질을 할 수 있다. 유아가 앙감질을 능숙하게 하기 위해서는 신체 균형 감각이 필요하다. 도약하는 발에 무게중심을 두고 신체의 균형을 유지하는 것이 중요하다. 유아가 양발을 번갈아 사용해서 앙감질을 해 보도록 한다.

> ▶앙감질에 초점을 둔 동작활동의 예
> - 다양한 리듬감이 있는 음악에 맞추어 앙감질로 뛰어다니기
> - 교실에 줄넘기를 늘어뜨린 후 앙감질로 줄넘기를 넘기
> - 교실에 붙여 놓은 테이프 선을 따라 앙감질로 교실을 오가기
>
> ☞ 이 밖에 또 어떤 제자리 앙감질 동작활동을 생각해 볼 수 있을까?

⑥ 말뛰기

말뛰기(galloping)는 걷기와 달리기가 조합된 형태로 한 발이 먼저 나가면 나머지 한 발이 앞선 발의 뒤를 따르는 신체 동작을 말한다. 말뛰기는 불규칙한 리듬으로 이루어지는데 말이 달리는 동작과 유사하다. 유아들은 양발로 말뛰기를 하는 데 아직 익숙지 않으므로 자신이 편안하게 여기는 발로 하게 한다. 유아들과 말뛰기 활동을 할 때 겔로핑 박자를 알려 주고 말을 타는 것과 같은 손 동작을 첨가하면 아이들이 스텝을 더 잘 익히기도 한다.

> ▶말뛰기에 초점을 둔 동작활동의 예
> - 음악에 맞추어 말뛰기를 하다가 교사의 지시에 따라 멈추기
> - 실외 놀이터에서 둘씩 짝을 지어 말뛰기로 게임하기
> - 말뛰기로 반환점까지 갔다가 발을 바꾸어 말뛰기로 돌아오기
>
> ☞ 이 밖에 또 어떤 말뛰기 동작활동을 생각해 볼 수 있을까?

⑦ 미끄러지기

미끄러지기(sliding)는 말뛰기 동작을 옆으로 하는 것과 같다. 한 발이 먼저 앞으로 나가면 다른 발은 뒤따라잡기 위해 빠르게 움직인다. 말뛰기와 같이 불규칙한 리듬으로 이루어진다. 유아들은 보통 한쪽 방향을 바라보면서 다른 쪽으로 움직이는 것을 어려워하기 때문에 말뛰기를 익히고 난 다음에 미끄러지기 동작을 익히게 된다.

▶미끄러지기에 초점을 둔 동작활동의 예
- 교실에 그려진 선을 따라 한쪽으로 미끄러지기
- 친구와 둘씩 짝을 지어 서로 반대 방향으로 미끄러지기
- 여러 동물의 움직임에 관한 책을 읽고 동물들처럼 미끄러지기

☞ 이 밖에 또 어떤 미끄러지기 동작활동을 생각해 볼 수 있을까?

---

⑧ 스키핑

스키핑(skipping)은 걷기(step)과 앙감질(hop)이 함께 일어나는 동작을 말한다. 같은 발로 걷고 빠르게 뛰어오르며 호핑하는 것이다. 양발을 번갈아 스키핑하는데 한 발로 가볍고 빠르게 뛰어오른 후 반대쪽 발로 다시 뛰어오른다. 일반적으로 유아들은 양발로 스키핑하는 데 익숙하지 않고 한쪽 발로만 스킵할 수 있다. 이는 매우 정상적인 발달 과정이므로 억지로 양발을 교대할 것을 요구할 것이 아니라 한 발로 스키핑하면서 교사의 모델링을 보게 한다.

▶스키핑에 초점을 둔 동작활동의 예
- 교실에 그려진 달팽이 원을 따라 스키핑하기
- 음악에 맞추어 점점 빠르게 또는 점점 느리게 스키핑하기
- 스키핑하며 술래를 피하기

☞ 이 밖에 또 어떤 스키핑 동작활동을 생각해 볼 수 있을까?

⑨ 스텝-홉

스텝-홉(step-hop)은 스키핑과 마찬가지로 스텝과 앙감질이 함께 일어나는 동작이다. 시간차를 두고 스텝 후 호핑한다. 스텝-홉이 차츰 익숙해지면 발이 규칙적인 리듬을 타게 된다. 이것은 포크댄스에 자주 활용되는 동작이다. 일반적으로 유아들은 스텝-홉 동작에 익숙지 않다. 스텝 후 호핑보다는 호핑 후 스텝이 더 쉽기 때문에 스텝과 홉의 순서에 개의치 말고 유아들이 편한 방식으로 동작을 익히도록 격려할 필요가 있다. 유아기에는 스텝-홉 동작을 익히기 어려워서 유아 동작활동에서는 잘 사용되지 않는 편이다.

▶ 스텝-홉에 초점을 둔 동작활동의 예
- 포크댄스 음악에 맞추어 교실을 스텝-홉 동작으로 돌아다니기
- 실외 놀이터에서 술래를 피해 스텝-홉 동작으로 돌아다니기
- 말뛰기를 하며 교사의 스텝-홉을 흉내 내기
☞ 이 밖에 또 어떤 스텝-홉 동작활동을 생각해 볼 수 있을까?

⑩ 구르기

구르기(rolling)는 순간적인 움직임으로 신체의 앞, 뒤, 옆의 공간을 뒤바꾸며 몸을 수평으로 이동하는 동작을 말한다. 앞, 뒤 또는 옆으로 구를 수 있다. 구르기는 신체의 균형감각뿐 아니라 공간 지각을 발달시키기에도 좋다. 앞으로 구를 때, 먼저 손을 어깨 너비로 하여 땅을 짚고 무릎을 구부려 모은 자세로 몸을 뒤집는다. 몸을 뒤집을 때 무게중심은 바닥을 집고 있는 손에 있다. 일반적으로 앞으로 구르기는 유아들도 능숙하게 익힐 수 있다. 두려워하는 유아가 있다면 교사가 옆에서 도와주는 것이 좋다. 유아의 동작교육에서 체조 기술로서의 구르기를 익히는 것뿐 아니라 동물의 모방이나 창의적 동작 표현을 위해서 구르기를 할 수 있다.

▶구르기에 초점을 둔 동작활동의 예

- 음악에 맞추어 천천히 혹은 빠르게 옆으로 구르기
- 바닥의 매트 위에서 앞으로 혹은 뒤로 구르기
- 김밥 만들기 활동을 하기 전에 여러 가지 재료를 몸으로 표현하며 구르기

☞ 이 밖에 또 어떤 구르기 동작활동을 생각해 볼 수 있을까?

(2) 비이동 동작

비이동 동작이란 신체가 특정한 움직임을 하는 동안 공간적 이동이 없이 유지되는 동작을 말한다. 안정 동작이라고도 한다. 일반적으로 서기, 앉기, 흔들기, 비틀기와 돌기 등이 비이동 동작으로 분류된다. 비이동 동작은 몸의 바른 자세 형성에 도움을 주고 창의적 표현활동에도 활발하게 응용될 수 있다. 여기에서는 영유아 동작교육에 필요한 비이동 동작을 다음과 같은 9가지로 살펴볼 것이다.

① 뻗 기

뻗기(stretch)는 관절의 움직임을 통해 신체의 어느 부분이나 전신을 수직이나 수평으로 뻗어 늘이는 동작을 말한다. 이 동작은 체조 기술의 일부로 여겨지기도 하는데, 준비운동에 많이 사용되고 있다. 뻗기는 근육의 경직을 막고 몸의 유연성을 기르는 데 유용한 동작이다. 유아교육 현장에서 신체 활동의 일부로 뻗기 동작을 할 수도 있으나 창의적 표현활동의 일부로 뻗기 동작을 활용해도 좋을 것이다.

▶뻗기에 초점을 둔 동작활동의 예
- 조용한 음악에 맞추어 몸을 가지런히 하고 누워서 혹은 일어서서 전신을 뻗기
- 고양이의 기지개를 흉내 내며 몸을 뻗기
- 나무가 되어 몸을 여러 가지 모양으로 뻗기

☞ 이 밖에 또 어떤 뻗기 동작활동을 생각해 볼 수 있을까?

② 구부리기

구부리기(bend)는 뻗기와 반대되는 동작으로 신체의 다른 부분을 가까이 접근시켜 접는 동작을 말한다. 유아들은 팔, 다리, 손가락, 목, 허리 등을 구부릴 수 있다. 신체를 구부린 후에는 반드시 펴야 하므로 구부리기는 뻗기와 짝을 이루는 동작이다. 이렇게 구부리기와 뻗기를 반복하는 것만으로도 신체의 수축과 이완이 반복되는 좋은 운동이 될 수 있다.

▶구부리기에 초점을 둔 동작활동의 예
- 바닥에 그려진 원 안에 앉아서 몸을 앞으로 혹은 옆으로 구부리기
- 친구와 둘씩 짝을 지어서 손을 잡고 몸을 앞으로 구부리기
- 할미꽃이 되어 허리를 구부린 모습을 표현하기

☞ 이 밖에 또 어떤 구부리기 동작활동을 생각해 볼 수 있을까?

③ 앉 기

앉기(sit)는 몸의 무게중심을 엉덩이나 허벅지에 두고 몸을 위쪽에서 아래쪽으로 이동시켜 앉는 동작이다. 어린 영아들도 앉기에는 능숙하지만 다양한 속도와 자세로 앉는 것을 연습해 보는 것은 신체와 공간의 관계를 인식하게 할 수 있을 뿐 아니라 대근육 발달과 움직임에도 도움이 된다.

④ 뛰 기

제자리뛰기(jumping)는 양발이나 한쪽 발에 체중을 싣고 몸을 공중으로 도약한 뒤 같은 발로 착지하는 신체 동작을 말한다. 땅에서 도약할 때에는 뒤꿈치, 앞꿈치, 발끝의 순서로 힘이 실려야 하고, 바닥에 착지할 때에는 발끝이 먼저 닿아야 한다. 또한 착지할 때 무릎은 충격을 줄이기 위해 구부리는 것이 좋다. 두 발로 뛰는 것보다 한 발로 뛰는 것이 균형 잡기가 훨씬 어려워서 나이가 어린 영유아들은 양발뛰기를 먼저 한 후 유아기에 한발뛰기를 하는 것이 수월하다.

▶ 제자리뛰기에 초점을 둔 동작활동의 예

• 캥거루의 이야기를 함께 읽고 이야기 속에 나오는 캥거루처럼 건너뛰기

• 바닥을 숲속으로 꾸미고 토끼처럼 깡총깡총 뛰기

• 음악의 셈여림과 박자에 맞추어 높게 혹은 낮게 뛰기

☞ 이 밖에 또 어떤 제자리뛰기 동작활동을 생각해 볼 수 있을까?

⑤ 회전하기

회전하기(turn)는 몸의 무게중심을 축으로 해서 몸을 완전히 혹은 부분적으로 돌리는 동작을 말한다. 회전할 때 유아가 팔과 머리를 돌리는 방향으로 움직이는 것이 동작을 하는 데 용이하다. 원칙적으로 회전하기는 어느 방향이나 속도로도 가능하지만 유아에게 회전하기는 다소 어려운 동작일 수 있다. 그러므로 자신에게 가장 익숙한 방향으로 회전해 보게 한다.

⑥ 흔들기

흔들기(swing)는 팔 또는 다리와 같이 몸의 일부나 전신을 추의 운동처럼 포물선을 그리며 흔드는 동작을 말한다. 방향은 앞, 뒤, 옆으로도 가능하며 신체 부위 중 선을 그리며 흔들 수 있는 부분, 즉 머리, 팔, 등뿐 아니라 상반신 전체를 흔들 수도 있다. 흔들기 동작을 할 때는 편안하게 리듬을 타야 하므로 동작이 무너지지 않도록 중심을 잘 유지해야 한다.

▶ 흔들기에 초점을 둔 동작활동의 예

- 친구와 짝이 되어 몸을 흔들며 기계의 추의 움직임을 표현하기
- 음악에 맞추어 팔과 다리를 자유롭게 흔들기
- 바람에 흔들리는 갈대의 모습을 몸을 흔들어 표현하기

☞ 이 밖에 또 어떤 흔들기 동작활동을 생각해 볼 수 있을까?

⑦ 꼬 기

꼬기(twist)는 신체의 어느 한 부분을 중심으로 해서 다른 부분으로 회전시키는 동작이다. 회전하기가 전신이 회전하는 데 반해 꼬기는 몸의 일부가 회전하게 되면서 꼬임이 생기는 것이다. 일반적으로 꼬기 동작 자체를 연습하기 위한 동작활동보다는 신체를 이용한 모방활동이나 창의적인 표현활동에 꼬기 동작을 활용하는 경우가 많다. 사물의 모습을 꼬기로 흉내 내어 보면 다양한 방식의 꼬기 활동을 구성해 볼 수 있다.

▶ 꼬기에 초점을 둔 동작활동의 예

- 세탁기 속에서 돌아가는 수건을 흉내 내며 몸을 꼬기
- 친구와 둘씩 짝을 지어 나사와 볼트가 되어서 서로 몸을 꼬기
- 한 다리로 균형을 유지하고 손과 다리를 꼬기

☞ 이 밖에 또 어떤 꼬기 동작활동을 생각해 볼 수 있을까?

⑧ 피하기

피하기(dodge)는 자신을 향해 움직이는 물체나 사람을 몸 전체를 사용하여 빠르고 힘 있게 피하는 동작을 말한다. 달리기와 함께 이루어지는 피하기는 이

동 동작이 될 수 있고, 정지된 위치에서 이루어지는 피하기는 비이동 동작이 된다. 피하기 동작은 유아 동작교육에서 체육 기술의 하나로 익힐 뿐만 아니라 게임 속에서 다양한 방식으로 활용해 볼 수 있다.

▶ 피하기에 초점을 둔 동작활동의 예
- 친구가 뿌리는 종이 눈을 피하기
- 낙엽이 많이 떨어지는 계절에 숲속에서 떨어지는 나뭇잎 피하기
- 콩주머니 피하기 게임(이동 동작)

☞ 이 밖에 또 어떤 피하기 동작활동을 생각해 볼 수 있을까?

⑨ 떨어지기

떨어지기(fall)는 몸을 높은 자세로 했다가 납작 엎드리거나 뒤, 앞, 옆으로 눕는 자세를 취하며 몸을 떨구는 동작이다. 일반적으로 떨어지는 동작은 힘 있고 급작스러운 것이지만 느리고 유연하게 시도해 볼 수도 있다. 떨어지기를 할 때는 최대한 몸에 힘을 빼고 근육을 이완시켜야 사고의 위험이 적다. 영유아 동작교육에서 떨어지기 동작은 체육 기술로 학습

하기보다는 신체 표현 활동에 많이 활용해 볼 수 있다.

▶ 떨어지기에 초점을 둔 동작활동의 예

• 나무의 한 해와 가을에 떨어지는 낙엽을 몸으로 표현하기

• 잘 익은 밤이 되어 바닥에 그려진 바구니 위로 떨어지기

• 눈이 되어 교실 바닥에 조심스럽게 떨어져 보기

☞ 이 밖에 또 어떤 떨어지기 동작활동을 생각해 볼 수 있을까?

(3) 조작 동작

조작 동작이란 어떤 도구나 물체의 사용과 결부되는 신체의 움직임이다. 보통, 손과 발 등을 사용해서 공과 같은 외부의 물체에 힘을 가하거나 힘을 받는 조작 움직임을 말한다. 조작 동작은 도구나 물체를 다루거나 조작하는 대근육 움직임이 대부분이다. 이러한 조작 동작은 이동 동작이나 비이동 동작(안정 동작)이 어느 정도 능숙해진 후에 가능하다. 여기에서는 영유아 동작교육에 필요한 조작 동작을 다음과 같은 9가지로 살펴보겠다.

① 당기기

당기기(pull)는 저항의 힘을 일으키는 어떤 물체를 몸의 중심 쪽으로 끌어당기는 동작이다. 당기기 위해서는 처음에 팔을 뻗었다가 구부린다. 당기는 물체는 다양하게 생각해 볼 수 있는데 영유아의 동작활동 시에는 최대한 안전한 당기기 매체를 선택해야 한다. 수건과 스카프, 인형, 베개, 이불 등이 좋은 당기기 매체가 된다. 당기기 동작은 영유아의 팔의 힘과 지구력, 근력 등을 키울 수 있으며 눈과 팔의 협응 능력이 발달하는 데에도 도움이 된다.

▶당기기에 초점을 둔 동작활동의 예
- 친구와 둘이 짝을 지어 기다란 애벌레 인형을 양쪽에서 잡아당기기
- 선생님과 팔을 잡고 서로의 팔을 당겼다 밀기
- 스카프로 이어 만든 밧줄을 양쪽에서 잡아당기며 줄다리기 하기

☞ 이 밖에 또 어떤 당기기 동작활동을 생각해 볼 수 있을까?

② 밀 기

밀기(push)는 당기기와 짝을 이루는 동작으로 저항의 힘에 반하여 어떤 물체를 몸의 중심으로부터 멀리 떨어지도록 밀어내는 동작이다. 밀기는 밀어내고자 하는 외부 물체에 팔을 뻗어 팽팽하게 힘을 유지하면서 이루어진다. 일반적으로 유아들에게는 당기기보다 밀기가 많은 힘이 들어가는 어려운 동작인 것처럼 보인다. 영아들은 밀고 당기기를 즐기기 때문에 걸음마 시기의 영아들에게는 밀고 당기는 동작을 자주해 볼 수 있는 장난감과 활동을 제공하는 것이 도움이 된다.

▶밀기에 초점을 둔 동작활동의 예
- 교사가 내민 큰 공을 영아들이 함께 밀기
- 상자로 만든 커다란 자동차가 진흙에 빠졌다고 상상하고 친구들과 함께 밀기
- 짐 볼을 양쪽에서 밀어내기

☞ 이 밖에 또 어떤 밀기 동작활동을 생각해 볼 수 있을까?

③ 들어올리기

들어올리기(lift)는 물체를 낮은 위치에서 높은 위치로 바꾸어 물체의 장소를 이동시키는 동작이다. 물체가 무거운 경우에는 들어올릴 때 무릎을 구부리는 자세가 필요하다. 당기기와 밀기처럼 들어올리기에서도 전신이 함께 힘을 사용해야 한다. 영유아 동작교육 활동에서 일반적으로 들어올리기 동작 자체에 초점을 두는 경우는 체육 시간에 근력을 기르기 위해서 실시할 때이며, 상상의 상황을 창의적으로 표현하는 신체 표현 활동에서 들어올리기 동작을 다양하게 활용해 볼 수 있다.

④ 치 기

치기(strike)는 물체를 맞추기 위해 물체가 있는 방향으로 팔을 겨누고 힘을 가해 물체를 추진시키는 동작이다. 치기 동작을 위해서는 팔을 구부렸다가 펴게 되는데, 이때 물체가 움직일 수 있도록 팔에 힘과 속력을 가해야 한다. 영유아 동작교육 활동에서는 다양한 종류의 공을 사용하여 치기 동작을 해 볼 수 있다.

⑤ 던지기

던지기(throwing)는 팔과 손을 이용해서 물체를 신체에서 멀리 떨어지도록 공중으로 보내는 동작이다. 손과 팔의 힘을 어떻게 사용하느냐에 따라 던지는 형태가 다양해질 수 있다. 걸음마 시기인 영아기의 아이들도 공을 던지는 동작을 즐기는데 이 시기에 잘 조절되지 않던 던지기 동작이 시간

이 지나면서 점점 발전하여 만 3세 전후로는 목표물을 향해 공을 던지는 동작이 가능해진다. 던지기는 그 동작 자체로 많은 신체 활동에 활용된다.

▶ 던지기에 초점을 둔 동작활동의 예
- 바구니에 콩 주머니 던져 넣기
- 오볼을 던져 페트병으로 만든 볼링 핀 쓰러뜨리기
- 친구와 둘씩 짝을 지어 공을 던지고 받기

☞ 이 밖에 또 어떤 던지기 동작활동을 생각해 볼 수 있을까?

⑥ 받 기

받기(catch)는 손을 사용해서 자신을 향해 움직이는 물체를 잡는 동작이다. 영유아가 받기 동작을 하기 위해서는 접근해 오는 물체에 집중하고 그것을 잡기 위한 신체의 조정 능력이 필요하다. 잡기는 시각과 지각의 추적 능력이 요구되는 동작이기 때문에 대부분의 아이들에게는 던지기보다 어려운 동작이다. 특히 자신에게 물체가 접근하는 것에 공포를 느끼는 아이들에게는 더욱 그렇다. 따라서 영유아의 동작활동에서 받기 동작을 지도할 때 교사는 아이들의 개별 특성을 파악하여 아이들에게 이러한 어려움이 있다면 이를 이해하고 유아가 공포심을 극복하도록 좀 더 친근하고 부드러운 매체를 사용할 필요가 있다.

▶ 받기에 초점을 둔 동작활동의 예

• 바닥에 던져 튀어 오르는 공 받기

• 친구와 둘씩 짝을 지어 공을 던지고 받기

• 선생님이 위에서 떨어뜨리는 곰 인형 받기

☞ 이 밖에 또 어떤 받기 동작활동을 생각해 볼 수 있을까?

⑦ 차 기

차기(kicking)는 다리와 발로 물체에 힘을 가하여 물체를 움직이는 동작이다. 이 동작은 유아에게 눈과 발의 협응, 신체 조절, 힘과 방향의 정확성 등을 요구한다. 차기 동작이 가능하기 위해서는 일단 한 발로 서서 균형 잡는 것이 먼저 가능해야 하므로 걸음마 시기의 영아에게는 어려운 동작이다. 걸음마 시기의 아이들에게는 바로 눈앞에 있는 공이라도 눈과 발이 협응하여 발이 그 공을 정확히 조준하는 것이 어렵다. 처음에는 가까운 거리를 목표로 해서 차고 점점 거리를 넓혀 나가면 정확성도 높아질 것이다. 차기는 유아 체육과 같은 신체활동에서 매우 기초적인 조작 동작이다.

⑧ 공 굴리기

공 굴리기(ball rolling)는 던지기처럼 손을 사용해서 물체를 멀리 떨어지도록 하는 동작이다. 공중을 향해 던지는 것이 아니라 바닥에 굴리는 것이다. 공 굴리기 동작은 볼링과 발야구와 같은 게임활동에서 자주 활용된다.

⑨ 공 튀기기

공 튀기기(bouncing)는 두 손 혹은
한 손으로 공과 같은 사물을 아래쪽으
로 치는 동작으로 드리블이라고 부르
기도 한다. 공 튀기기는 영유아의 동
작교육 활동에서 자주 사용하는 조작
동작은 아니지만 눈과 손의 협응 능력
을 키우는 데 매우 좋은 동작이다.

2. 동작의 응용 영역: 창의적 동작활동

앞에서 살펴본 기초 동작들은 영유아기 동작교육 활동에서 신체 활동을 할
때 기본이 되는 것들이다. 동작교육 활동 중 신체 활동에서는 앞의 기초 동작들
을 익히는 것과 같은 신체의 움직임 기술에 더 초점을 둔다. 이에 비해 동작의
응용 영역이라고 볼 수 있는 리듬활동과 동작 표현 활동에서는 다양한 방식의
움직임 표현을 통해 영유아의 즐거움과 안정감을 도모하고 표현력과 창의력을
기르는 데 초점을 둔다. 여기에서는 이러한 동작의 응용 영역 활동을 크게 리듬
활동과 창의적 동작활동으로 나누어 살핀다. 이 중 리듬활동은 통상 아동음악
교과에서 자세하게 다뤄지므로 생략하고, 영유아의 창의적 동작활동을 살펴볼
것이다.

창의적 동작활동은 교육 체조와는 달리 영유아에게 자신의 신체를 독특하게
표현할 기회를 제공한다. 신체 기술에 초점을 두는 교육 체조는 동작의 기능적
형식을 익히기 위한 것이다. 이에 반해 창의적 동작활동에서는 표현적 동작에
초점을 둔다. 일반적으로 창의적 동작활동의 유형을 다른 사물이나 자연물, 현
상 등을 모방하는 모방활동과 자유롭게 자신의 느낌과 생각을 표현하는 창의적
표현활동의 두 가지로 나눈다. 여기에서는 유아교육 현장의 수·과학 활동 등
에서 유아가 어떤 인지적 개념을 더욱 잘 이해하도록 돕는 개념 표현 활동을 한

유형으로 보고, 창의적 동작활동을 모방활동, 개념 표현 활동, 창의적 신체 표현 활동의 세 가지로 살펴볼 것이다.

1) 모방활동

영유아의 동작교육 활동에서 모방활동이란 아이들이 여러 가지 생명체나 무생물의 특징을 자신의 신체로 표현해 보는 활동이다. 영유아는 모방활동을 통해서 자신의 신체를 자신이 표현하고자 하는 것인 양 '그런 체하기(make believe)'를 한다. 이런 의미에서 영유아의 모방적 동작활동은 일종의 상상놀이다. 따라서 유아들은 다양하고 독특한 방식으로 자신이 동일시하여 표현하고자 하는 심상을 신체로 나타낼 수 있도록 격려받아야 한다. 또한 교사는 영유아의 모방적 동작활동이 풍부해질 수 있도록 유아가 다양한 경험과 심상(이미지), 이야기들을 경험하도록 도와야 한다. 이러한 경험들은 유아의 동작에 대한 잠재력을 키워 줄 수 있을 뿐 아니라 상상력의 원천이 될 수 있다. 모든 모방활동은 창조적 예술활동의 기초가 되는 것처럼 영유아의 모방적 동작활동은 창의적 신체 표현의 기초가 되며, 영유아가 상상력과 창의력을 기르는 데도 큰 역할을 한다.

●●● 동극은 모방적 동작활동의 대표적인 사례다.

모방의 대상과 내용은 제한 없이 다양하다. 그러나 영유아의 모방은 모방 대
상과 자신의 신체 움직임을 심상적으로 일치시키는 인지적 과정이 필요하다.
따라서 모방활동의 초기에는 영유아가 생활 속에서 실제로 보거나 경험한 대상
을 소재로 삼는 것이 좋다. 이런 맥락에서 강아지, 고양이, 거북이와 같은 동물
이나 꽃과 나무 등의 자연물, 주전자나 그네와 같은 익숙한 사물, 축구와 야구
등의 친근한 스포츠 등은 영유아의 모방활동에 좋은 소재가 될 수 있다.

〈표 4-3〉 **모방적 동작활동의 대상과 활동의 예**

모방 대상의 범주	활동 내용의 예
동물과 식물	• 동물: 강아지, 고양이, 거북이, 토끼, 사자, 코끼리, 호랑이, 얼룩말, 기린, 오리, 물고기, 닭, 원숭이, 캥거루, 하마, 돼지, 생쥐, 사슴, 독수리, 참새, 비둘기, 부엉이, 지렁이, 여러 가지 곤충 등 • 식물: 새싹, 피어난 꽃, 시들어 가는 꽃, 여름의 나무, 가을의 나무(낙엽), 겨울의 나무, 토마토, 사과, 수박, 사과, 오이, 고추 등 • 사람: 우는 아기, 허리가 굽은 노인, 빨래하는 아빠, 청소하는 모습, 수영하는 사람, 여러 가지 직업(소방대원, 의사, 우체부, 목수, 요리사, 비행기 조종사, 포크레인 운전사, 선생님, 버스 운전사 등)
자연물 & 자연현상	• 자연물: 바위, 별, 달, 바다, 파도, 불, 흙, 물, 강, 산 등 • 자연현상: 비, 바람, 햇살, 무지개, 안개, 구름, 태풍, 폭풍우 등 • 계절과 기후: 봄, 여름, 가을, 겨울, 따뜻함, 더위, 시원함, 추위 등
사물	• 생활도구: 주전자, 가위, 수저, 포크, 컵, 그릇, 송곳, 볼트와 너트, 망치, 책상, 의자, 침대, 옷장 등 • 장난감: 미끄럼틀, 그네, 시소, 공, 짐 볼, 세발자전거, 작은 북 등 • 악기: 피아노, 바이올린, 탬버린, 트라이앵글, 북, 피리, 드럼, 기타, 마라카스, 우드블록, 캐스터네츠, 리코더 등 • 운송기구: 기차, 비행기, 보트, 트럭, 로켓, 자전거, 오토바이, 커다란 배, 헬리콥터, 불도저, 트랙터 등 • 기계: 시계, 컴퓨터, 믹서기, 세탁기, 카세트 플레이어, 엘리베이터, 드릴, 헤어드라이어, 선풍기, 에어컨 등
사건 & 활동	• 스포츠: 야구, 축구, 농구, 배구, 수영, 스케이트, 펜싱, 테니스, 볼링, 아이스하키, 다이빙, 양궁, 씨름, 태권도, 역도, 발레 등 • 생활 사건 : 생일잔치, 등산, 명절날, 결혼식, 요리하기, 시장 보기, 병원에서 진료받기, 사진 찍기, 캠핑, 빨래하기, 청소하기 등

2) 개념 표현 활동

유아의 창의적 동작활동의 두 번째 유형은 자연탐구 활동 등에서 유아가 인지해야 할 어떤 인지적 개념이나 현상, 과정 등을 더 잘 이해하도록 돕는 개념 표현 활동이다. 동식물의 성장 과정과 같은 자연현상에 관한 활동, 수의 보존이나 변화와 관련된 수 개념 활동, 영양이나 위생 관련 교육활동 등 유아의 인지적 활동 시에 유아가 해당 내용에 대한 설명을 듣는 데서 그치는 것이 아니라 직접 보거나 만져 보고 나아가 해당 내용을 몸으로 표현해 봄으로써 그것을 더 잘 이해하도록 하는 방법이다. 이러한 신체를 통한 개념 표현 활동은 하나의 개별 과목이나 발달 영역만으로 교육활동이 구성되는 것이 아니라 영유아 발달의 전 영역이 고루 연관되는 것이 특징인 유아교육 교과의 통합적인 성격을 잘 드러낸다. 인지적 개념 내용에 대한 신체 표현 활동에서는 인지와 신체의 발달 영역이 함께 연관되어 있다.

이러한 영역 통합성은 표준보육과정과 누리과정에도 잘 드러나 있다. 표준보육과정과 누리과정은 각각 영유아의 발달을 목표로 하는 하위 영역으로 구성되어 있지만, 어떤 하나의 활동에서 이러한 하위 영역이 완전히 배타적인 것이 아니다. 교사가 유아의 교육활동을 구성할 때 해당 활동에서 각각의 하위 영역이 배타적으로 연관되게 구성하는 것은 바람직하지 않으며 그렇게 할 수도 없다. 표준보육과정과 누리과정 모두 발달 범주를 나누어 하위 영역을 구성하고 있음에도 한 활동에서 영유아의 발달 영역이 통합적으로 어우러지도록 활동을 구성하는 것을 권장한다. 이러한 맥락에서 표준보육과정과 누리과정의 하위 영역인 자연탐구 영역에 초점을 둔 어떤 활동을 하면서 교사가 목표로 하는 어떤 내용을 유아가 신체 움직임으로 표현하는 것은 통합성을 잘 구현하는 일이기도 하다. 유아가 몸으로 표현할 수 있는 개념들은 자연탐구 영역뿐 아니라 예술탐구나 언어, 사회관계 영역 안에서도 가능하다.

〈표 4-4〉 누리과정의 하위 영역에 따른 신체의 개념 표현 활동

누리과정 하위 영역	신체의 개념 표현 활동의 예
신체운동 · 건강 영역	• 영양소의 역할에 대한 활동 후 몸으로 표현하기 • 양치 교육 후 입속의 세균과 칫솔질을 몸으로 표현하기
의사소통 영역	• 다양한 의성어와 의태어를 몸으로 표현하기 • 글자의 모양을 몸으로 표현하기 • 글의 내용을 몸으로 표현하기
사회관계 영역	• 우리 가족 구성원의 특징을 몸으로 표현하기 • 직업의 특징과 역할을 몸으로 표현하기 • 우리 지역과 나라 그리고 세계의 관계를 몸으로 표현하기
예술경험 영역	• 천에 자연 염색을 하는 과정을 몸으로 표현하기 • 높은 음과 낮은 음을 몸으로 표현하기 • 물감이 섞이는 원리와 과정을 몸으로 표현하기 • 기타에서 소리가 나는 원리를 몸으로 표현하기
자연탐구 영역	• 물의 순환 과정을 몸으로 표현하기 • 알이 닭이 되기까지의 과정을 몸으로 표현하기 • 물의 구조를 몸으로 표현하기 • 담긴 그릇의 모양이 변해도 구슬의 개수는 변함이 없다는 수 보존의 개념을 친구들과 함께 몸으로 표현하기

▶개념 표현하기 활동의 예-나뭇잎은 왜 가을이 되면 떨어질까요?

• 유아들과 함께 가을의 숲을 산책한다.

• 숲에서 바닥에 떨어진 여러 가지 나뭇잎을 관찰한다.

 - "나뭇잎에서 어떤 냄새가 나지요? 시원한 냄새~? 그래, 시원한 냄새가 나네요. 또?"

 - "우리 함께 나뭇잎을 밟아 볼까? 어떤 소리가 나지요?"

• 교실에 돌아와서 산책하면서 관찰한 나뭇잎에 대해 이야기를 나눈다.

 - "아까 숲에서 본 나뭇잎들이 어떤 모양으로 떨어졌어요?"

 - "여름에는 떨어지지 않고 나무에 잘 붙어 있던 나뭇잎들이 왜 가을이 되니까 떨어졌지요?"

 - "왜 나뭇잎들은 가을에 나무에서 떨어질까요?"

• 유아들의 대답에 충분히 반응해 준 후 준비한 그림책(나무가 겨울을 대비하여 내부 수분의 함량을 최소화하기 위해 나뭇잎을 떨구는 원리에 관한 그림책)을

함께 읽는다.

- 그림책의 내용을 몸으로 표현해 본다. (교실 바닥에 큰 나무의 기둥을 미리 그려 준비한다.)
  - "우리 함께 봄, 여름, 가을의 나뭇잎이 되어 볼까요?"
  - "봄에는 나무에 나뭇잎이 어떻게 피어났지요?"
  - "여름에는 나뭇잎이 어떻게 자라났지요?"
  - "가을에는 나뭇잎이 어떻게 떨어졌지요?"
  - "와~ 팔랑팔랑 떨어지네. 이제 추운 겨울이 와서 나무가 얼면 안 되니까 아쉬워도 나뭇잎들과는 모두 헤어져야 해요. 나뭇잎들아~ 잘 가~ 안녕~."
- 함께 모여서 오늘 한 활동을 평가하며 마무리한다.
  - "오늘 숲으로 산책을 가서 떨어진 나뭇잎, 그래~ 낙엽들을 많이 보았지요?"
  - "아까 그림책을 보니 나뭇잎들이 가을에 왜 떨어진다고 했어요?"
  - "그렇구나. 그래서 우리가 나뭇잎이 되어 움직여 봤지요?"
  - "오늘 한 활동 중에 뭐가 제일 즐거웠어요?"
- 오늘의 활동을 다음 활동과 연계하여 예고한다.

3) 창의적 신체 표현 활동

창의적 신체 표현 활동은 일정한 형식에 얽매이지 않고 영유아가 자신의 느낌과 생각, 상상한 것들을 자유롭게 표현할 수 있는 교육활동이다. 창의적 신체 표현 활동은 특정 동작의 연습과 숙달을 목표로 하지 않으며 영유아에게 특정 동작이나 표현을 제시하지 않는다. 교육 체조가 기능적인 동작의 형식을 익힘으로써 유아의 신체적 효능감을 향상하는 데 목표가 있는 반면, 창의적 신체 표현 활동은 영유아가 자신의 신체 움직임을 통해 언어로 다 표현할 수 없는 자신의 생각과 느낌을 표현하며 이를 통해 즐거움과 표현의 자유로움, 상상력, 창의력 등을 기르는 데 목표가 있다.

창의적 신체 표현 활동은 유아 자신의 주관적 표현을 강조할 수 있고, 사물을 하나의 고정된 형태로 표현한다는 개념을 깨트린다. 또한 다양한 동작을 끌어

●●● 음악에 맞춰 신문지를 발로 찢으며 음악의 느낌을 표현하기

낼 수 있고, 상상력을 통한 움직임의 연결은 극(드라마)으로 연결될 수도 있다. 몬수르 등(Monsour et al., 1966)은 동작교육에서 창의적인 교육방법을 강조하며 4단계로 나누어 제시하였다. 1단계에서는 아이들의 즉흥적인 반응을 유도한다. 2단계에서는 이미 알려진 지식(혹은 교사가 목표로 하는 지식)을 영유아가 동작을 통해 스스로 발견하도록 장려한다. 3단계에서는 주어진 기본 지식을 수행하거나 변화를 주어 보도록 한다. 4단계에서는 창의적인 해결방안을 모색해야 하는 새로운 문제를 제시한다. 창의적 신체 표현에 대한 이러한 단계적 접근방식은 아이들에게 부담감을 줄이면서 신체의 자유로운 표현이 가능하도록 도움을 준다. 또한 이러한 방식은 우리 영유아 보육 · 교육 현장에서 이미 실행하고 있다.

창의적 신체 표현 활동은 연극적인 접근방법(dramatic approach)을 사용하고자 한다. 즉, 표현하는 주체의 주관적인 심상과 즉흥성에 초점을 둔다. 즉흥성은 인간이 자신의 오감각을 통해 인식한 세계에 대한 즉자적인 반응이다. 어떤 신체의 창의적 표현은 표현하고자 하는 주체가 그때마다 느끼는 주관적인 심상을 즉흥적으로 표현할 수 있는 임의성이 보장되어야 가능하다. 따라서 영유아의 창의적 신체 표현 활동을 할 때 교사는 영유아가 자신이 느끼는 주관적인 심상을 자유롭게 표현하도록 최대한 편안한 교실 분위기와 환경을 마련해 주어야 한다. 또한 영유아와 교사 간에 친밀한 관계를 형성하여 교사와 함께하는 시간에 아이들이 자신의 주관을 즉흥적으로 표현하는 데 꺼림이 없도록 할 필요가 있다. 창의적 신체 표현 활동을 이끄는 교사의 특징은 다음과 같다.

- 교사는 평소 교실에 편안한 정서적 분위기가 조성되도록 아이들의 자발적인 움직임과 자유로운 표현을 격려하고 지지한다.
- 교사는 평소 영유아를 깊이 이해하고 좋은 상호작용을 통해 신뢰 관계를 형성한다.
- 교사는 영유아의 창의적인 신체 표현을 위해 다양한 이야기와 상상, 적절한 환경을 제공한다.
- 교사는 영유아의 다양한 생각을 이끌어 내도록 열린 질문을 할 수 있어야 한다. 교사는 아이들의 창의적인 신체 표현을 위해 지시에 대한 반응이나 단답형 답을 요구하는 닫힌 질문을 지양하고 아이들이 다양하게 대답할 수 있는 열린 질문을 해야 한다.
- 교사는 감각적인 매체를 사용하여 영유아의 신체 표현 활동이 더 확장되도록 돕는다(부드러운 헝겊, 풍선, 리본, 고무줄, 다양한 빈 상자, 음악, 여러 가지 타악기 등).
- 교사는 창의적 신체 표현 활동을 할 때 영유아 전체의 집단적 움직임을 잘 파악하고 대집단 상호작용을 할 뿐 아니라 개별 영유아의 동작 표현에 관심을 기울이며 개별적으로 상호작용한다.
- 교사는 신체 표현 활동에서 영유아의 동작 모습을 주의 깊게 잘 관찰하여 신체 발달 정도와 동작 능력 수준을 파악하고 있어야 한다.
- 교사는 영유아가 표현한 자유로운 신체 움직임에 대해 긍정적으로 반응하고 그 움직임의 의미를 잘 이해하며 아이들과 공감할 수 있어야 한다.
- 교사는 본인 스스로 즉흥적이고 창의적인 신체 표현에 적극적이어야 한다. 영유아의 신체 표현 활동을 할 때 교사 본인은 움직이지 않고 지시만 하면서 아이들의 적극적인 신체 표현을 기대하기는 어렵다.

• 교사는 영유아에게 가상의 동작 제한 상황을 제시하여 영유아가 상상의 제한 속에서 움직임을 시도해 보도록 돕는다(보이지 않는 벽 등).

신체를 통한 창의적 동작활동은 그 소재가 무궁무진하다. 창의적 신체 표현 활동에서 무엇을 표상할 것인가 하는 문제는 교사에 의해서 달라진다. 그것은 교사의 창의적인 발상과 시도에 의해 더욱 다양해질 수 있다. 여기에서는 창의적 신체 표현을 표상 내용의 범주에 따라 네 가지 종류로 나누어 예를 들어 보았다.

⟨표 4-5⟩ 누리과정의 하위 영역에 따른 신체의 개념 표현 활동

표현 대상의 범주	활동 내용의 예
언어를 몸으로 표현하기	• 의성어: 콩콩, 쨍그랑, 쿵쿵, 콩닥콩닥, 엉엉, 뚝딱뚝딱, 보글보글, 쿵쾅쿵쾅, 잘잘, 후루룩, 퐁당퐁당 등 • 의태어: 쑥쑥, 탱글탱글, 깡총깡총, 반짝반짝, 폴짝폴짝
감정이나 느낌 표현하기	• 재미있는, 즐거운, 행복한, 기쁜, 사랑스러운, 흥겨운, 귀여운, 씩씩한 등 • 슬픈, 놀란, 아픈, 지루한, 실망스러운, 울고 싶은, 수줍은, 미운 등 • 용감, 사랑, 눈물, 고통, 질투, 우정, 자신감 등
오감각을 몸으로 표현하기	• 청각(소리에 의한 자극): 바람 소리, 자동차 소리, 시계 소리, 사이렌 소리, 파도 소리, 시냇물 소리, 천둥소리, 전화벨 소리, 강아지 소리, 갈대가 흔들거리는 소리, 빗소리, 아기가 우는 소리, 웃음소리, 여러 가지 동물의 울음소리 등 • 촉각(촉감에 의한 자극): 부드러운, 거칠거칠한, 울퉁불퉁한, 매끄러운, 딱딱한, 물렁한, 까칠한 등 • 시각(시각에 의한 자극): 밝은, 어두운, 희미한, 캄캄한 등 • 미각(맛에 의한 자극): 시큼한, 달콤한, 매운, 씁쓸한, 짠, 싱거운, 쓴맛 등
미술적 요소를 표현하기	• 선: 곡선, 직선, 구불구불한, 지그재그, 점, 굵은 선, 가느다란 선 등 • 형태: 동그라미, 네모, 세모, 별, 육각형, 원통 등 • 색: 빨강, 파랑, 하양, 노랑, 보라, 검정, 주황, 갈색, 분홍, 초록 등

연습문제

1. 본문에 기술된 모든 기본 동작(이동 동작, 비이동 동작, 조작 동작)을 직접 몸으로 여러 번 시도해 보세요.

2. 동작의 여섯 가지 구성 요소는 무엇입니까?

3. 동작의 구성 요소 중 공간에 초점을 둔 유아 동작활동의 예를 한 가지 구성해 보세요.

4. 영유아의 기본 동작 중 이동 동작과 비이동 동작의 예를 다섯 가지씩 들어 보세요.

5. 당기기와 밀기 동작에 초점을 둔 영아 동작활동의 예를 한 가지 구성해 보세요.

6. 만 2세 반 교실의 교사가 아이들과 함께 동물을 모방하는 동작활동을 계획하려고 합니다. 만 2세 아이들이 모방하기에 적합한 동물들의 예를 들어 보세요.

7. 만 5세 반 아이들이 '물'을 주제로 프로젝트 활동을 하고 있습니다. 교사와 아이들은 물 순환의 개념에 대한 표현활동을 계획하고 있습니다. 물의 순환을 주제로 신체를 이용한 개념 표현 활동을 계획해 보세요.

8. 영유아의 창의적인 신체 움직임을 돕는 교사가 되기 위해 나 먼저 창의적인 사람이 되길 원한다면 지금 내가 해야 할 노력은 무엇인지 구체적으로 생각해 보세요.

9. 만 3세 아이들과 의성어와 의태어 등의 소리를 몸으로 표현하는 활동을 시작하려고 합니다. 활동의 도입부를 어떻게 구성할지 상상하여 이야기해 보세요.

10. 만 4세 유아반 교실에서 교사가 창의적인 신체 표현 활동을 준비 중입니다. 교사는 가을에 접어든 계절의 변화를 주제로 삼았습니다. 이러한 맥락에서 본인이 생각하는 가장 창의적인 방식으로 계절의 변화를 주제로 창의적인 신체 표현 동작활동을 계획해 보세요.

제5장

표준보육과정 및
누리과정과 동작교육

한 교사가 누리과정 지도서를 보며 자연탐구 영역의 교육활동을 계획하고 있습니다. 이 교사는 먼저 누리과정의 자연탐구 영역에서 '관심 있는 곤충의 특성을 알아본다'는 것을 활동 목표로 잡았습니다. 그리고 활동 방법으로 곤충의 움직임을 먼저 관찰한 뒤, 거미줄에 걸린 여러 가지 곤충의 모습을 아이들의 몸으로 직접 표현해 보고 그 활동 장면을 그린 그림을 벽면에 게시해 주기로 하였습니다.

이 교사가 준비한 활동은 동작교육 활동인가요? 어떤 점에서 동작교육 활동이라고 생각할 수 있나요? 영유아 교육기관의 표준적인 교육과정인 '누리과정'이나 '표준보육과정'에서 동작교육 활동과 밀접하게 관련된 영역은 무엇인가요? 그렇다면 다른 영역들은 동작교육과 관련이 없을까요? 누리과정과 표준보육과정의 각 영역은 동작교육과 어떤 관계가 있을까요?

1. 누리과정과 동작교육

누리과정은 취학 전 교육의 질을 제고하고, 생애 초기의 공정한 출발선을 보장하기 위해 2011년 만 5세를 대상으로 처음 실행되었으며, 2012년 7월 3~4세까지 확대, 도입하면서 지금에 이르고 있다. 누리과정은 신체운동·건강, 의사소통, 사회관계, 예술경험, 자연탐구 5개 영역으로 구성되어 있다. 그러나 이것이 유아의 발달을 각 영역으로 분리하여 보는 것을 의미하지는 않는다. 누리과정은 유아의 주도적이며 통합적인 놀이 경험을 통해 전인적 발달을 돕는 것을 목표로 한다. 따라서 유아의 동작교육 활동 또한 '유아의 기본 운동 능력과 기초 체력을 기른다'는 신체운동·건강 영역의 목표와 함께 언어, 사회, 수·과학, 예술경험을 동작활동이라는 차원에서 상호 통합해 보는 경험을 제공하여 유아의 전인적인 발달을 돕는 것을 목표로 한다.

1) 신체운동·건강 영역과 동작교육

(1) 목표

신체운동·건강 영역은 유아가 일상생활에서 자신의 신체를 긍정적으로 인식하고 신체 활동에 즐겁게 참여함으로써 유아기에 필요한 기본 운동 능력과 기초 체력을 기르는 것을 목표로 한다. 기초 체력이란 이동 운동, 비이동 운동을 통해 형성하는 근력, 지구력, 민첩성, 유연성, 협응력과 신체 조절 능력을 말한다. 따라서 신체운동·건강 영역은 누리과정에서 동작교육을 위한 기본 영역이라고 할 수 있다.

① 감각 능력을 기르고, 자신의 신체를 긍정적으로 평가한다

유아기는 모든 사물을 직접 탐색하면서 감각 능력을 기르고 신체를 다양하게 움직이면서 자신의 신체를 긍정적으로 인식하는 시기다. 따라서 시각, 청각, 촉각, 미각, 후각 등 오감각을 기르고 감각을 활용해 사물과 주변 세계를 인식

하는 능력을 기르는 데 중점을 둔다. 또한 신체의 각 부분에 대한 지식과 공간 상에서의 다양한 움직임 경험을 통해 자신의 신체를 이해하고 활용함으로써 유아가 자신의 신체를 긍정적으로 인식하도록 돕는다.

② 신체를 조절하고 기본 운동 능력을 기른다

유아기는 신체 조절 능력과 균형감각, 기본적인 운동 능력이 발달하는 시기다. 따라서 움직임이 있는 동작활동을 통해 신체 조절과 균형감, 근력, 지구력, 민첩성, 유연성, 협응 능력을 키우는 데 중점을 둔다.

③ 신체 활동에 즐겁게 참여한다

유아는 신체를 움직이는 것 자체에서 큰 즐거움을 느낀다. 그러므로 실내 · 실외에서 움직임을 촉진할 수 있는 인적 · 물적 환경과 다양한 움직임을 경험할 기회를 많이 제공해야 한다. 발달 정도와 능력에 적합한 활동 계획, 충분한 공간과 시간, 신체 기구 등을 제공하여 유아가 신체 활동에 즐겁게 참여하도록 지원한다.

④ 건강한 생활습관을 기른다

유아기의 건강한 생활습관 형성은 이후 건강을 유지하는 기초가 되므로 유아가 병에 걸리지 않도록 주의하고 즐거운 마음으로 생활하도록 한다. 유아가 신체와 주변을 청결히 유지하고 적절한 수면과 휴식을 취하며 바른 식습관을 들이도록 지도하는 데 중점을 둔다.

⑤ 안전한 생활습관을 기른다

다양한 안전사고에 대한 체계적인 교육이 요구되므로 생활 속에서 안전 교육을 반복해서 지도함으로써 유아가 안전하게 놀이하기는 물론 교통안전 규칙 지키기를 실천하도록 한다.

(2) 내 용

기본 운동 능력과 기초 체력을 기르기 위한 누리과정의 신체운동·건강 영역은 '신체 인식하기', '신체 조절과 기본운동 하기', '신체 활동에 참여하기', '건강하게 생활하기', '안전하게 생활하기'의 내용범주로 구성되어 있다. 신체운동·건강 영역의 내용범주와 내용에 대한 연령별 세부내용은 다음과 같다.

① '신체 인식하기'와 동작교육

누리과정의 신체운동·건강 영역의 하위 범주인 '신체 인식하기'의 하위 내용은 '감각 능력 기르고 활용하기'와 '신체를 인식하고 움직이기'의 두 가지로 이루어져 있다. '감각 능력 기르고 활용하기'에서는 유아가 감각적 차이를 경험하고 다양한 차이를 인식함으로써 감각을 통해 대상의 특성을 파악하는 데 초점을 둔다. 또한 신체의 여러 가지 감각기관을 협응하여 활동하도록 한다. '신체를 인식하고 움직이기'에서는 유아가 각 신체 부위의 명칭을 알고 그 움직임에 관심을 갖는 것과 신체 부분의 특성을 이해하는 데 초점을 둔다. 이를 통해 궁극적으로는 유아가 자신의 신체를 긍정적으로 인식하고 자신의 움직임에 자신감을 느끼도록 도와야 한다. 교사는 신체 인식하기와 관련하여 다음과 같은 동작활동을 계획할 수 있다.

〈표 5-1〉 신체운동·건강 영역 중 '신체 인식하기' 연령별 세부내용

내용범주	내용	3세	4세	5세
신체 인식하기	감각 능력 기르고 활용하기	감각의 차이를 경험한다.	감각의 차이를 구분한다.	감각으로 대상이나 사물의 특성과 차이를 구분한다.
		감각기관을 인식하고, 활용해 본다.	여러 감각기관을 협응하여 활용한다.	
	신체를 인식하고 움직이기	신체 각 부분의 명칭을 알고, 움직임에 관심을 갖는다.	신체 각 부분의 특성을 이해하고 활용하여 움직인다.	
		자신의 신체를 긍정적으로 인식하고 움직인다.		

▶ 신체 인식하기와 관련된 동작활동의 예

손과 발이 하는 일 알아보기, 나의 몸속 여행하기, 무엇의 냄새인지 알아맞히기, 나무의 질감을 손으로 느끼기, 눈 가리고 방울소리 따라가 보기, 눈 가리고 친구의 안내를 들으며 걷기, 허리로 훌라후프 돌리기 등

●●● 눈 가리고 친구의 안내를 들으며 걷기: 감각의 차이를 경험한다.

●●● 허리로 훌라후프 돌리기: 신체 각 부분의 특성을 이해하고 활용하여 움직인다.

② '신체 조절과 기본운동 하기'와 동작교육

만 3~5세의 유아기는 신체 균형이 뚜렷해지며 신체 각 부분의 움직임, 협응 능력과 조절 능력이 발달하는 시기다. 따라서 유아기의 동작활동은 개별 난이도를 달리해야 하며 유아가 스스로 선택하도록 해야 한다. 신체 조절 능력이란 이동 또는 정지 시의 무게, 움직이는 속도, 연속성, 힘 등을 고려하여 신체 각 부분의 움직임을 조절하고 균형을 유지하는 능력을 말한다. 유아는 이러한 능력을 통해 바른 자세와 운동 발달에 필요한 지식, 기능, 태도를 기를 수 있다. 교사는 신체 조절과 기본운동을 교육하기 위해 다음과 같은 동작활동을 계획할 수 있다.

> ▶ 신체 조절과 기본운동 하기와 관련된 동작활동의 예
> 세발 또는 두발 자전거 타기, 평균대 걷기, 장애물 경기, 줄넘기, 카드 뒤집기, 음악
> 에 맞추어 움직이기, 체조, 바람개비 돌리기, 호루라기 소리에 맞추어 방향 바꾸기,
> 연날리기 등

●●● 달리면서 바람개비 돌리기: 신체 활동을 통해 자신의 신체 움직임을 조절할 수 있다

●●● 준비체조 하기: 제자리에서 몸을 다양하게 움직이며 기본 움직임을 경험한다.

〈표 5-2〉 신체운동·건강 영역 중 '신체 조절과 기본운동 하기' 연령별 세부내용

내용범주	내용	3세	4세	5세
신체 조절과 기본운동 하기	신체 조절하기	신체 균형을 유지해 본다.	다양한 자세와 움직임에서 신체 균형을 유지한다.	
		공간, 힘, 시간 등의 움직임 요소를 경험한다.	공간, 힘, 시간 등의 움직임 요소를 활용하여 움직인다.	
		신체 각 부분의 움직임을 조절해 본다.	신체 각 부분을 협응하여 움직임을 조절한다.	
		눈과 손을 협응하여 소근육을 조절해 본다.		
		—	—	도구를 활용하여 여러 가지 조작 운동을 한다.
	기본운동 하기	걷기, 달리기 등 이동 운동을 한다.	걷기, 달리기, 뛰기 등 다양한 이동 운동을 한다.	
		제자리에서 몸을 움직여 본다.	제자리에서 몸을 다양하게 움직인다,	

③ '신체 활동에 참여하기'와 동작교육

누리과정 신체운동·건강 영역의 세 번째 하위 범주는 '신체 활동에 참여하기'다. 이것은 다음과 같은 세 가지 내용으로 이루어져 있다. 첫째, 자발적으로 신체 활동에 참여하기, 둘째, 바깥에서 신체 활동 하기, 셋째, 기구를 이용하여 신체 활동 하기다. '자발적으로 신체 활동에 참여하기'의 내용은 유아가 신체 활동에 흥미를 느끼고 자발적이며 지속적으로 참여하도록 돕는 데 초점을 둔다. 또한 다른 사람들과 더불어 신체 활동에 참여함으로써 자신과 타인의 신체 운동 능력의 차이를 이해하고 수용하는 데 초점을 둔다. '바깥에서 신체 활동 하기' 내용은 유아가 지속적으로 실외활동을 하는 데 초점을 둔다. 유아기의 지속적인 실외활동은 활동적인 신체 움직임과 건강한 신체발달에 매우 중요하다. 유아기의 동작활동은 실내뿐 아니라 실외에서도 이루어지도록 해야 한다. '기구를 이용하여 신체 활동 하기'는 신체 활동 시 여러 가지 기구를 이용한 조작 움직임에 초점을 둔 활동들을 말한다. 이러한 기구 사용을 통해 유아는 기본 움직임뿐 아니라 신체 조절 능력을 키울 수 있다. '신체 활동에 참여하기'를 위해 교사는 다음과 같은 동작교육 활동을 계획할 수 있다.

▶ 신체 활동에 참여하기와 관련된 동작활동의 예
그네 또는 미끄럼틀 타기, 실외에서 '무궁화 꽃이 피었습니다' 게임 하기, 실외 놀이터에서 유아가 원하는 게임 하기, 들판 산책하기, 정글짐 등의 놀이기구 타기, 투명 터널을 지나 훌라후프 통과 후 돌아오기, 실외 놀이터에서 모래놀이 하기, 물총놀이 등

●●● 그네 타기: 자신의 흥미를 바탕으로 하여 신체 활동에 자발적으로 참여한다.

●●● 투명 터널을 지나 훌라후프를 통과한 후 돌아오기 게임: 여러 가지 기구를 이용하여 신체 활동에 참여한다.

〈표 5-3〉 신체운동 · 건강 영역 중 '신체 활동에 참여하기' 연령별 세부내용

내용범주	내용	3세	4세	5세
신체 활동에 참여하기	자발적으로 신체 활동에 참여하기	신체 활동에 자발적으로 참여한다.	신체 활동에 자발적이고 지속적으로 참여한다.	
			다른 사람과 함께 하는 신체 활동에 참여한다.	
		—	자신과 다른 사람의 운동 능력의 차이에 관심을 갖는다.	자신과 다른 사람의 운동 능력의 차이를 이해한다.
	바깥에서 신체 활동 하기		규칙적으로 바깥에서 신체 활동을 한다.	
	기구를 이용하여 신체 활동 하기		여러 가지 기구를 이용하여 신체 활동을 한다.	

④ '건강하게 생활하기'와 동작교육

누리과정의 신체운동 · 건강 영역의 네 번째 하위범주는 '건강하게 생활하기'로 유아들의 위생, 건강과 관련한 활동들에 초점을 둔다. 그 내용은 첫째, 몸과 주변을 깨끗이 하기, 둘째, 바른 식생활 하기, 셋째, 건강한 일상생활 하

기, 넷째, 질병 예방하기다. '몸과 주변을 깨끗이 하기'에서는 손 씻기, 양치 및 주변정리와 같은 기본 위생을, '바른 식생활 하기'에서는 음식을 골고루 먹는 것과 좋은 음식에 관한 관심, 바른 태도로 식사하는 습관 등을 내용으로 한다. '건강한 일상생활 하기'는 규칙적인 수면과 일과 습관을, '질병 예방하기'는 다양한 질병에 관한 위험과 대처 방법의 숙지와 실행 등을 내용으로 한다. 이와 같은 '건강하게 생활하기' 범주와 관련해서는 다음과 같은 동작활동을 생각해 볼 수 있다.

> ▶ 건강하게 생활하기와 관련된 동작활동의 예
> 양치질 과정을 몸으로 표현하기, 우리 몸에 꼭 필요한 영양소가 되어 움직여 보기, 우리 몸에 좋은 음식을 알아보고 관련된 게임 하기, 계절에 맞는 옷은 무엇인지 알아보기 등

〈표 5-4〉 신체운동·건강 영역 중 '건강하게 생활하기' 연령별 세부내용

내용범주	내용	3세	4세	5세
건강하게 생활하기	몸과 주변을 깨끗이 하기	손과 이를 깨끗이 하는 방법을 알고 실천한다.		스스로 몸을 깨끗이 하는 습관을 기른다.
		주변을 깨끗이 한다.	주변을 깨끗이 하는 습관을 기른다.	
	바른 식생활 하기	음식을 골고루 먹는다.		적당량의 음식을 골고루 먹는다.
		몸에 좋은 음식에 관심을 갖는다.	몸에 좋은 음식을 알아본다.	몸에 좋은 음식을 선택할 수 있다.
		바른 태도로 식사한다.	음식을 소중히 여기고 식사예절을 지킨다.	
	건강한 일상생활 하기	규칙적으로 잠을 자고, 적당한 휴식을 취한다.		
		하루 일과에 즐겁게 참여한다.		
		스스로 화장실에서 배변한다.	바른 배변 습관을 들인다.	규칙적인 배변 습관을 들인다.
	질병 예방하기	질병의 위험을 알고 주의한다.	질병을 예방하는 방법을 알고 실천한다.	
		날씨에 맞게 옷을 입는다.	날씨와 상황에 알맞게 옷을 입는다.	

⑤ '안전하게 생활하기'와 동작교육

누리과정의 신체운동·건강 영역의 다섯 번째 하위범주는 '안전하게 생활하기'로 유아들의 안전과 관련한 활동들에 초점을 둔다. 그 내용은 첫째, 안전하게 놀이하기, 둘째, 교통안전 규칙 지키기, 셋째는 비상시 적절하게 대처하기다. '안전하게 놀이하기'에서는 놀잇감의 안전한 사용 및 적절한 놀이 장소 선정과 실내에서의 놀이 규칙 알기, TV와 인터넷의 위해성과 바른 사용법 등을 익히는 데 초점을 둔다. '교통안전 규칙 지키기'에서는 차량과 관련한 안전사항, 교통 규칙 익히기 등의 활동을 한다. '비상시 적절하게 대처하기'에서는 사회적 범죄로부터 유아를 보호하기 위한 예방교육 성격의 활동들이 이루어진다. 각종 학대와 성폭력, 실종 및 유괴 예방교육뿐 아니라 지진이나 화재 시 대피와 적절한 대처 행동들을 익히는 것을 주된 내용으로 한다. 이러한 '안전하게 생활하기'와 관련하여 교사는 다음과 같은 동작활동을 준비할 수 있다.

〈표 5-5〉 신체운동·건강영역 중 '안전하게 생활하기' 연령별 세부내용

내용범주	내용	3세	4세	5세
안전하게 생활하기	안전하게 놀이하기	놀이기구나 놀잇감, 도구를 안전하게 사용한다.	놀이기구나 놀잇감, 도구를 안전하게 사용한다.	놀이기구나 놀잇감, 도구의 바른 사용법을 알고 안전하게 사용한다.
		안전한 놀이 장소를 안다.	안전한 장소를 알고 안전하게 놀이한다.	
		TV, 인터넷, 통신기기 등을 바르게 사용한다.	TV, 인터넷, 통신기기 등의 위해성을 알고, 바르게 사용한다.	
	교통안전 규칙 지키기	교통안전 규칙을 안다.	교통안전 규칙을 알고 지킨다.	
		교통수단을 안전하게 이용한다.	교통수단을 안전하게 이용한다.	
	비상시 적절하게 대처하기	학대, 성폭력, 실종, 유괴 상황을 알고 도움을 요청한다. 재난 및 사고 등 비상시 적절하게 대처하는 방법을 안다.	학대, 성폭력, 실종, 유괴 상황과 도움받을 방법을 알고 행동한다.	
		–	재난 및 사고 등 비상시 적절하게 대처하는 방법을 알고 행동한다.	

▶ 신체 활동에 참여하기와 관련된 동작활동의 예

스스로 만든 안전규칙 지키며 놀이하기, 실외 놀이터 규칙 만들어 보기, 차례 지키
며 놀이기구 타기, 교통 신호등이 있는 길 따라 자동차 타기, 자석의 N극과 S극이
되어 친구와 부딪히지 않고 달리기, 안전하게 놀이를 할 수 있는 장소를 스스로 찾
아보기 등

●●● 친구와 부딪히지 않고 연 날
리기: 놀이기구나 놀잇감, 도구를
안전하게 사용한다.

●●● 신호등에 맞추어 건널목 건너기: 교통안전 규
칙을 알고 지키는 활동을 한다.

2) 의사소통 영역과 동작교육

(1) 목표

　누리과정 의사소통 영역의 목표는 일상생활에서 말과 글의 의미 있는 경험
을 통해 자신의 느낌과 생각, 경험을 타인에게 표현하는 것을 즐기며 타인이 말
과 글로 전달하는 의미를 바르게 이해하는 능력과 태도를 기르는 것이다. 이를
통해 궁극적으로는 타인과 더불어 소통하며 살아갈 능력을 갖추는 것을 목표로
한다.

(2) 내 용

누리과정 의사소통 영역은 '듣기', '말하기', '읽기', '쓰기' 네 개의 내용범주로 구성되며 각 범주는 연속해서 일어나거나 밀접하게 연관된 내용으로 연결되어 있다. 의사소통의 네 가지 세부내용 범주를 동작교육과 관련하여 다음과 같이 살펴보겠다.

① '듣기' 및 '말하기'와 동작교육

의사소통 영역의 내용범주 중 '듣기'에는 낱말과 문장 듣고 이해하기, 이야기 듣고 이해하기, 동요·동시·동화 듣고 이해하기, 바른 태도로 듣기 등의 내용이 포함되어 있다. '말하기'는 낱말과 문장으로 말하기, 느낌·생각·경험 말하기, 상황에 맞게 바른 태도로 말하기 등을 내용으로 한다. 각 내용의 구체적인 활동은 다시 수준별로 나뉜다. 유아들의 언어는 의미 있는 의사소통 상황에서 발달한다. '우리 집에 왜 왔니? 왜 왔니?', '두껍아~ 두껍아~ 뭐하니?', '부르는 숫자만큼 친구들과 모이기'와 같이 묻고 대답하거나 몸을 움직이는 동작활동에서 유아들은 또래나 교사의 말을 주의 깊고 의미 있게 듣는다. 아주 소극적인 유아들도 그네를 타거나 미끄럼틀을 타고 내려올 때에는 즐거운 비명을 지른다. 듣기와 말하기는 다양한 동작활동을 통해 촉진될 수 있다. 교사는 듣기 및 말하기와 관련하여 다음과 같은 동작활동을 계획해 볼 수 있다.

> ▶ '듣기' 및 '말하기'와 관련된 동작활동의 예
> 흥미 있는 그림책 내용을 동극으로 만들어 보기, 음악극을 만들고 공연해 보기, 노랫말에 맞추어 동작 만들기, 『배고픈 애벌레』 동화를 듣고 주인공이 되어 움직여 보기, 게임 규칙 전달하기, 퀴즈로 보물찾기, 음악을 듣고 내용을 구성해서 몸으로 표현하기, 패션쇼 만들기, 선생님이 말하는 숫자를 잘 듣고 숫자만큼 친구들과 모이기 등

●●● 피터와 늑대 음악극: 동요, 동시,
동화를 다양한 방법으로 듣고 즐긴다.

●●● 패션쇼 워킹: 다양한 낱말과 문장을
듣고 뜻을 이해한다.

〈표 5-6〉 **의사소통 영역 중 '듣기' 및 '말하기' 연령별 세부내용**

내용범주	내용	3세	4세	5세
듣기	낱말과 문장 듣고 이해하기	낱말의 발음에 관심을 가지고 듣는다.		낱말의 발음에 관심을 가지고 비슷한 발음을 듣고 구분한다.
		일상생활과 관련된 낱말과 문장을 듣고 뜻을 이해한다.		다양한 낱말과 문장을 듣고 뜻을 이해한다.
	이야기 듣고 이해하기	다른 사람의 이야기를 관심 있게 듣는다.	다른 사람의 이야기를 듣고 이해한다.	
		—	이야기를 듣고 궁금한 것을 질문한다.	
	동요, 동시, 동화 듣고 이해하기	동요, 동시, 동화를 다양한 방법으로 듣고 즐긴다.		동요, 동시, 동화를 다양한 방법으로 듣고 이해한다.
		—	전래동요, 동시, 동화를 듣고 우리말의 재미를 느낀다.	
	바른 태도로 듣기	말하는 사람을 바라보며 듣는다.	다른 사람의 이야기를 주의 깊게 듣는다.	다른 사람의 이야기를 끝까지 주의 깊게 듣는다.
말하기	낱말과 문장으로 말하기	친숙한 낱말을 발음해 본다.	친숙한 낱말을 정확하게 발음해 본다.	정확한 발음으로 말한다.
		새로운 낱말에 관심을 가진다.	다양한 낱말을 사용하여 말한다.	다양한 낱말을 사용하여 상황에 맞게 말한다.

		일상생활에서 일어나는 일들을 간단한 문장으로 말한다.	일상생활에서 일어나는 일들을 다양한 문장으로 말한다.
말하기	느낌, 생각, 경험 말하기	자신의 느낌, 생각, 경험을 말한다.	자신의 느낌, 생각, 경험을 적절한 낱말과 문장으로 말한다.
		—	주제를 정하여 함께 이야기를 나눈다.
		—	이야기를 지어 말한다.	이야기를 지어 말하기를 즐긴다.
	상황에 맞게 바른 태도로 말하기	상대방을 바라보며 말한다.	듣는 사람의 생각과 느낌을 고려하여 말한다.
		상대방을 바라보며 말한다.	차례를 지켜 말한다.	때와 장소, 대상에 알맞게 말한다.
			바르고 고운 말을 사용한다.

② '읽기' 및 '쓰기'와 동작교육

의사소통 영역의 '읽기'는 문자로서의 글자를 읽는 것을 포함하여 책과 책의 내용에 대한 흥미 등도 포함한다. 내용으로는 읽기에 흥미 가지기와 책 읽기에 관심 가지기다. '쓰기'는 쓰기에 관심 가지기, 쓰기 도구 사용하기를 주내용으로 하는데, 주지할 것은 유아가 글자를 정확히 알고 쓰는 것을 익히는 데 초점을 두지 않는다는 점이다. 누리과정에서 '쓰기' 범주는 유아가 자신의 말이나 생각 등을 표현하는 하나의 방식으로서의 쓰기를 즐기는 데 초점을 둔다. 교사는 의사소통 영역의 읽기 및 쓰기와 관련하여 다음과 같은 동작활동을 계획할 수 있다.

> ▶ '읽기' 및 '쓰기'와 관련된 동작활동의 예
> 보물지도를 만들며 장소명 쓰기, 보물지도를 보고 산속에 있는 보물 찾아가기, 쪽지를 써서 숨겨 두고 찾기, 우리가 만든 게임 방법 쓰고 읽기, 산책 갈 때 표지판 읽기, 우리 팀 이름 쓰기, 지시문을 읽고 지시문에 쓰인 대로 몸 움직여 보기 등

●●● 보물지도 만들기, 장소명 쓰기: 말이나 생각을 글로 나타낼 수 있음을 안다.

●●● 지도를 보고 보물 찾아가기: 읽어 주는 글의 내용에 관심을 가지고 읽어 본다.

⟨표 5-7⟩ 의사소통 영역 중 '읽기' 및 '쓰기'의 연령별 세부내용

내용범주	내용	3세	4세	5세
읽기	읽기에 흥미 가지기	주변에서 친숙한 글자를 찾아본다.		주변에서 친숙한 글자를 찾아 읽어 본다.
		읽어 주는 글의 내용에 관심을 가진다.		읽어 주는 글의 내용에 관심을 가지고 읽어 본다.
	책 읽기에 관심 가지기	책에 흥미를 가진다.	책을 보는 것을 즐기고 소중하게 다룬다.	
		책의 그림을 단서로 내용을 추측해 본다.	책의 그림을 단서로 내용을 이해한다.	
		—	궁금한 것을 책에서 찾아본다.	
쓰기	쓰기에 관심 가지기	말을 글로 나타내는 것에 관심을 보인다.	말이나 생각을 글로 나타낼 수 있음을 안다.	
		자기 이름의 글자에 관심을 가진다.	자기 이름을 써 본다.	자기 이름과 주변의 친숙한 글자를 써 본다.
		—	자신의 느낌, 생각, 경험을 글자와 비슷한 형태로 표현한다.	자신의 느낌, 생각, 경험을 글자와 비슷한 형태나 글자로 표현한다.
	쓰기 도구 사용하기	—	쓰기 도구에 관심을 가지고 사용해 본다.	쓰기 도구의 바른 사용법을 알고 사용한다.

3) 사회관계 영역과 동작교육

(1) 목 표

사회관계 영역의 목표는 자신을 존중하고 자신과 타인의 감정을 알고 적절하게 표현하며 다른 사람과 더불어 지내기 위해 필요한 능력과 기본적인 태도를 기르는 데 있다.

(2) 내 용

누리과정 사회관계 영역은 '나를 알고 존중하기', '나와 다른 사람의 감정 알고 조절하기', '가족을 소중히 여기기', '다른 사람과 더불어 생활하기', '사회에 관심 갖기'와 같은 5개의 내용범주로 구성된다. 사회관계 영역의 하위범주별 세부내용 및 수준별 구체적인 활동 내용을 살펴보고 이를 동작교육과 관련지어 본다.

유아는 동작 놀이 속에서 많은 감정과 갈등을 나타낸다. 어떤 친구를 가르쳐 주고 가르쳐 주지 않을 것인지, 매력적인 동작 교재를 누가 먼저 차지할 것인지, 순서를 지키지 않은 친구는 어떻게 할 것인지와 같은 문제에서 비롯하는 다툼이 일상적으로 일어난다. 또래보다 달리기를 잘 못하거나 공을 잘 찰 수 없다는 것을 알고는 더 이상 활동에 참여하지 않으려 할 수도 있으며, 게임에서 지면 속상하다는 감정을 알게 되는 등 사회관계를 발달시킬 수 있는 상황들을 자주 겪게 된다. 즉, 여럿이 함께 노는 지속적인 동작활동을 통해 자신과 또래의 감정을 알고 상황에 맞게 표현하는 능력을 길러 함께 지낼 수 있는 것이다. 교사는 유아기의 사회관계 능력을 발달시키기 위해 서로 비교하기보다는 자신의 능력 향상을 의식하도록 해야 하며 이를 위해 다음과 같은 동작활동을 계획할 수 있다.

▶ '나를 알고 존중하기' 및 '나와 다른 사람의 감정을 알고 조절하기'와 관련된 동
　작활동의 예
친구들과 상의해서 게임 규칙 바꾸기(의자 빼앗기 게임의 규칙을 모두 함께 빨리
앉기로 변경), 팀 게임(바구니에 공 넣기, 축구, 장애물 돌아오기, 카드 뒤집기 등)
참여하기, 차례 지켜 그네 타기, 바통을 이용한 릴레이, 친구들과 함께 낙하산 또는
보자기 잡고 공 튀기기, 꼬리잡기 등

●●● 거리를 조절하며 농구공 넣기:
나와 다른 사람의 신체적 · 사회적 ·
문화적 차이를 존중한다.

●●● 게임에서 졌을 때, 감정 조절에 대해 이야기
나누기: 다른 사람의 감정을 안다.

〈표 5-8〉 사회관계 영역 중 '나를 알고 존중하기' 및 '나와 다른 사람의 감정 알고 조절하기'의 연
　　　　령별 세부내용

내용범주	내용	3세	4세	5세
나를 알고 존중하기	나를 알고, 소중히 여기기	나에 대해 관심을 갖는다.	나에 대해 알아본다.	
		나와 다른 사람의 차이에 관심을 갖는다.	나와 다른 사람의 차이점을 알아본다.	나와 다른 사람의 신체적 · 사회적 · 문화적 차이를 존중한다.
		나를 소중하게 여긴다.	나를 긍정적으로 생각하고 소중하게 여긴다.	

나를 알고 존중하기	나의 일 스스로 하기	내가 할 수 있는 일을 알아본다.	내가 할 수 있는 일을 해 본다.	내가 할 수 있는 일을 스스로 한다.
		내가 하고 싶은 일을 선택해 본다.	하고 싶은 일을 계획하고 해 본다.	
나와 다른 사람의 감정 알고 조절하기	나와 다른 사람의 감정 알고 표현하기	자신에게 여러 가지 감정이 있음을 안다.	자신의 감정을 알고 표현한다.	
		다른 사람의 감정에 관심을 갖는다.	다른 사람의 감정을 안다.	다른 사람의 감정을 알고 공감한다.
	나의 감정 조절하기	자신의 감정을 조절해 본다.		자신의 감정을 상황에 맞게 조절한다.

누리과정 사회관계 영역의 세 번째 세부범주는 '가족을 소중히 여기기'다. 이에 대한 수준별 구체적인 내용은 가족의 소중함과 의미, 가족 구성원과 구조를 아는 것이다. 네 번째 범주는 '다른 사람과 더불어 생활하기'다. 이를 위한 세부 내용으로는 '친구와 사이좋게 지내기', '공동체에서 화목하게 지내기', '사회적 가치를 알고 지키기'가 있다. 이러한 범주의 활동들을 통해 유아는 친구의 의미뿐 아니라 자신이 속한 공동체와 사회의 개념과 의미를 경험하게 된다. 다섯 번째 범주는 '사회에 관심 갖기'다. 세부 내용으로는 '지역사회에 관심 갖고 이해하기', '우리나라에 관심 갖고 이해하기', '세계와 여러 문화에 관심 갖기'를 포함한다. 유아의 사회적 관심을 가까운 것에서부터 먼 곳까지로 확장해 나가는 구조를 취한다. 이는 사회관계 영역의 세부범주가 자신으로부터 가까운 타자 그리고 먼 사회까지 확장해 나가는 것과 같은 구조다. 이러한 활동을 통해 유아는 자신의 소중함을 기초로 하여 자신이 속한 작은 공동체(가족)에서부터 우리나라와 세계라는 더 큰 범위의 공동체에까지 관심을 확장시켜 나갈 수 있다. 이러한 범주들과 관련하여 교사는 다음과 같은 동작활동을 계획할 수 있다.

▶ '가족을 소중히 여기기', '다른 사람과 더불어 생활하기' 및 '사회에 관심 갖
　기'와 관련된 동작활동의 예
꼬리잡기, 산책하며 보이는 것들에 대해 이야기 나누기, 마트에 가서 시장 놀이에
필요한 것 사기, 우리 동네 지도 만들어 자전거 타고 돌아보기, 우리나라 지도 몸
퍼즐 만들기, 세계 여러 나라 친구들의 인사법 익히기, 한삼 끼고 전통음악에 맞추
어 몸 움직이기 등

●●● 꼬리잡기: 친구와 함께 놀이한다.

●●● 산책하며 보이는 것에 대해 이야
기 나누기: 우리 동네에 대해 알아본다.

〈표 5-9〉 사회관계 영역 중 '가족을 소중히 여기기', '다른 사람과 더불어 생활하기' 및 '사회에 관
심 갖기'의 연령별 세부내용

내용범주	내용	3세	4세	5세
가족을 소중히 여기기	가족과 화목하게 지내기	가족의 소중함을 안다.		가족의 의미와 소중함을 안다.
		—		가족과 화목하게 지낸다.
	가족과 협력하기	가족 구성원을 알아본다.	가족 구성원의 역할을 알아본다.	다양한 가족 구조를 알아본다.
		가족을 위하여 내가 할 수 있는 일을 알아본다.	가족을 위하여 내가 할 수 있는 일을 알아보고 실천한다.	가족은 서로 도와야 함을 알고 실천한다.

다른 사람과 더불어 생활하기	친구와 사이좋게 지내기	친구와 함께 놀이한다.	친구와 협동하며 놀이한다.	
		나와 친구의 의견에 차이가 있음을 안다.	친구와의 갈등을 긍정적인 방법으로 해결한다.	
	공동체에서 화목하게 지내기	—	도움이 필요할 때 다른 사람과 도움을 주고받는다.	다른 사람과 도움을 주고받고 협력한다.
		교사 및 주변 사람과 화목하게 지낸다.		
		—	정직하게 말하고 행동한다.	
		다른 사람의 소유물을 존중한다.	다른 사람의 생각, 행동을 존중한다.	다른 사람을 배려하여 행동한다.
	사회적 가치를 알고 지키기	—	친구와 어른에게 예의 바르게 행동한다.	
		약속과 규칙을 지켜야 함을 안다.	다른 사람과 한 약속이나 공공규칙을 지킨다.	
		—	자연과 자원을 아끼는 습관을 기른다.	
사회에 관심 갖기	지역사회에 관심 갖고 이해하기	우리 동네의 이름을 안다.	우리 동네에 대해 알아본다.	
		우리 동네 사람들에게 관심을 갖는다.	우리 동네 사람들이 하는 일에 관심을 갖는다.	다양한 직업에 관심을 가진다.
		—	물건을 살 때 돈이 필요함을 안다.	일상생활에서 돈의 쓰임에 대해 안다.
	우리나라에 관심 갖고 이해하기	우리나라를 상징하는 것에 관심을 가진다.	우리나라를 상징하는 것을 안다.	우리나라를 상징하는 것을 알고 예절을 지킨다.
		우리나라의 전통놀이와 풍습에 관심을 갖는다.		우리나라의 전통, 역사, 문화에 관심을 갖는다.
		—	우리나라에 대해 자부심을 갖는다.	
	세계와 여러 문화에 관심 가지기	—	세계 여러 나라에 관심을 갖는다.	세계 여러 나라에 관심을 갖고, 서로 협력해야 함을 안다.
		—	다양한 인종과 문화에 관심을 갖는다.	다양한 인종과 문화를 알아보고 존중한다.

4) 예술경험 영역과 동작교육

(1) 목표

예술경험 영역의 목표는 유아가 자연과 사물에서 예술적 요소를 찾아보고 이를 창의적으로 표현하는 것, 아름다움에 관심을 가지고 예술활동을 즐기는 것, 아름다움을 이해하고 존중하는 역량을 기르는 것이다. 헨드릭(Hendrick, 1992)은 "모든 대근육 활동 중에서 춤추기는 가장 자유롭고 즐거운 활동이다." 라고 하였다. 이러한 맥락에서 예술경험 영역 또한 신체 활동 영역과 함께 누리 과정에서 동작교육과 밀접하게 관련된 영역이라고 볼 수 있다. 누리과정에서의 예술경험 영역의 목표는 다음과 같다.

① 자연과 주변 환경에서 발견한 아름다움과 예술적 요소에 관심을 갖고 탐색한다.
② 자신의 생각과 느낌을 음악, 움직임과 춤, 미술, 극놀이를 통해 창의적으로 표현하는 것을 즐긴다.
③ 자연과 다양한 예술작품을 감상하며, 풍부한 감성과 심미적 태도를 기른다.

(2) 내용

누리과정의 예술경험 영역은 '아름다움 찾아보기', '예술적 표현하기', '예술 감상하기'의 3개 내용범주로 구성되어 있다. 이 3개의 범주는 유아의 일상생활에서 자연스럽게 순환하면서 통합적인 경험이 되도록 구성한다. 예술경험 영역의 세부 내용범주 및 수준별 구체적인 활동 내용을 살펴보고 이를 동작교육과 관련지어 본다.

예술경험 영역의 '아름다움 찾아보기' 범주에서는 음악, 움직임, 미술의 예술적 요소에 대한 관심과 탐색에 초점을 둔다. 구체적인 내용으로는 '음악적 요소 탐색하기', '움직임과 춤 요소 탐색하기', '미술적 요소 탐색하기'가 있다. 연령별로는 다양한 소리 및 셈여림, 빠르기, 리듬에 관심을 가지며 탐색하기, 움직임과 춤의 모양과 빠르기 등에 관심을 가지며 탐색하기, 자연의 사물과 색, 모양과 질감 등의 미술적 요소에 관심을 가지며 탐색하기 등을 포함한다.
이러한 범주들과 관련하여 교사는 다음과 같은 동작활동을 계획할 수 있다.

> ▶ '아름다움 찾아보기'와 관련된 동작활동의 예
> 탭슈즈 신고 음악에 맞추어 탭댄스 추기, 통으로 만든 북을 빠르게 혹은 느리게 두
> 드리며 박자에 맞춰 걷기, 빠르기와 흐름을 보며 리본테이프 움직이기, 낙엽, 비,
> 바람처럼 움직이며 춤추기, 다양한 리듬에 맞추어 대형 북을 두드리며 걷기, 산책
> 하며 봄의 색깔 찾아보기, 숲에서 다양한 나무의 질감 탐색하기 등

●●● 나비가 되어 움직이기: 음악의 빠르기에 맞추어 빠르게 혹은 느리게 날아가는 나비가 되어 본다.

●●● 리본테이프의 움직임을 보며 춤 추기: 움직임과 춤의 모양, 힘, 빠르기, 흐름 등을 탐색한다.

〈표 5-10〉 **예술경험 영역 중 '아름다움 찾아보기'의 연령별 세부내용**

내용범주	내용	3세	4세	5세
아름다움 찾아보기	음악적 요소 탐색하기	다양한 소리, 음악의 셈여림, 빠르기, 리듬 등에 관심을 갖는다.		다양한 소리, 악기 등으로 음악의 셈여림, 빠르기, 리듬 등을 탐색한다.
	움직임과 춤 요소 탐색하기	움직임과 춤의 모양, 힘, 빠르기 등에 관심을 갖는다.		움직임과 춤의 모양, 힘, 빠르기, 흐름 등을 탐색한다.
	미술적 요소 탐색하기	자연과 사물의 색, 모양, 질감 등에 관심을 갖는다.		자연과 사물에서 색, 모양, 질감, 공간 등을 탐색한다.

　　예술경험 영역의 '예술적 표현하기' 세부범주는 누리과정의 수많은 세부범주 중 가장 많은 활동 내용을 포함한다. 예술적 표현하기는 음악, 움직임과 춤, 미술, 극놀이 및 통합적 방식을 통해 유아가 자신의 감정과 느낌, 생각을 미적으로 표현하는 데 초점을 둔다. 간단한 노래 부르기부터 악기에 맞추어 율동하기, 춤추기, 도구를 이용한 창의적 신체 표현, 도구를 이용한 다양한 미술활동 및 일상생활을 주제로 하는 극놀이도 이 범주의 활동 내용이다. 유아들은 일상에서 흘러나오는 음악의 리듬, 빠르기, 셈여림에 귀를 기울이고 손이나 발로 박자를 맞추거나 몸을 움직여 반응한다. 또한 춤을 추면서도 손과 발의 동작과 연속적 흐름을 관찰하여 그에 따라 움직인다. 이러한 창의적인 움직임은 리본, 한삼, 스카프, 부채, 모자, 지팡이, 탭슈즈와 같은 도구가 있을 때 더 활발하게 나타나며 유아의 흥미를 오랫동안 끌어 표현을 더 자연스럽게 만든다. 이렇듯 예술 영역은 신체 영역과 함께 동작활동을 위한 영역이다. 이때 교사는 유아들이 창의적이고 통합적으로 표현하는 동작활동에 더 적극적이고 자발적으로 참여하도록 다음과 같은 동작활동을 계획할 수 있다.

> ▶ '예술적 표현하기' 및 '예술 감상하기'와 관련된 동작활동의 예
> 피터와 늑대와 같은 테마가 있는 음악을 듣고 자유롭게 움직이기, 세계 여러 나라의 음악을 배경으로 전통 춤 추기, 음악 들으며 스케이트 타기 놀이, 나비 날개와 같은 도구를 활용하여 다양한 움직임 표현하기, 한지에 물감으로 그려 보기, 손으로 물감을 찍어 봄꽃 표현하기, 결혼식 놀이, 원하는 동화 내용으로 동극 만들어 공연하기, 춤과 노래가 있는 음악극 만들기 등

●●● 음악에 맞추어 탭댄스 추기: 다
양한 소리, 음악의 셈여림, 빠르기, 리
듬 등에 관심을 갖는다.

●●● 김연아의 스케이트 연기를 감상하고 표현하기:
나와 다른 사람의 예술 표현을 소중히 여긴다.

〈표 5-11〉 예술경험 영역 중 '예술적 표현하기' 및 '예술 감상하기'의 연령별 세부내용

내용범주	내용	3세	4세	5세
예술적 표현하기	음악으로 표현하기	간단한 노래를 듣고 따라 부른다.	노래로 자신의 생각과 느낌을 표현한다.	
			전래동요를 즐겨 부른다.	
		리듬악기로 간단한 리듬을 표현해 본다.	리듬악기를 연주해 본다.	
		간단한 리듬과 노래를 즉흥적으로 만들어 본다.	리듬과 노래 등을 즉흥적으로 만들어 본다.	
	움직임과 춤으로 표현하기	신체를 이용하여 주변의 움직임을 자유롭게 표현한다.	신체를 이용하여 주변의 움직임을 다양하게 표현하며 즐긴다.	
		움직임과 춤으로 자신의 생각과 느낌을 표현한다.		
		도구를 활용하여 다양한 움직임으로 표현한다.	다양한 도구를 활용하여 창의적으로 움직인다.	
	미술활동으로 표현하기	다양한 미술활동을 경험해 본다.	다양한 미술활동으로 자신의 생각과 느낌을 표현한다.	
		—	협동적인 미술활동에 참여한다.	협동적인 미술활동에 참여하여 즐긴다.

예술적 표현하기	미술활동으로 표현하기	미술활동에 필요한 재료와 도구에 관심을 가지고 사용한다.	미술활동에 필요한 재료와 도구를 다양하게 사용한다.	
	극놀이로 표현하기	일상생활의 경험을 극놀이로 표현한다.	일상생활의 경험이나 간단한 이야기를 극놀이로 표현한다.	경험이나 이야기를 극놀이로 표현한다.
		—	소품, 배경, 의상 등을 사용하여 협동적으로 극놀이를 한다.	
	통합적으로 표현하기	—	음악, 움직임과 춤, 미술, 극놀이 등을 통합하여 표현한다.	
		예술활동에 참여하여 표현과정을 즐긴다.		예술활동에 참여하여 창의적으로 표현하는 과정을 즐긴다.
예술 감상하기	다양한 예술 감상하기	다양한 음악, 춤, 미술작품, 극놀이 등을 듣거나 본다.	다양한 음악, 춤, 미술작품, 극놀이 등을 듣거나 보고 즐긴다.	
		나와 다른 사람의 예술 표현을 소중히 여긴다.		
	전통예술 감상하기	우리나라의 전통예술에 관심을 갖는다.		우리나라의 전통예술에 관심을 갖고 친숙해진다.

5) 자연탐구 영역과 동작교육

(1) 목 표

자연탐구 영역의 목표는 유아가 주변의 사물이나 자연현상에 호기심을 느끼고 탐구하는 태도를 기르는 데 있다. 또한 유아가 생활 속에서 부딪히는 문제를 논리적·수학적으로 해결하고 관심 있는 사물과 생명체 및 자연현상에 대해 탐구하면서 수학적·과학적으로 생각하는 능력과 태도를 기르는 데 그 목표를 두고 있다.

(2) 내 용

누리과정 자연탐구 영역은 '탐구하는 태도 기르기', '수학적 탐구하기', '과학적 탐구하기'의 3개 내용범주로 구성된다. 자연탐구 영역의 세부 내용범주 및 수준별 구체적인 활동 내용을 살펴보고 이를 동작교육과 관련지어 본다.

자연탐구 영역의 '탐구하는 태도 기르기' 세부범주는 주변 사물과 자연환경에 관심을 갖고 호기심을 확장하며 탐구하는 것을 즐기는 데 초점을 둔다. '수학적 탐구하기' 범주에서는 수학에서 계산능력의 기초가 되는 공간, 수와 양의 개념을 경험한다. 또한 규칙성에 관한 활동들과 자료 수집의 결과에 대한 기초 표현 방식을 익힌다. 유아기의 수 교육은 생활 속에서 편리함을 경험하는 데서부터 시작해야 한다. 수 세기, 도형, 측정, 규칙성, 분류, 자료 수집과 같은 수학적 기초지식이 유아의 필요에 의해서 사용될 때 논리적 · 수학적으로 사고하는 능력을 효과적으로 기를 수 있다고 보기 때문이다. 집단 게임은 신체운동 능력뿐만 아니라 논리적 · 수학적 발달에도 이상적이다. 교사는 움직임이 필요한 문제 상황과 관련된 동작활동을 계획하여 유아의 문제해결 능력 및 수학적 능력을 발달시킬 수 있다.

> ▶ '탐구하는 태도 기르기' 및 '수학적 탐구하기'와 관련된 동작활동의 예
> 대형 공간 블록 모양대로 정리하기, 카드 뒤집기 게임, 점수판 쓰기, 공 넣기 게임에서 팀별 공의 개수 세기, 부르는 수만큼 모이기, 모양 따라 걷기, 50m와 100m 달리기, 친구들의 특징을 살펴서 팀 나누기, 얼음 땡 등

●●● 카드 뒤집기 게임: 나를 중심으로 앞, 뒤, 옆, 위, 아래를 알아본다.

●●● 고리 던지기 점수판 쓰기: 생활 속에서 수에 관심을 갖는다.

〈표 5-12〉 자연탐구 영역 중 '탐구하는 태도 기르기' 및 '수학적 탐구하기'의 연령별 세부내용

내용범주	내용	3세	4세	5세
탐구하는 태도 기르기	호기심 유지하고 확장하기	주변 사물과 자연세계에 지속적으로 호기심을 갖는다.		주변 사물과 자연세계에 지속적으로 호기심을 갖고 알고자 한다.
	탐구과정 즐기기	궁금한 점을 알아보는 과정에 흥미를 갖는다.	궁금한 점을 알아보는 탐구과정에 관심을 가지고 참여한다.	궁금한 점을 알아보는 탐구과정에 참여하고 즐긴다.
		—	—	탐구과정에서 서로 다른 생각에 관심을 가진다.
	탐구기술 활용하기	—	일상생활의 문제를 해결하는 과정에서 탐색, 관찰 등의 방법을 활용해 본다.	일상생활의 문제를 해결하는 과정에서 탐색, 관찰, 비교, 예측 등의 탐구기술을 활용해 본다.
수학적 탐구하기	수와 연산의 기초 개념 알아보기	생활 속에서 수에 관심을 갖는다.	생활 속에서 사용되는 수의 여러 가지 의미를 안다.	
		구체물 수량의 많고 적음을 비교한다.	구체물 수량에서 '같다', '더 많다', '더 적다'의 관계를 안다.	구체물 수량의 부분과 전체의 관계를 알아본다.
		5개가량의 구체물을 세어 보고 수량에 관심을 갖는다.	10개가량의 구체물을 세어 보고 수량을 알아본다.	20개가량의 구체물의 세어 보고 수량을 알아본다.
		—	—	구체물을 가지고 더하고 빼는 경험을 해 본다.
	공간과 도형의 기초 개념 알아보기	나를 중심으로 앞, 뒤, 옆, 위, 아래를 알아본다.	위치와 방향을 여러 가지 방법으로 나타내 본다.	
		—	—	여러 방향에서 물체를 보고 그 차이점을 비교해 본다.
		물체의 모양에 관심을 갖는다.	기본 도형의 특성을 인식한다.	기본 도형의 공통점과 차이점을 알아본다.
		—	기본 도형을 사용하여 여러 가지 모양을 구성해 본다.	
	기초적인 측정하기	두 물체의 길이, 크기를 비교해 본다.	일상생활에서 길이, 크기, 무게 등을 비교해 본다.	일상생활에서 길이, 크기, 무게, 들이 등의 속성을 비교하고 순서를 지어 본다.

수학적 탐구하기	기초적인 측정하기	—	—	임의 측정 단위를 사용하여 길이, 면적, 들이, 무게 등을 재 본다.
	규칙성 이해하기	생활 주변에서 반복되는 규칙성에 관심을 갖는다.	생활 주변에서 반복되는 규칙성을 알아본다.	생활 주변에서 반복되는 규칙성을 알고 다음에 올 것을 예측해 본다.
		—	반복되는 규칙성을 인식하고 모방한다.	스스로 규칙성을 만들어 본다.
	기초적인 자료 수집과 결과 나타내기	필요한 정보나 자료를 수집한다.		
		같은 것끼리 짝을 짓는다.	한 가지 기준으로 자료를 분류해 본다.	한 가지 기준으로 분류한 자료를 다른 기준으로 재분류해 본다.
		—	—	그림, 사진, 기호나 숫자를 사용해 그래프로 나타내 본다.

　　자연탐구 영역의 '과학적 탐구하기' 세부 범주는 자연활동 및 과학현상에 대한 기초 탐구 능력에 관한 것이다. 주된 내용은 '물체와 물질 알아보기', '생명체와 자연환경 알아보기', '자연현상 알아보기', '간단한 도구와 기계 활용하기'다. 연령별 세부내용으로는 유아 주변의 물체와 물질의 특성과 변화에 대한 탐구, 유아 자신의 출생과 성장과정에 대한 이해, 주변의 동식물에 대한 탐색, 생명체와 자연환경에 대한 관심 등이 포함된다. 또한 물, 흙, 돌과 같은 자연물에 관심을 갖고 그 특성과 변화를 알아보기와 유아가 생활 속의 도구와 기계에 관심을 갖고 활용하기 등의 내용을 포함한다. 이러한 세부범주와 관련하여 교사는 다음과 같은 동작활동을 계획할 수 있다.

> ▶ '과학적 탐구하기' 와 관련된 동작활동의 예
> 교실에서 물에 뜨는 것과 뜨지 않는 물건 찾아보기, 비 오는 날 우산 쓰고 산책하며 땅 관찰하기, 파 심기, 감자 캐기, 배추 뽑기 등의 생태활동, 큰 나무에 물 페인트칠하기, 매미나 잠자리 등의 곤충을 관찰하고 몸으로 흉내 내기, 달걀이 닭이 되기까지의 과정을 알아보고 몸으로 표현하기 등

●●● 비 오는 날 우산 쓰고 산책하기: 날씨에 관심을 갖는다.

●●● 큰 나무에 물 페인트 칠하기: 돌, 물, 흙 등 자연물의 특성과 변화를 알아본다.

〈표 5-13〉 자연탐구 영역 중 '과학적 탐구하기'의 연령별 세부내용

내용범주	내용	3세	4세	5세
과학적 탐구하기	물체와 물질 알아보기	친숙한 물체와 물질의 특성에 관심을 갖는다.	친숙한 물체와 물질의 특성을 알아본다.	주변의 여러 가지 물체와 물질의 기본 특성을 알아본다.
		—	물체와 물질을 여러 가지 방법으로 변화시켜 본다.	
	생명체와 자연환경 알아보기	나의 출생과 성장에 관심을 갖는다.		나의 출생과 성장에 관심을 갖는다.
		주변의 동식물에 관심을 가진다.	관심 있는 동식물의 특성을 알아본다.	관심 있는 동식물의 특성과 성장과정을 알아본다.
		생명체를 소중히 여기는 마음을 갖는다.		
		—	생명체가 살기 좋은 환경에 대해 관심을 갖는다.	생명체가 살기 좋은 환경과 녹색환경에 대해 알아본다.
	자연현상 알아보기	돌, 물, 흙 등 자연물에 관심을 갖는다.	돌, 물, 흙 등 자연물의 특성과 변화를 알아본다.	
		—	—	낮과 밤, 계절의 변화와 규칙성을 알아본다.

				낮과 밤, 계절의 변화와 규칙성을 알아본다.
과학적 탐구하기	자연현상 알아보기	—	—	
		날씨에 관심을 갖는다.	날씨와 기후변화에 관심을 갖는다.	날씨와 기후변화 등 자연현상에 관심을 갖는다.
	간단한 도구와 기계 활용하기	생활 속에서 간단한 도구와 기계에 관심을 갖는다.	생활 속에서 간단한 도구와 기계를 활용한다.	
		도구와 기계의 편리함에 관심을 갖는다.		변화하는 새로운 도구와 기계에 관심을 갖고 장단점을 안다.

2. 표준보육과정과 동작교육

어린이집 표준보육과정은 어린이집의 만 0~5세 영유아들에게 국가 수준에서 제공하는 보편적이고 공통적인 보육의 목표와 내용을 제시한 것으로, 현재는 2012년에 공표한 3차 표준보육과정이 시행 중이다. 표준보육과정은 기본생활습관, 신체운동, 의사소통, 사회관계, 예술경험, 자연탐구 6개 영역으로 구성되어 있다. 「영유아보육법」에 근거하여 만들어진 표준보육과정은 어린이집을 이용하는 모든 영유아를 대상으로 하는 것으로 '0~1세 표준보육과정', '2세 표준보육과정', '3~5세 표준보육과정(누리과정)'으로 구성되어 있다. 이 장에서는 앞서 서술한 '누리과정과 동작교육'과의 내용 중복을 피하고자 '0~1세 표준보육과정', '2세 표준보육과정' 부분만을 기술한다.

1) 기본생활습관 영역과 동작교육

(1) 목표
① 건강하고 안전한 일상생활을 경험한다.
② 건강하고 안전한 생활습관의 기초를 마련한다.

(2) 내 용

표준보육과정의 기본생활습관 영역은 '건강하게 생활하기', '안전하게 생활하기' 2개의 내용범주 체계로 구성된다. 동작교육을 통해 기본생활습관을 교육할 수 있는 예시를 제시하였으며 내용범주와 연령별, 수준별 세부내용은 다음과 같다.

〈표 5-14〉 만 0~1세 표준보육과정 기본생활습관 영역 세부내용

내용범주	내용	1수준	2수준	3수준	4수준
건강하게 생활하기	몸을 깨끗이 하기		몸이 깨끗해졌을 때 기분이 좋음을 안다.		
			도움을 받아 손을 씻는다.		
		—	도움을 받아 이를 닦는다.		
	즐겁게 먹기	편안하게 안겨서 우유(모유)를 먹는다.	이유식에 적응한다.	고형식에 적응한다.	다양한 음식을 먹어 본다.
		,	도구를 사용하여 음식을 먹어 본다.		
			즐겁게 먹는다.		
	건강한 일상 생활 하기		수면을 충분히 취한다.		
			편안하게 쉰다.		
			하루 일과에 편안하게 참여한다.		
		—	배변 의사를 표현한다.		
안전하게 생활하기	안전하게 지내기		안전한 상황에서 놀이한다.		놀잇감을 안전하게 사용한다.
			안전한 장소에서 놀이한다.		
			차량 승하차 시 안전 장구를 착용한다.		
	위험한 상황에 반응하기	—	위험하다는 말에 반응을 보인다.	위험하다고 알려 주면 주의한다.	

〈표 5-15〉 만 2세 표준보육과정 기본생활습관 영역 세부내용

내용범주	내용	1수준	2수준
건강하게 생활하기	몸을 깨끗이 하기	스스로 손과 몸 씻기를 시도한다.	
		스스로 이 닦기를 시도한다.	
	바르게 먹기	음식을 골고루 먹는다.	
		도구를 사용하여 스스로 먹는다.	
		정해진 자리에서 먹는다.	
	건강한 일상 생활 하기	일과에 따라 규칙적으로 잠을 잔다.	
		정해진 시간에 알맞게 휴식한다.	
		하루 일과에 즐겁게 참여한다.	
		정해진 곳에서 배변한다.	화장실에서 배변한다.
	질병에 대해 알기	스스로 이 닦기를 시도한다.	
안전하게 생활하기	안전하게 놀이하기	놀이기구나 놀잇감을 안전하게 사용한다.	
		안전한 장소에서 놀이한다.	
	교통안전 알기	교통수단의 위험을 안다.	교통수단의 위험을 알고 조심한다.
	위험한 상황 알기	위험한 상황과 위험한 것을 안다.	위험한 상황과 위험한 것을 알고 조심한다.
		위험한 상황 시 어른의 지시에 따른다.	

'건강하게 생활하기'는 건강한 일상생활과 질병, 안전한 놀이방법 등에 관한 활동을 포함하며, '안전하게 생활하기'는 교통안전과 위험한 상황에 대한 활동을 내용으로 한다. 영아기는 특히 동작활동 중 일어날 수 있는 안전사고에 대한 교사의 주의가 필요하다. 교사는 항상 안전한 환경을 만들고 영아 가까이 자리해 안전한 상황에서 활동이 진행되도록 감독해야 한다. 교사는 영아들이 위험한 상황을 알고 조심하는 태도를 기르도록 하는 것과 관련하여 다음과 같은 동작교육 활동을 계획할 수 있다.

▶ '건강하게 생활하기' 및 '안전하게 생활하기'와 관련된 동작교육 활동의 예
　그림을 보며 손 씻기, 선생님의 도움 받아 이 닦기, 선생님이 보이는 곳에서 놀이하
　기, 위험하다고 말하면 돌아오기, 딱딱하거나 날카로운 물건 알기, 친구가 많으면
　천천히 달리기 등

●●● 유모차에 탈 때 안전벨트 채우기: 차량
승하차 시 안전 장구를 착용한다.

●●● 무릎 보호대를 착용하고 넘어지지 않게
놀이하기: 위험하다고 알려 주면 주의한다.

●●● 나들이용 안전조끼를 입고 나가기: 위
험한 상황 시 어른의 지시에 따른다.

●●● 눈 놀이 전에 안전한 놀이방법에 대해
이야기 나누기: 위험한 상황과 위험한 것을
알고 조심한다.

2) 신체운동 영역과 동작교육

(1) 목 표
① 감각 및 기본 신체운동 능력을 기른다.
② 감각, 신체 조절 및 기본운동 능력을 기른다.

(2) 내 용

기본운동 능력과 기초 체력을 기르기 위한 표준보육과정의 신체운동 영역은 '감각과 신체 인식하기', '신체 조절과 기본운동 하기', '신체 활동에 참여하기'의 3개의 내용범주로 구성되어 있다. 신체운동 영역의 내용범주와 연령별, 수준별 세부내용은 다음과 같다.

〈표 5-16〉 만 0~1세 표준보육과정 신체운동 영역 수준별 세부내용

내용범주	내용	1수준	2수준	3수준	4수준
감각과 신체 인식 하기	감각 자극에 반응하기	시각, 청각, 촉각, 후각, 미각으로 자극을 느낀다.			
		시각, 청각, 촉각, 후각, 미각으로 자극에 반응한다.			
	감각기관으로 탐색하기	감각기관으로 주변 환경을 탐색한다.			
	신체 탐색하기	손과 발 등을 바라보며 탐색한다.	주요 신체 부분의 움직임을 탐색한다.		
신체 조절과 기본운동 하기	신체 균형 잡기	몸의 균형을 잡기 위한 자세를 시도한다.	붙잡고 서 있기 등의 자세를 취한다.	안정되게 서 있기 등의 자세를 시도한다.	
	대근육 조절하기	뒤집기 등 몸을 조절하여 위치를 바꾼다.	누웠다 앉기 등의 몸의 움직임을 조절한다.		
	소근육 조절하기	보이는 물체에 손을 뻗는다.	눈과 손을 협응하여 소근육을 활용해 본다.		
	기본운동 하기	배밀이 등의 이동 운동을 시도한다.	기기, 걷기 등의 이동 운동을 시도한다.	걷기 등의 이동운동을 시도한다.	
		팔다리 뻗기, 흔들기 등의 제자리 운동을 시도한다.		서 있기, 앉기 등의 제자리 운동을 시도한다.	

신체 활동에 참여하기	몸 움직임 즐기기	몸을 활발히 움직인다.	몸의 움직임을 다양하게 시도한다.
	바깥에서 신체 움직이기	규칙적으로 바깥 환경을 경험한다.	규칙적으로 바깥에서 신체 활동을 한다.
	기구를 이용하여 신체 활동 시도하기	—	간단한 기구를 이용하여 신체 활동을 시도한다.

〈표 5-17〉 만 2세 표준보육과정 신체운동 영역 수준별 세부내용

내용범주	내용	1수준	2수준
감각과 신체 인식하기	감각 능력 기르기	다양한 감각의 차이에 반응한다.	
	감각기관 활용하기	감각기관으로 주변 환경을 탐색한다.	
	신체를 인식하고 움직이기	신체 각 부분의 명칭을 안다.	
		신체 각 부분의 움직임을 탐색한다.	
신체 조절과 기본운동 하기	신체 균형 잡기	안정된 자세를 취하려고 시도한다.	
	대근육 조절하기	팔, 다리, 목, 허리 등 부분의 움직임을 조절한다.	
	소근육 조절하기	눈과 손을 협응하여 소근육을 조절해 본다.	
	기본운동 하기	걷기, 계단 오르기 등 이동 운동을 한다.	
		제자리에서 몸을 움직여 본다.	
신체 활동에 참여하기	신체 활동에 참여하기	신체 활동에 자발적으로 참여해 본다.	
	바깥에서 신체 활동 하기	규칙적으로 바깥에서 신체 활동을 한다.	
	기구를 이용하여 신체 활동 하기	간단한 기구를 이용하여 신체 활동을 한다.	

　만 0~1세 영아들이 습득해야 할 가장 중요한 운동 능력은 일어서기와 걷기
다. 이 시기의 영아들은 팔과 다리, 대·소근육을 움직이는 활동을 수없이 반복
하면서 신체 조절 능력을 배워 간다. 걷기가 안정적이 되면 기어오르기, 끌기,
들고 나르기, 던지기와 같은 새로운 움직임을 시도하며 신체 활동을 즐긴다. 이
때 교사는 영아의 월령별 신체운동 발달 정도를 점검하고 움직임을 촉진하도록
동작활동을 계획해야 한다.

　만 2세 영아들의 신체 성장은 매우 빠르게 일어난다. 달리기, 매달리기, 올라

가기, 차기와 같은 운동 능력이 발달하면서 매우 활동적으로 변한다. 힘이 생기고 협응력과 균형감, 조절력이 길러지면서 신체 활동을 통해 유능감과 자존감을 높여 가는 시기다. 따라서 자신의 몸을 조절하는 법을 배우고 자신의 운동 능력에 계속 흥미를 느끼도록 하는 신체 활동 기회를 가능한 한 많이 제공해야 한다. 신체운동 영역과 관련하여 영아를 위해 다음과 같은 동작활동을 계획해 볼 수 있다.

> ▶ '감각과 신체 인식하기', '신체 조절과 기본운동 하기', '신체 활동에 참여하기'와 관련된 동작교육 활동의 예
> 공 던지기와 굴리기, 장난감 또는 유모차 끌기, 계단이나 경사로 기어오르기, 넘어지지 않고 달리기, 강아지처럼 기어 가기, 길 따라 자전거 타기, 공을 던져서 바구니에 넣기, 비행기 날리기, 풍선 치기, 높이 뛰어 물건 잡기, 거미줄에 걸린 곤충이 되어 몸 움직이기, 유니바 넘어가기, 빅 블록을 키보다 높이 쌓기 등

●●● 거미줄에 걸린 곤충이 되어 몸 움직이기: 신체 각 부분의 움직임을 탐색한다.

●●● 뛰어서 당근 잡기: 팔, 다리, 목, 허리 등 부분의 움직임을 조절한다.

●●● 강아지처럼 기어서 잡기 놀이: 신체　　●●● 낙하산에 들어가기: 간단한 기구를 이용
활동에 참여한다.　　　　　　　　　　　　　하여 신체 활동을 한다.

3) 의사소통 영역과 동작교육

(1) 목 표
① 말소리를 구분하고 의사소통의 기초를 마련한다.
② 의사소통 능력의 기초를 기른다.

(2) 내 용
　표준보육과정 의사소통 영역은 '듣기', '말하기', '읽기', '쓰기' 4개의 내
용범주로 구성되며 각 범주는 연속해서 일어나거나 밀접하게 연관된 내용으로
구성되어 있다. 의사소통 영역의 내용범주와 연령별, 수준별 세부내용은 다음
과 같다.

〈표 5-18〉 **표준보육과정 만 0~1세 의사소통 영역 수준별 세부내용**

내용범주	내용	1수준	2수준	3수준	4수준
듣기	주변의 소리와 말소리 구분하여 듣기	여러 가지 소리와 말소리 듣기에 흥미를 보인다.			익숙한 낱말의 발음에 흥미를 보인다.
		익숙한 목소리를 듣고 반응한다.			
		—		높낮이와 세기 등 말소리의 차이에 반응한다.	
	경험과 관련된 말 듣고 알기	눈앞에 보이는 경험과 관련된 말에 반응한다.			
		—	자신의 이름이 불리면 듣고 반응한다		
	운율이 있는 말 듣기	운율이 있는 짧은 말소리를 관심 있게 듣는다.			
말하기	말하는 사람을 보기	말하는 사람의 눈을 마주 바라본다.		말하는 사람의 표정, 몸짓을 관심 있게 본다.	
	발성과 발음으로 소리 내기	여러 가지 소리를 내고, 옹알이를 한다.		여러 말소리를 즐겁게 내 본다.	
				의미 있는 음절을 내 본다.	
		옹알이와 말소리에 대해 말로 반응해 주면 모방하여 소리 낸다.		교사의 말을 모방하여 발음한다.	
	표정, 몸짓, 말소리로 말하기	표정과 소리로 의사표현을 한다.	표정, 몸짓, 소리로 의사표현을 한다.	표정, 몸짓, 말소리로 의사표현을 한다.	
	말할 순서 구별하기	말할 순서에 따라 표정, 몸짓, 말소리로 반응한다.			
읽기	그림책과 환경 인쇄물에 관심 가지기	다양한 감각을 활용하여 책을 탐색해 본다.			
		—		사물과 주변의 익숙한 환경 인쇄물에 관심을 가진다.	
		읽어 주는 짧은 그림책에 관심을 가진다.			
쓰기	끼적이기	—		끼적이기에 관심을 가진다.	

〈표 5-19〉 **표준보육과정 만 2세 의사소통 영역 수준별 세부내용**

내용범주	내용	1수준	2수준
듣기	말소리 구분하여 듣고 의미 알기	익숙한 낱말의 발음에 흥미를 보인다.	익숙한 낱말의 발음에 관심을 가지고 듣는다.
		다양한 말소리의 차이를 구분한다.	
	짧은 문장 듣고 알기	낱말을 듣고 친숙한 사물과 사람을 찾아본다.	일상생활과 관련된 익숙한 낱말을 듣고 뜻을 이해한다.
		익숙한 짧은 문장을 듣고 반응한다.	
	짧은 이야기 듣기	짧은 이야기와 노랫말 등을 즐겁게 듣는다.	
	말하는 사람을 주의 깊게 보기	말하는 사람의 표정, 몸짓, 억양 등을 주의 깊게 보고 듣는다.	
말하기	낱말과 간단한 문장으로 말하기	눈앞에 보이는 친숙한 사물의 이름을 발음해 본다.	익숙한 낱말을 발음해 본다.
		일상생활에서 경험한 새로운 낱말에 관심을 가진다.	
		일상생활의 반복적인 일이나 익숙한 상황을 한두 낱말이나 간단한 문장으로 말해 본다.	
	자신이 원하는 것을 말하기	표정, 몸짓, 말소리로 의사표현을 한다.	
		자신이 원하는 것을 한두 낱말로 말해 본다.	자신이 원하는 것을 낱말이나 짧은 문장으로 말해 본다.
	상대방을 바라보며 말하기	말할 순서에 상대방을 바라보며 말을 주고받는다.	
읽기	그림책과 환경 인쇄물에 흥미 가지기	그림책과 환경 인쇄물에 있는 그림과 내용에 관심을 가진다.	
		친숙한 그림과 환경 인쇄물을 보고 읽는 흉내를 내 본다.	
		선호하는 그림책들을 읽어 주면 집중하여 듣는다.	
쓰기	끼적이며 즐기기	의도적으로 끼적인다.	
		자기 이름 끼적이기에 관심을 가진다.	

표준보육과정의 의사소통 영역은 영아들의 언어적 표현방식뿐 아니라 비언어적 표현 또한 중요한 소통방법으로 여긴다. 영아들은 발달 특성상 원하는 것을 언어적으로 정확히 표현하지 못한다. 대신 자신의 생각이나 감정을 전달하기 위해 생득적으로 가지고 태어난 신체언어와 표정언어를 사용한다. 기쁠 때는 손뼉을 치고 춤을 추며 여기저기 달리고 폴짝폴짝 뛰어오른다. 화가 나면 장난감을 던지고 바닥을 구르고 손과 발을 버둥거리며 자신의 감정을 표현한다. 따라서 이 시기의 교사는 영아들의 언어적인 의사소통뿐 아니라 표정이나 몸짓, 울음과 웃음 같은 비언어적 의사소통에도 주의를 기울이며 그 뜻을 이해하여 영아와 상호작용할 수 있어야 한다. 영아기 의사소통과 관련하여 다음과 같은 동작교육 활동을 계획해 볼 수 있다.

> ▶ '듣기', '말하기', '읽기', '쓰기'와 관련된 동작교육활동의 예
> 자신의 이름이 불리면 선생님께 달려오기, 꼭꼭 숨어라 숨바꼭질하기, 동화책의 이야기를 듣고 동화 속 주인공처럼 움직이기, 선생님의 지시에 따라 몸 움직이기, 동물 소리를 듣고 그 동물이 되기, 〈커다란 곰 한 마리〉, 〈악어떼〉 노래를 들으며 가사에 맞추어 몸 움직이기, 손유희 등

●●● 꼭꼭 숨어라~ 숨바꼭질: 말하는 사람의 표정, 몸짓, 억양 등을 주의 깊게 보고 듣는다.

●●● 동화책의 이야기를 듣고 주인공처럼 움직이기: 그림책과 환경 인쇄물에 있는 그림과 내용에 관심을 가진다.

●●● 앞으로 구르기, 옆으로 돌기 등 교사의 지시를 듣고 움직이기: 일상생활과 관련된 익숙한 낱말을 듣고 뜻을 이해한다.

●●● 하고 싶은 놀이, 함께 수영하고 싶은 친구를 말로 표현하기: 자신이 원하는 것을 낱말이나 짧은 문장으로 말해 본다.

4) 사회관계 영역과 동작교육

(1) 목 표
① 친숙한 사람과 관계를 형성한다.
② 나를 인식하고 다른 사람과 더불어 생활하는 경험을 한다.

(2) 내 용
　영아를 위한 표준보육과정 사회관계 영역은 '나를 알고 존중하기', '나와 다른 사람의 감정 알고 조절하기', '더불어 생활하기'의 3개 내용범주로 구성된다. 동작교육을 통해 사회관계를 교육할 수 있는 내용범주 예시를 제시하였으며, 연령별, 수준별 세부내용은 다음과 같다.

〈표 5-20〉 표준보육과정 만 0~1세 사회관계 영역 수준별 세부내용

내용범주	내용	1수준	2수준	3수준	4수준
나를 알고 존중하기	나를 구별하기	거울 속의 나에게 관심을 가진다.		거울 속의 나를 알아본다.	
	나의 것 인식하기	자기 이름을 부르는 소리에 반응한다.			
		—		친숙한 자기 물건을 안다.	
나와 다른 사람의 감정 알고 조절하기	나의 감정을 나타내기	나의 욕구와 감정을 나타낸다.			
	다른 사람에게 주의 기울이기	다른 사람의 말과 표정, 몸짓에 주의를 기울인다.		다른 사람이 나타내는 여러 가지 감정에 주의를 기울인다.	
	안정적인 애착 형성하기	양육자와 시선을 맞춘다.		양육자에게 적극적으로 관심과 욕구를 표현한다.	
		주변의 친숙한 사람의 얼굴과 목소리를 인식한다.		주변의 친숙한 사람에게 애정을 표현한다.	
더불어 생활하기	또래에 관심 갖기	다른 영아와 함께 지내는 것을 경험한다.			
	자신이 속한 집단 알기	담임교사를 구별한다.		자기 반에서 지내며 안정감을 느낀다.	
	사회적 가치를 알기	—		익숙한 물건의 자리를 안다.	
		만나고 헤어지는 인사를 해 본다.			

〈표 5-21〉 표준보육과정 만 2세 사회관계 영역 수준별 세부내용

내용범주	내용	1수준	2수준
나를 알고 존중하기	나를 구별하기	나와 다른 사람의 모습을 구별한다.	
	좋아하는 것 해 보기	내가 좋아하는 것을 찾아본다.	
		좋아하는 놀이나 놀잇감을 선택해 본다.	스스로 선택한 놀이나 놀잇감을 즐긴다.
나와 다른 사람의 감정 알고 조절하기	나의 감정을 나타내기	구체물을 일대일로 대응해 본다.	
	다른 사람의 감정에 반응하기	다른 사람이 나타내는 여러 가지 감정에 반응을 보인다.	
더불어 생활하기	내 가족 알기	내 가족에게 애정을 표현한다.	내 가족에게 다른 사람과는 구별된 특별한 감정을 갖는다.

더불어 생활하기	또래와 관계하기	또래에게 관심을 보인다.	또래의 모습과 행동을 모방한다.
		또래의 이름을 안다.	또래가 있는 곳에서 놀이를 한다.
	자신이 속한 집단 알기	자신이 속한 반과 교사를 안다.	자신이 속한 반의 활동에 즐겁게 참여한다.
	사회적 가치를 알기	도움을 받아 물건을 정리한다.	스스로 물건을 정리한다.
		자기 순서를 안다.	순서를 기다린다.
		바른 태도로 인사한다.	
		간단한 약속을 지킨다.	

영아를 위한 표준보육과정의 사회관계 영역은 영아 자신의 자아개념 형성, 자신과 타인의 감정 이해하기, 가족과 또래 친구, 자신이 속한 집단 알기 등에 초점을 두고 있다. 영아는 아직 조망 수용 능력을 갖추지 못하여 자기중심적인 시기이며 이러한 자기중심성은 동작활동에서도 나타난다. 예를 들어, 바구니에서 열심히 공을 고른 만 1세 영아들은 공을 던지지 않고 손에 쥐거나 품에 안고 돌아다니며 즐거워한다. 간혹 던진 공을 교사가 받아 주면 화를 내거나 울면서 자기 공을 빼앗아갔다는 듯이 공을 채가 버린다. 이때 교사는 '더불어 생활하기'를 목표로 다음과 같은 동작활동을 계획할 수 있다. 영아들은 동작활동을 통해 교사는 물론 또래들과 더불어 즐겁게 지내는 경험을 하며 사회관계를 발달시킬 수 있을 것이다. 영아의 사회관계 영역과 관련하여 다음과 같은 동작교육 활동을 생각해 볼 수 있다.

> ▶ '나를 알고 존중하기', '나와 다른 사람의 감정 알고 조절하기', '더불어 생활하기'와 관련된 동작교육 활동의 예
> 친구와 함께 선생님이 끌어 주는 낙하산 타기, 자신의 블록 스스로 정리하기, 친구와 함께 동일한 모양과 색의 공 탐색하기, 선생님과 친구에게 공 던지기, 뛰어가서 선생님과 친구 안아 주기, 친구와 손잡고 걸어가기, 친구와 숨바꼭질하기, 친구를 끌차에 태워 주기, 친구가 유니바를 건널 때 기다려 주기 등

●●● 원하는 친구를 낙하산에 태워 주기: 좋아하는 놀이나 놀잇감을 선택해 본다.

●●● 블록 옮겨 정리하기: 스스로 물건을 정리한다.

●●● 친구와 함께 공 모으기: 또래가 있는 곳에서 놀이를 한다.

●●● 동물 모자 쓰고 숨바꼭질: 동작활동 속에서 또래의 모습과 행동을 모방한다.

5) 예술경험 영역과 동작교육

(1) 목 표

① 아름다움에 관심을 가진다.

② 아름다움에 관심을 가지고 예술경험을 즐긴다.

(2) 내용

　표준보육과정의 예술경험 영역은 '아름다움 찾아보기', '예술적 표현하기', '예술 감상하기'의 3개 내용범주로 구성되어 있다. 이 3개의 범주는 영유아의 일상생활에서 자연스럽게 순환하면서 일상과 통합적인 경험이 되도록 구성하는 것이 바람직하다. 예술경험 영역의 내용범주와 연령별, 수준별 세부내용은 다음과 같다.

〈표 5-22〉 만 0~1세 표준보육과정 예술경험 영역 수준별 세부내용

내용범주	내용	1수준	2수준	3수준	4수준
아름다움 찾아보기	예술적 요소에 호기심 가지기	주변의 소리와 움직임에 호기심을 가진다.			
		주변 환경에서 색, 모양에 호기심을 가진다.			
예술적 표현하기	리듬 있는 소리로 반응하기	리듬 있는 소리에 관심을 가진다.		노래를 부분적으로 따라 부른다.	
		리듬과 노래에 소리로 반응한다.		리듬과 음높이에 맞추어 소리를 낸다.	
	움직임으로 반응하기	손발 흔들기와 몸 움직임으로 반응한다.			
		—		간단한 도구를 활용하여 움직인다.	
	단순한 미술 경험하기	—		감각적으로 단순한 미술경험을 한다.	
	모방행동 즐기기	소리나 표정, 몸 움직임 등을 모방한다.		단순한 모방행동을 놀이처럼 즐긴다.	
예술 감상하기	아름다움 경험하기	일상생활에서 반복되는 소리와 노래에 관심을 가진다.		일상생활에서 리듬 있는 소리와 노래를 즐겨 듣는다.	
		일상생활에서 자연이나 사물의 아름다움을 경험한다.			

〈표 5-23〉 만 2세 표준보육과정 예술경험 영역 수준별 세부내용

내용범주	내용	1수준	2수준
아름다움 찾아보기	예술적 요소에 호기심 가지기	주변 환경에서 나는 다양한 소리와 움직임을 탐색한다.	
		주변 환경에서 색, 모양을 탐색한다.	
예술적 표현하기	리듬 있는 소리와 노래로 표현하기	익숙한 노래를 따라 부른다.	
		신체, 사물, 리듬악기 등을 이용하여 간단한 리듬과 소리를 만든다.	

예술적 표현하기	움직임으로 표현하기	노래나 리듬에 맞춰 몸으로 표현한다.	
		간단한 도구를 활용하여 몸으로 표현한다.	
	자발적으로 미술활동 하기	자발적으로 그리기, 만들기를 한다.	
		간단한 도구와 미술재료를 다룬다.	
	모방과 상상놀이 하기	모방행동을 놀이처럼 즐긴다.	일상생활 경험을 상상놀이로 즐긴다.
예술 감상하기	아름다움 즐기기	자연이나 생활의 소리나 움직임, 익숙한 음악과 춤을 관심 있게 듣거나 본다.	
		일상생활에서 자연과 사물의 아름다움에 관심을 가지고 즐긴다.	
		자신과 또래가 표현한 노래, 춤, 미술품 등에 관심을 가지고 즐긴다.	

　　영아들은 음악이 나오면 리듬에 맞추어 몸을 움직이기 시작한다. 또한 동영상에서 본 오리나 산책하면서 본 강아지, 새와 같은 동물 흉내 내기를 즐긴다. 영아기의 동작활동은 대부분 예술경험 영역의 '익숙한 노래 따라 부르기', '다양한 소리와 움직임을 탐색하기', '모방과 상상 놀이' 등과 함께 일상적으로 빈번하게 표현된다. 따라서 교사들은 영아들이 몸으로 표현하는 모든 동작활동에 예술적 요소를 첨가하여 좀 더 확장된 동작활동이나 영아들의 흥미를 유발하는 동작활동을 계획할 수 있다.

> ▶ '아름다움 찾아보기', '예술적 표현하기', '예술 감상하기'와 관련된 동작교육
>   활동의 예
> 악기 두드리며 걸어 다니기, 리본으로 회오리바람 표현하기, 호랑이처럼 움직이기,
> 빠르고 느린 음악에 맞추어 자유롭게 움직이기, 수수깡으로 비를 만들어 하늘에서
> 뿌리며 움직이기, 북을 치며 나비처럼 날기, 손목에 딸랑이를 끼우고 흔들기, 리본
> 테이프를 흔들며 다양한 움직임 즐기기, 익숙한 노래를 흥얼거리며 몸 움직이기 등

●●● 아름다운 리본으로 회오리바람 표현하기: 노래나 리듬에 맞춰 몸으로 표현한다.

●●● 호랑이처럼 움직이기: 단순한 모방행동을 놀이처럼 즐긴다.

●●● 수수깡으로 비를 만들어 하늘에서 뿌리기: 간단한 도구와 미술재료를 다룬다.

●●● 사탕북 치며 걷기: 노래나 리듬에 맞춰 몸으로 표현한다.

6) 자연탐구 영역과 동작교육

(1) 목표

① 보고, 듣고, 만지면서 주변 환경에 관심을 가진다.

② 주변 환경에 호기심을 갖고 탐색하기를 즐긴다.

(2) 내용

표준보육과정 자연탐구 영역의 내용범주는 '탐구하는 태도 기르기', '수학적 탐구하기', '과학적 탐구하기'의 3개 내용범주로 구성된다. 자연탐구 영역의 하위범주 내용과 연령별, 수준별 세부내용은 다음과 같다.

〈표 5-24〉 표준보육과정 만 0~1세 자연탐구 영역 수준별 세부내용

내용범주	내용	1수준	2수준	3수준	4수준
탐구하는 태도 기르기	사물에 관심 가지기	—	주변 사물에 관심을 가진다.		
	탐색 시도하기	나와 주변 사물을 감각으로 탐색한다.	주변의 사물에 대해 의도적인 탐색을 시도한다.		
수학적 탐구하기	수량 지각하기	—	있고 없는 상황을 지각한다.	'있다'와 '없다'를 구별한다.	'한 개'와 '여러 개'를 구별한다.
	주변 공간 탐색하기	—	도움을 받아 주변의 공간을 탐색한다.		
			주변 사물의 모양을 지각한다.		
	차이를 지각하기	—	주변 사물의 차이를 지각한다.		
	간단한 규칙성 지각하기	—	일상과 놀이에서 간단한 규칙성을 경험한다.		
과학적 탐구하기	물체와 물질 탐색하기	일상생활 주변의 몇 가지 익숙한 것들을 양육자와 함께 탐색한다.			
	주변 동식물에 관심 가지기	—	주변 동식물의 모양, 소리, 움직임에 관심을 가진다.		
	주변 자연에 관심 가지기	—	생활 주변의 자연물을 감각으로 느껴 본다.		
		—	바람, 햇빛, 비 등을 감각적으로 느낀다.		
	생활도구 탐색하기	—	도움을 받아 생활도구를 탐색한다.		

〈표 5-25〉 **표준보육과정 만 2세 자연탐구 영역 수준별 세부내용**

내용범주	내용	1수준	2수준
탐구하는 태도 기르기	호기심 가지기	주변 사물과 자연 세계에 호기심을 가진다.	
	반복적 탐색 즐기기	관심 있는 사물을 반복하여 주도적으로 탐색하기를 즐긴다.	
수학적 탐구하기	수량 인식하기	많고 적음을 구별한다.	
		두 개가량의 수 이름을 말해 본다.	세 개가량의 구체물을 말하며 세어 본다.
		구체물을 일대일로 대응해 본다.	
	공간과 도형에 관심 가지기	나를 중심으로 익숙한 위치, 장소를 인식한다.	
		주변 사물의 모양에 관심을 가진다.	
	차이에 관심 가지기	주변 사물의 크기(속성의 차이)에 관심을 가진다.	
	단순한 규칙성에 관심 가지기	주변에서 단순하게 반복되는 규칙성에 관심을 가진다.	
	구분하기	주변 사물의 같고 다름에 따라 구분한다.	
과학적 탐구하기	물체와 물질 탐색하기	익숙한 물체와 물질을 능동적으로 탐색한다.	
	주변 동식물에 관심 가지기	주변 동식물의 모양, 소리, 움직임에 관심을 가진다.	
	자연을 탐색하기	돌, 물, 모래 등의 자연물을 탐색한다.	
		날씨를 감각으로 느낀다.	
	생활도구 사용하기	생활 속에서 간단한 도구에 관심을 가진다.	
		간단한 도구를 사용한다.	

　표준보육과정의 자연탐구 영역은 영아들의 수·과학적 탐구의 기본이 되는 요소들을 경험하는 데 초점을 둔다. 특히 이 시기에는 주변 사물과 자연환경에 대한 영아들의 호기심과 탐색 욕구가 잘 발달하도록 돕는 것이 중요하다. 대부분의 영아들은 타고난 탐구자여서 걸어 다니며 만나는 모든 것을 보고 만지려 한다. 기기, 걷기, 뛰기와 같은 기본 동작활동은 영아들을 새로운 세계로 데려다주며 본능적인 탐색의 세계를 넓혀 준다. 영아는 사물 탐색을 위해 팔을 뻗고

무거운 것을 나르고 움직이는 것을 따라다니며 신체 조절력과 협응력, 창의적 표현력을 발달시켜 간다. 또한 탐색활동은 동작활동만큼이나 영아들에게 즐거움을 준다. 이 영역과 관련하여 교사들은 다음과 같은 동작교육 활동들을 준비할 수 있다.

> ▶ '탐구하는 태도 기르기', '수학적 탐구하기', '과학적 탐구하기'와 관련된 동작 교육 활동의 예
>
> 돌을 모아 강아지 밥 만들기, 모래 많이 모으기, 자주 가는 산책 장소 길 찾기, 신호등 표지판의 색깔 구별하기, 매미처럼 나무에 붙어 있기, 개미처럼 줄지어 기어 가기, 민들레 씨처럼 불면 날아가기, 비 냄새 맡으며 걷기, 낙엽 또는 모래를 봉지에 담아 나르기, 눈길 걷기, 돌멩이 모으기, 가을에 떨어진 낙엽 줍기 등

●●● 돌을 모아 강아지 밥 만들기: 주변 사물과 자연 세계에 호기심을 가진다.

●●● 모래 많이 모으기: 많고 적음을 구별한다.

●●● 자주 가는 산책 장소 길 찾기: 나를 중심으로 익숙한 위치, 장소를 인식한다.

●●● 신호등 표지판 색깔 구분하기: 주변 사물의 같고 다름에 따라 구분한다.

연습문제

1. 유아 동작교육 목표에서 '동작을 위한 목표'와 '동작을 통한 목표'의 개념을 각각 기술해 보세요.

2. 동작교육이 의사소통, 사회관계, 자연탐구 영역의 목표와 어떤 연관성이 있는지 자신의 생각을 정리해 이야기해 보세요.

3. 만 2세 영아를 대상으로 사회관계를 발달시킬 수 있는 동작활동을 계획해 보세요.

4. 몸 움직임에 초점을 둔 예술탐구 영역의 동작활동을 하나 계획하고 만 0~1세, 만 3세, 만 5세에서 연령별로 적용해 보세요.

제6장

동작교육의 교수-학습방법 및
교사의 역할

새작을 위해 답께 생각하기

교실에서 만 3세 유아들이 함께 줄을 지어 기차놀이를 하고 있습니다. 아이들은 앞 친구의 허리와 어깨에 손을 올리고 줄을 지어 갑니다. 그런데 5분이 지나도록 아이들은 같은 동작을 반복하고 같은 노선을 오갑니다. 몇몇 아이는 서서히 지루해하는 것 같기도 합니다. 이 모습을 지켜보던 교사는 아이들의 기차놀이에 무언가 새로운 활력이 필요하다고 생각합니다. 교사는 아이들의 움직임과 동선을 다채롭게 할 만한 것이 무엇인지 고민하기 시작합니다. 이 교사는 어떻게 했을까요? 어떤 도움이 아이들의 기차놀이에 새로운 활력을 불어 넣고 기차놀이에서 아이들의 움직임을 더욱 다양하게 하는 데 도움이 될까요?

1. 동작교육 교수방법

교육이란 가르침과 배움의 상호작용 속에서 일어나는 일이다. 영유아 동작교육 또한 교사들의 가르침(teaching), 즉 교수활동과 아이들의 배움(learning)이 상호작용함으로써 이루어진다. 이 둘은 교육의 기본 요체가 되므로 그 경중을 따질 수 없으나 이 중에 더 근원적인 것을 꼽으라고 한다면 그것은 학습자의 배움이다. 사실 아이들은 가르치는 사람 없이도 배울 수는 있으나, 교사의 가르침은 배우는 이가 없다면 의미가 없는 일이다. 이러한 맥락에서 최근 교육자들의 관심은 교수자 중심의 교수방법론에서부터 학습자에게로 전환되어 가고 있다 (김은심, 2011). 따라서 유아 동작교육에서 교사는 "무엇이 가장 좋은 교수방법인가?" 하는 문제를 항상 학습자인 아이들의 관점에서 살필 필요가 있다. 즉, "이 아이들에게 이 주제는 어떻게 가르쳐야 가장 적합할 것인가?"를 고민하는 것이다. 여기에서는 이와 같은 동작교육의 교수방법에 대한 세 가지 관점의 접근법을 살펴보고, 동작교육 활동에서 이러한 교수방식이 어떻게 구체화되는지 생각해 볼 것이다.

1) 직접적인 교사 주도적 접근

동작교육 활동에서 '직접적인 교사 주도적 접근'은 영유아가 특정 신체 동작을 익히도록 혹은 지시에 따라 특정한 동작을 하도록 교사가 영유아에게 동작을 직접적으로 지시하는 방식이다. 이러한 교사 주도적 지시는 특정한 정지 자

〈표 6-1〉 동작교육 활동에서의 주요한 교수방식

주요 교수 방식	하위 유형	주요 특징
직접적 교수방식	직접적인 교사 주도적 접근	교사 중심 과제 제시
간접적 교수방식	발견적인 교사 안내적 접근	수렴적인 문제 해결
	탐색적인 유아 주도적 접근	확산적인 문제 해결

세, 구르기, 달리기와 같은 이동 동작, 발레의 특정 스텝, 던지기, 차기, 받기, 특정 동물의 특정한 모습과 상태 및 특정 사물의 특정 모습을 모방하기 등을 포함한다. 이 접근에서 교사는 아이들에게 정해진 동작에 대한 정확한 수행을 요구하기 때문에 아이들의 동작 전에 교사가 시연하여 시범을 보이는 것이 일반적인 방식이다. 이러한 접근에서는 교사가 아이들이 언제, 무엇을, 어떻게 배우고 익힐 것인가에 대한 대부분을 결정한다(Gallahue & Donnelly, 2003).

　　어떤 신체 활동의 영역에서는 이러한 직접적인 접근(direct approach)이 더 적절하기도 하다. 체조 기술이나 발레, 각종 스포츠의 기본 동작 등이 그 대표적인 예다. 발레는 정확한 스텝과 기본 동작이 기초가 되어 신체의 움직임을 통해 아름다움을 표현하는 것이다. 발레와 같은 동작활동의 영역에서는 발견적인 혹은 탐색적인 접근방식은 불가능하지는 않을지라도 비효율적으로 매우 많은 시간이 걸릴 것이다. 이러한 맥락에서 피카(Pica, 2010)는 '시연과 같은 지시적 교수방식은 발레를 가르치는 유일한 교수법'이라고 하였다. 그러나 발레는 자신의 내적 정서를 신체로 섬세하게 표현하는 예술이므로 매우 창의적인 신체 표현 활동이다. 따라서 창의적인 표현을 위해 아동이 스스로 적절한 신체의 움직임을 발견하고 자신의 다양한 정서를 표현하는 움직임을 탐색하는 방식은 여전히 중요하다. 지시적인 교수방식으로 기본적인 동작들을 익힌 뒤에는 발견적이며 탐색적인 방식으로 아이들이 자신의 움직임을 조절하며 발레의 기본 동작을 응용하거나 색다르게 표현할 수 있을 것이다.

　　발레와 같은 스텝뿐만 아니라 특정 동작을 시연하여 시범을 보이는 교사 지시적인 방식이 더 적절한 동작활동은 매우 다양하다. 교사들은 아이들과 함께 낮은 뜀틀을 건널 때, 빌리보 팝 안에 앉을 때, 유니바를 건널 때, 야구를 위해 플라스틱 배트를 쥘 때, 공을 발로 찰 때, 공을 받을 때, 호랑이와 토끼의 뛰는 모습을 모방할 때, 가위의 모습을 몸으로 표현할 때 자신이 먼저 아이들 앞에서 시연함으로써 해당 활동에서 목표하는 특정 동작의 모범을 보인다. 이러한 교사 주도적인 지시적 교수의 목표는 아이들이 특정한 같은 동작을 하면서 일치와 균일성을 배우는 것이다(Mosston & Ashworth, 1990). 아이들은 친구들과 같은 동작을 하면서 집단에 대한 소속감과 일치감을 느낄 수 있고, 똑같은 움직임을

●●● 영아의 교사 지시 따라 하기는 신체의 협응 능력 발달에 도움이 된다.

통해 균일성도 익힐 수 있다(이희자 외, 2013). 또한 영유아가 교사가 지시하는 특정 동작("손뼉을 두 번 치세요.")을 수행하는 것은 신체 간의 협응을 도울 뿐 아니라 인지발달과 사회성 발달에도 영향을 미치며 그 수준을 파악할 수 있는 척도가 되기도 한다.

　교사 주도적인 지시적 접근의 교수방식의 활동이라고 해서 교사가 강제적으로 아이들을 참여시키거나 무섭게 지도할 필요는 없다. 흔히, 지시 교수를 자유가 없는 억압적인 교수와 곧잘 연결시키는데, 지시적 접근의 교수방식으로 동작활동을 진행한다고 해서 아이들의 자유를 박탈하거나 두려움을 조장해서는 안 된다. 아이들(특히 영아는 더욱)은 교사가 제시하는 특정한 동작을 하지 않을 자유가 있고, 그 동작을 자신이 원하는 대로 변형해 볼 자유도 있으며, 그 활동에 즐겁게 참여할 권리가 있다. 따라서 교사는 지시적인 교사 주도적 접근 방식의 동작활동에서도 아이들에게 자유의 여지를 남겨야 하며 어떻게 아이들이 이 활동에 즐겁게 참여할 수 있을 것인가를 고민해야 한다. 어떤 교수방식도 단 하나의 정답이 될 수 없고 모든 교수방식은 장점과 단점이 있다. 동작활동에서의 직접적인 교사 주도적 접근의 장점과 단점은 〈표 6-2〉와 같이 생각해 볼 수 있다.

〈표 6-2〉 직접적인 교사 주도적 접근 방식의 장단점

장점	• 영유아의 동작 수행 결과를 즉각적으로 알 수 있다. • 영유아의 동작 수준을 즉각적으로 평가할 수 있다. • 교육활동 시간을 효율적으로 사용할 수 있다. • 유아들이 균일한 동작을 만들 수 있다. • 특정 동작을 정확하게 익힐 수 있다. • 유아들에게 지시를 따르는 경험이 될 수 있다. • 어렵거나 이해가 되지 않는 특정 동작을 파악하고 연습해 볼 수 있다.
단점	• 영유아가 동작에 대한 상상력과 창의력을 발휘할 기회가 적다. • 영유아의 신체적 발달 능력이 개별적으로 고려되지 않는다. • 과정보다는 결과에 초점을 두기 쉽다. • 아동의 개별적인 신체 능력을 파악하기 어렵다. • 아동의 동작에 대한 개별적인 호기심을 충족시키기 어렵다. • 영아에게는 지시적인 접근이 불가능할 수 있다. • 교사의 교수방식이 아이들에게 활동에 대한 강제를 조장할 위험이 있다.

2) 발견적인 교사 안내적 접근

동작교육 활동에서 발견적인 교사 안내적 접근은 교사가 특정한 교육적 목표와 자신이 초점을 두고 있는 특정 동작의 답을 영유아들이 스스로 발견하도록 교사가 안내하고 이끄는 방식이다. 즉, 답이 정해져 있지 않고 모든 것에 열려 있는 방식의 탐색적 접근과는 달리, 이 발견적인 교사 안내 접근 방식에는 교사가 지향하는 답이 있다. 그리고 그것을 교사가 직접적인 방식으로 제시하거나 알려 주지 않고 아이들이 스스로 찾을 수 있도록 돕는 방식이다. 이것은 학습자가 스스로 문제를 해결해 나가도록 요구한다는 측면에서 앞의 직접적인 교수방식과 대조된다. 이러한 맥락에서 발견적인 안내적 접근 방식은 탐색적인 방식과 함께 간접적 교수법(indirect styles)이라고 볼 수 있다. 그러나 발견적인 교사 안내적 접근 방식은 교사가 초점을 두는 목표와 답이 있고 이것을 아이들이 찾아 나가는 방식이라는 측면에서 수렴적인 성격을 띠고, 탐색적인 유아 주도적 접근은 일정한 답이 정해지지 않았다는 의미에서 확산적인 성격이 있다.

발견적인 교사 안내적 접근은 영아와 나이 어린 유아에게 더욱 적절하다.

발견적인 교사 안내적 접근 방식으로 동작활동을 진행할 때, 교사는 특정한 구체적인 과제와 개념, 동작을 미리 상정한다. 그러나 교사가 먼저 시연하여 보여 주거나 답을 제시하지 않고, 아이들이 충분히 시도하고 탐색하면서 답을 발견하도록 해야 한다. 발견적인 교사 안내적 접근에서 가장 중요한 점은 교사가 절대 답을 바로 제공해서는 안 된다는 점이다. 시작부터 답이 주어진다면 더 이상 아이들이 답을 찾을 필요도 없고, 발견할 것도 없다. 아이들이 답을 제공받는 경험을 계속하면 답을 찾아가는 데 흥미를 잃을 것이다. 교육활동을 할 때 아이들이 만약 답을 찾지 못한다 할지라도 그레이엄(2005)의 지적처럼 "궁금함과 호기심은 정신과정에 가치가 있기" 때문에 답을 찾지 못하고 활동이 끝나더라도 해가 될 것은 없다. 아이들이 흥미를 가지고 자발적으로 답을 찾아 노력한 그 과정 자체가 충분한 교육적 경험이 된다.

이러한 교수방식에서 아이들이 스스로 답을 발견하도록 돕는 교사의 가장 중요한 방식은 질문과 언어화다. 교사는 아이들에게 자신의 동작을 되돌아보고, 사고를 촉진할 수 있는 좋은 질문들을 풍부하게 던짐으로써 아이들이 답을 발견하도록 도울 수 있다. 이때 답을 유도하는 단답형의 질문보다는 다른 방식을 생각해 보도록 자극하는 열린 질문이 좋다. "그렇게 하려면 오른쪽으로 가야 하지 않을까?"보다는(그리고 사실 이것은 질문이 아니다. 성인들이 아이들에게 하는 많은 질문이 이와 같이 질문의 형식만을 취한 채 사실 답을 설명하는 경우가 많다) "방향을 바꾸려면 또 어떻게 가야 할까?"와 같은 방식이 좋다. 또한 아이들이 방금 시도한 동작과 답을 찾기 위한 노력들을 교사가 구체적이며 적절한 언어로 다시 언급해 주는 것은 아이들의 활동을 촉진하는 계기가 되기도 한다. 발견적인 교사 안내적 접근 방식에서 아이들이 답을 찾도록 도울 수 있는 질문의 예는 다음과 같다.

- "원을 더 크게 만들려면 우리가 어떻게 움직여야 할까?"
- "우리 친구 둘이서 네모가 되려면 몸을 어떻게 하면 될까?"
- "그렇다면 토끼는 무서울 때는 어떻게 뛰어갈까?"

●●● 함께 공을 굴릴 방법을 찾고 있는 영아들

- "방향을 다르게 해서 걸으려면 어떻게 해야 할까?"
- "더 빨리/천천히 뛰어가면 어떻게 될까?"
- "코끼리가 공을 치려면 코로 하는 것 말고 다른 방법은 없을까?"

발견적인 교사 안내적 접근 방식으로 영유아의 동작활동을 진행하고자 할 때 교사는 다음과 같은 사항들을 고려해야 한다.

- 아이들이 답을 찾는 시간이 아무리 오래 걸리더라도 교사는 절대 답을 제공하지 않는다.
- 활동으로 제시하는 과제는 아이들이 해결할 수 있는 적절한 수준이어야 한다.
- 아이들의 모든 움직임과 답을 찾는 시도에 대해 수용적으로 반응한다.
- 아이들이 답을 발견하도록 돕는 풍부한 언어화를 한다.
- 아이들이 답을 발견하도록 사고를 촉진하는 질문을 풍부하게 한다.
- (자신이 상정한) 답을 찾지 못하더라도 초조해하지 않는다.

3) 탐색적인 유아 주도적 접근

유아가 주도하는 탐색법(exploration)은 일정하게 답이 정해지지 않은 과제에서 유아가 다양한 방법을 통해 가능한 것을 탐색해 가는 방식이다. 앞에서 살펴본 발견적인 교사 안내적 접근이 일정한 답을 발견하기 위한 과정이라는 맥락에서 수렴적이라면 탐색적인 유아 주도적 접근은 답이 정해져 있지 않고 모든 가능성에 대해 열려 있다는 의미에서 발산적 혹은 확산적인 성격이다. 이 때문에 탐색적인 방식은 영유아의 발달에 적합하며, 영유아 동작활동을 비롯한 모든 교육활동에서 가장 일반적으로 볼 수 있는 교수방식이다.

탐색적인 접근 방식은 답이 정해져 있지 않기 때문에 아이들의 다양한 시도와 아이들이 방법을 찾아가는 과정 자체를 중요시한다. 따라서 이러한 접근의 교수방식에서는 유아가 활동을 주도하게 된다. 해당 과제를 해결하기 위해 어떻게, 무엇을 할 것인지가 중요하며 과제를 어떻게 표현할 것인지에 대한 유아의 아이디어가 활동을 결정하게 된다. "우리 몸으로 애벌레를 만들려면 어떻게 해야 할까?"와 같은 과정에서 정해진 정답은 없다. 여기에 대해 아이들이 주도적으로 애벌레를 표현할 수 있는 수많은 방법을 탐색해 나가는 것이다. 20명의

●●● 기뻐하는 마음을 온몸으로 표현하기

아이가 각각 20개의 애벌레를 표현할 수도 있고, 모두 모여 하나의 애벌레를 만들 수도 있으며, 함께 만드는 애벌레의 모습도 그 수를 헤아릴 수 없이 다양할 것이다.

동작활동에서 탐색적인 유아 주도적 접근 방식으로 활동을 진행할 때 교사는 아이들의 탐색을 확장하기 위한 노력에 가장 초점을 두어야 한다. 과제는 설정하되 답을 상정해서는 안 되며, 답이 있는 것처럼 혹은 답을 유도하는 방식으로 접근해서는 안 된다. 교사는 유아들의 모든 시도를 긍정적으로 수용해야 하며 모든 가능성에 대해 열려 있어야 한다. 벌레를 먹는 동작을 표현하는 유아에게 "벌레는 먹는 게 아니잖아요."와 같은 반응을 보이는 교사는 이미 탐색적인 방식으로 반응하는 것이 아니다. 교사가 매우 다양한 열린 질문을 하며 아이들의 탐색을 계속해서 확장해 나가야 한다. 탐색적인 방식에서 교사가 하는 질문은 답을 상정하는 것이어서는 안 된다. 교사는 진정으로 아이들의 생각을 알고 싶은 마음으로, 아이들이 어떠한 동작을 할 것인지 궁금해하며 물어야 한다. 이러한 맥락에서 탐색적인 방식에서 교사의 질문은 해석학적 질문과 가깝다(전가일, 2013; Smith, 1987).

이 교수방식에서 교사의 열린 태도와 창의성, 인내심 그리고 열린 질문을 하는 능력은 활동을 성공적으로 진행하는 데 매우 중요한 요인이다. 바로 이 점이 탐색적인 방식의 단점이기도 하다. 초보 교사들에게 아이들의 모든 반응을 수용하고 아이들의 시도를 끝까지 기다리는 인내심과 열린 태도는 매우 어려운 일이다.

앞에서 살펴본 간접적인 교수법 두 가지의 장단점을 정리해 보면 〈표 6-3〉과 같다.

〈표 6-3〉 **간접적 교수방식의 장단점**

장점	• 영유아가 상상력을 발휘하고 창의성을 키울 수 있다. • 아이들이 스스로 답을 찾아가며 자기 주도적 배움의 기회를 얻는다. • 학습에 대한 자기 책임감을 키울 수 있다. • 아이들의 모든 시도와 반응이 수용될 수 있다. • 아이들의 개별적인 특성이 잘 드러나고 수용될 수 있다. • 타인의 다양한 생각과 표현을 경험할 수 있다. • 모든 아이의 참여를 격려하기가 쉽다. • 아이들의 정서적 안정과 자존감을 키울 수 있다. • 아이들의 자발성, 독립성을 키울 수 있다.
단점	• 직접적 교수방식보다 많은 시간이 필요하다. • 교사의 인내와 열린 태도, 열린 질문과 같은 노련함이 필요하다. • 교사의 노련함에 따라 활동의 질에 현격한 차이가 있을 수 있다. • 필요한 특정 동작을 익히기에는 비효율적이다. • 즉각적인 결과나 평가가 어렵다.

2. 동작교육 활동에서 교사의 역할

1) 동작활동에서 교사의 역할

(1) 환경 제공

다른 모든 교육활동과 마찬가지로 동작교육 활동에서 교사의 가장 중요한 역할은 영유아들이 자유롭고 즐겁게 동작활동에 참여할 환경을 제공하는 것이다. 교사가 아이들에게 제공해야 할 환경이란 단지 교실과 실외 공간 같은 물리적 환경만이 아니다. 교사는 영유아가 안전하게 신체 움직임을 할 수 있는 물리적 공간 외에도 아이들의 동작활동을 더욱 확장시킬 수 있는 다양한 매체를 준비해야 한다. 더불어 교사는 영유아가 자신의 생각과 정서를 자유롭게 표현할 수 있도록 따뜻하고 개방적인 교실 분위기와 같은 정서적 환경을 제공해야 한다.

교사는 진행될 동작교육 활동의 내용과 성격을 고려하여 교실, 실내 놀이실,

실외 놀이터, 그 밖의 실외에서 진행할 수 있도록 준비할 수 있다. 이때 교사에게는 구조적으로 이미 주어진 물리적 공간의 한계 속에서도 진행될 활동을 통해 아이들의 신체 움직임의 잠재력이 최대한 발휘되게 할 수 있는 공간을 선택하는 안목이 필요하다. 몇몇 동작활동은 실내에서보다 실외에서 더 다양한 표현이 가능하거나 성격상 실내에서는 불가능한 것들도 있다. 같은 활동이라 할지라도 그 활동을 진행하는 공간이 어디인가에 따라 교육활동에서 아이들의 체험과 실제 활동 모습은 매우 달라진다. 반대로 어떤 신체 움직임은 사방이 트인 실외보다는 조용하고 막힌 공간이 필요하기도 하다.

　이러한 물리적 공간뿐 아니라 교사가 영유아의 신체 움직임을 확장할 수 있는 다양한 신체 놀잇감과 매체를 제공하는 것도 중요하다. 아이들의 신체 움직임에 도움이 되는 것은 외형적으로 신체 활동을 위해 고안된 놀잇감과 매체 뿐 아니라 자연물, 역할놀이 장난감, 미술활동 재료들, 생활도구 등 제한 없이 다양하다. 어떤 매체가 아이들의 동작활동에 도움이 되는가 하는 것은 그 매체의 구조에 달려 있기보다 교사가 아이들이 동작활동에 쓸 수 있도록 그것을 어떻게 활용하느냐에 달려 있다. 따라서 교사는 영유아의 동작활동에 도움이 되는

●●● 아이들의 움직임을 돕는 커다란 낙하선 천

매체에 대해 고정관점을 버리고 다른 시각으로 매체를 보고 그 쓰임새를 다양화할 필요가 있다. 스카프, 다양한 색감의 천, 나뭇잎, 바람개비, 리본 끈, 재활용 상자, 페트 병 등과 같은 매체들은 아이들의 신체 움직임에 더 다양한 이야기와 상상력을 부여하는 좋은 매체들이다.

또한 교사는 아이들이 자신의 신체에 자신감을 갖고 움직임 활동에 참여하며 자신의 생각과 느낌을 거리낌 없이 표현하도록 열린 교실 분위기를 제공할 필요가 있다. 이러한 열린 분위기는 아이들이 교사들에게 인격적으로 존중받고 환대받으며 사랑받고 있다고 느낄 때 가능하다. 즉, 교사가 아이들을 수용하는 따뜻한 정서적 환경이 열린 교실 분위기의 기초가 된다. 이에 관해서는 뒤에서 다시 살펴보기로 한다.

(2) 활동의 계획

동작교육 활동에서 교사의 또 다른 중요한 역할은 동작활동을 계획하는 것이다. 교사는 아이들의 신체발달을 돕는 특정한 신체 동작을 익히게 하는 교사지시적인 동작활동을 계획할 수도 있고, 아이들이 음악에 맞추어 자유롭게 자신의 느낌을 몸으로 표현하는 영유아 주도적인 동작활동을 계획할 수도 있다. 혹은 특정한 교육적 목표가 있으면서도 아이들에게 직접적으로 제시하기보다는 아이들이 스스로 방법을 발견하도록 유도하는 유아 발견적인 동작활동을 계획할 수도 있다. 어떤 교수방식의 동작활동이든지 그 활동 자체로 긍정적이거나 부정적이기보다는 교사의 교육적 목표와 활동 내용에 적합한 방식을 선택하는 것이 중요하다. 그러므로 교사는 활동을 하는 맥락을 잘 파악하여 계획할 필요가 있다.

동작활동을 계획할 때는 제일 먼저 활동의 교육목표를 신중하게 고려해야 한다. 모든 영역의 활동계획에서와 마찬가지로 동작활동에서도 교사의 교육목표는 활동의 방향과 내용, 매체, 방식을 결정하는 기초가 된다. 같은 내용과 매체를 활용한 활동이라 할지라도 교사가 어떠한 부분에 초점을 두느냐에 따라, 즉 교사의 교육적 목표에 따라 활동방식과 교수방법이 달라진다. 따라서 교사는 먼저 이 동작활동을 통해 아이들이 어떤 배움과 성장을 경험하길 원하는지 그 교육적 목표를 먼저 잘 설정해야 한다. 그리고 이 목표에 따라 적절한 매체, 내용, 교수방식을 선택하면 된다.

동작활동의 계획자로서 교사는 평상시에 영유아를 잘 관찰해야 한다. 교사는 아이들에게 도움이 되는 동작과 활동의 리스트들을 가지고 있을 필요가 있다. 그러나 더 중요한 것은 아이들의 일상과 놀이, 교육활동 참여를 잘 관찰하여 아이들의 기본적인 발달 상태와 흥미, 선호 등을 파악하고 아이들의 바람을 이해하는 것이다. 이것은 아동 중심의 교육활동을 만드는 기본적인 과정이다. 교사는 동작활동을 구성할 때 교사의 관점에서 꼭 필요하고 중요한 활동을 먼저 제시하는 것뿐 아니라 아이들을 잘 관찰하고 이해하여 아이들의 관점에서 즐겁고 흥미로운 활동을 계획할 수도 있다. 이렇게 교사 주도적인 부분과 아동 중심적인 부분이 잘 조화를 이루어 나갈 때 교사는 동작교육 활동을 더욱 다채롭고 풍부하게 계획할 수 있게 된다.

(3) 동작활동의 참여

교사는 동작활동을 계획하고 활동을 안내(혹은 지시)할 뿐 아니라 아이들과 함께 신체를 움직이는 활동의 참여자다. 간혹, 동작활동을 할 때 자신은 움직이지 않은 채 아이들에게만 움직임을 설명하며 요구하는 교사들이 있다. 이런 경우 활동에 대한 아이들의 이해, 흥미와 참여 정도는 교사가 직접 활동에 활발하게 참여하는 경우보다 훨씬 떨어진다. 따라서 교사는 활동을 계획하고 아이들에게 설명하는 것뿐 아니라 자신이 먼저 적극적인 움직임을 통해 동작의 모델이 되어 주기도 하고, 즐거운 움직임 활동을 함께하는 친구가 되어 줄 수도 있다. 아이들은 자신들에게 말로 지시와 설명만 하는 교사들보다는 자신들과 함께 기고, 뒹굴고, 동물의 표정을 흉내 내는 교사와 함께 움직이는 것을 훨씬 즐거워한다.

동작활동에서 교사의 참여 여부는 그 활동의 성격과 교수방식에 따라 달라진다. 특정한 신체 움직임을 익히기 위한 지시적 동작활동에서는 교사가 아이들에게 정확하고 구체적인 동작의 모델을 보여 주는 것이 중요하다. 이때에는 지향하는 동작의 모델을 먼저 보여 주는 방식으로 참여하게 된다. 그러나 이때에도 교사는 아이들에게 강제적이거나 억지로 동작을 요구하여 두려움을 일으키는 방식으로 모델을 보여 주는 것이 아니라 말로는 이해하기 어려운 동작의 모델을 보여 주는 친절한 안내자가 되어야 한다.

자신의 생각과 느낌을 자유롭게 표현하는 창의적인 동작활동에 교사가 참여할 때는 최대한 아이들의 관점을 이해하고 아이들과 동등한 친구와 같은 입장에서 접근하는 것이 좋다. 창의적인 신체 표현 활동은 아이들의 자발적인 참여와 다양하고 적극적인 신체의 움직임이 중요한 활동이며, 이를 가능하게 하는 것은 교사와 영유아의 신뢰 관계와 열린 분위기다. 따라서 교사는 창의적인 동작 표현 활동에 참여하는 경우 아이들에게 특정 신체의 움직임을 지시적으로 지도하고 모델을 보여 주기보다 아이들이 자신의 신체 움직임을 다양하게 탐색하고 자신의 생각과 느낌을 신체의 움직임을 통해 표현하도록 수용적인 분위기로 격려할 필요가 있다. 이뿐 아니라 아이들과 같은 입장에서 아이들과 함께 창의적이고 다채로운 신체 표현을 할 수 있기 위해서 교사는 자신이 먼저 두려워하거나 쑥스러워하지 말고 자신의 신체 움직임에 마음을 열어야 한다.

(4) 안전을 위한 규칙 설정

영유아의 동작활동은 활발한 움직임과 대근육의 사용으로 종종 안전사고에 노출될 위험성이 있다. 특히 유아기 남자아이들은 대근육 움직임이 활발하고 속도와 힘이 발달하여 유아들끼리의 충돌 시 부상을 입을 수도 있다. 따라서 교사는 동작교육 활동을 할 때 아이들에게 안전한 활동 진행을 위한 몇 가지 규칙을 제안할 필요가 있다. 다음과 같은 점들은 안전한 동작교육 활동 참여를 위해 영유아가 지켜야 할 부분들이다.

〈안전한 활동을 위한 ○○반 약속〉
- 선생님의 말씀에 귀를 잘 기울여요.
- 차례를 기다려야 할 때 앞 친구를 밀지 않아요.
- 게임할 때는 먼저 뛰어 나가지 않고 내 순서를 잘 지켜요.
- 달리기를 할 때는 선생님의 설명을 잘 듣고 내 순서를 잘 지켜요.

- 다른 친구들의 움직임을 잘 살펴보아요.
- 활동시간의 재료들을 친구들에게(특히, 얼굴) 던지지 않아요.
- 모둠끼리 모여서 활동할 때는 너무 몰려 있지 않고 옆 친구와 떨어져서 서요.

　이러한 규칙들은 교사가 일방적으로 결정하여 전달하기보다 아이들과 함께 하는 이야기 나누기를 통해 반 구성원 전체의 약속으로 결정하면 아이들이 더 적극적으로 안전 규칙을 잘 준수할 수 있다. 대부분 학기 초에 반의 규칙들을 정 하므로 이때 (동작)교육활동에 참여할 때의 안전 약속도 함께 정해 두는 것이 좋 다. 동작활동을 하기 전에 아이들과 함께 동작활동을 하면서 위험한 행동들은 무엇이며, 위험한 행동들을 하면 어떻게 되는지에 대해 이야기를 나누고 그러 한 위험한 상황이 되지 않기 위해 반 전체가 어떤 약속들을 하면 좋을지에 대해 토의한다. 이렇게 반 전체가 함께 이야기 나누기를 통해 만든 규칙에 대해서는 아이들도 규칙 준수의 필요성을 더 공감하고 잘 이해하게 된다.

●●● 실외에서 신체운동을 포함하는 게임을 할 때는 움직임이 활발하기 때문에 영유아의 안전사고에 특별히 주의를 기울여야 한다.

(5) 구체적으로 반응하기

동작교육 활동 속에서 아이들의 신체 움직임에 대해 따뜻한 반응과 적절한 반응을 하여 아이들과 활발하게 상호작용하는 것 또한 교사의 매우 중요한 역할 중 하나다. 아이들의 신체 움직임에 대한 교사의 반응은 언어적인 것뿐 아니라 비언어적 반응을 포함한다. 의사소통 연구들은 인간의 소통에서 말의 내용보다 비언어적 상호작용이 더 많은 영향을 미친다고 보고한다. 즉, 교사와 아이들 사이의 상호작용에서 아이들에게 중요한 반응은 교사의 언어적 언급뿐 아니라 교사의 따뜻한 눈빛과 미소, 재미있는 제스처와 같은 비언어적 반응이다(van Manen, 2012). 때로는 성의 없는 몇 마디 말보다 교사의 따뜻한 미소가 아이들에게 더 큰 격려가 될 수 있다.

교사가 영유아의 신체 움직임에 대해 언어적으로 반응할 때는 다른 상호작용에서와 마찬가지로 최대한 구체적으로 언급하는 것이 좋다. 만약 아이가 지금 막 교사 앞에서 특정한 신체 동작을 취했다고 생각해 보자. 교사는 어떤 말로 아이의 동작에 대해 격려할 수 있을까? 이런 경우 많은 교사가 "와~ 잘했구나."와 같은 일반적인 반응을 한다. 그러나 앞에서 벌어진 움직임을 구체적으로 언급하며 아이가 한 노력을 격려하는 것이 아이들에게는 훨씬 의미가 있다. "와~ 수민이가 여러 번 하더니 이제 두 발로 동그라미 안에 착 들어올 수 있게 됐네."와 같은 구체적인 언급은 교사가 아이들에게 얼마나 관심을 가지고 그 움직임을 관찰했는지를 느끼게 해 준다. 또한 교사는 아이의 능력을 칭찬하기보다는 아이가 기울인 노력의 과정을 격려하는 방식으로 반응하는 것이 좋다. 아이의 성격이나 본질, 지적 능력, 신체적 특징으로 귀인될 수 있는 능력보다는 아이가 지금 한 동작에 들인 노력을 구체적으로 언급하는 것이 아이를 더 잘 격려할 수 있는 방식이다.

(6) 아이들의 신체발달 정도 파악하기

교사는 모든 발달 영역에서와 마찬가지로 아이들의 신체발달 수준과 움직임 정도를 잘 파악하여, 이를 바탕으로 동작활동을 계획하고 아이의 참여를 도와야 한다. 그렇다면 교사가 아이들의 신체발달과 움직임 능력 정도를 가장 잘 파

●●● 철봉에 매달리기가 가능한 영아

악할 수 있는 방법은 무엇인가? 교사는 아이들의 신체발달과 움직임의 수준을 파악하기 위해 부모들에게 정보를 구할 수도 있고, 신체발달 수준을 계측하는 다양한 도구를 활용하여 평가할 수도 있다(정옥분, 2002). 그러나 아이들과 일상의 많은 활동시간을 함께 보내는 교사가 아이들의 움직임 수준을 가장 잘 파악할 수 있는 방법은 바로 자유놀이와 집단활동 참여와 같은 아이들의 일상적인 움직임 모습을 잘 관찰하는 것이다. 이러한 맥락에서 어린이집 등에서 기술되는 개별 영유아 관찰일지는 교사가 아이들의 수준과 능력을 파악하고 아이들의 관점을 이해하기 위한 매우 좋은 방법이다.

　교사는 평소 아이의 움직임을 잘 관찰하여 개별 영유아의 신체발달과 특징, 움직임 능력에 관한 프로파일을 가지고 있는 것이 좋다. 이를 통해 교사는 개별 영유아의 신체발달 수준이 어느 정도인지 파악하고 이를 돕기 위해 더 주력해야 할 동작들은 무엇인지를 알 수 있다. 또한 아이들의 움직임 수준을 잘 파악하여 개별 아이들의 신체 움직임의 특징과 장·단점을 이해하고 동작활동을 할 때 이를 바탕으로 각 아이에게 적합한 방식으로 상호작용할 수 있게 된다. 또한 창의적 신체 표현 활동을 할 때의 움직임을 잘 관찰하여 아이가 어떤 신체 표현에 특별히 더 뛰어난지, 움직임을 쑥스러워하거나 두려워하는 부분은 무엇인지 등을 파악하여 이를 바탕으로 창의적 신체 표현 활동에서 아이와 어떻게 상호작용하며 도와야 하는지를 더욱 깊이 이해하고 체계적인 계획을 세울 수 있게 된다.

(7) 아이들의 동작활동 확장을 돕기

때로 동작교육 활동에서 아이들의 움직임이 어느 수준에서 더 발전하지 않고 기존의 동작을 반복하여 되풀이하며 새로운 동작들이 나타나지 않는 것처럼 보인다. 이러한 경우는 체육 기술로서의 움직임을 익히는 활동들에서보다 모방적인 신체 표현 활동이나 창의적 신체 표현 활동에서 더 많이 나타난다. 이때 교사는 아이들의 움직임과 아이디어가 확장될 수 있도록 돕는 역할을 해야 한다. 아이들이 이전에 보지 못한 독특한 매체나 교사의 즐거운 몸짓, 음악적 자

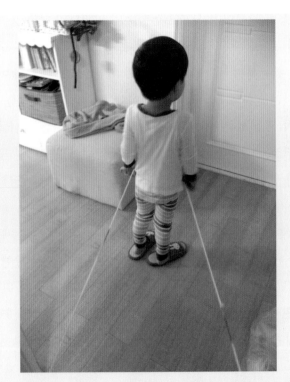

●●● 털실과 같은 간단한 소품 하나가 아이들의 동작놀이를 확장할 수 있는 자극이 된다.

극, 새로운 공간과 환경 설정 등은 아이들의 움직임 활동을 확장시킬 수 있는 좋은 계기가 된다. 활동의 흐름에 걸맞은 안성맞춤의 매체와 자극들은 진행되고 있는 활동에 새로운 아이디어를 부여하여 활동을 색다른 방향으로 확장시킬 수 있다. 교사는 아이들의 움직임 활동 모습을 잘 관찰하여 어떤 자극을 제공하여 움직임 활동의 확장을 도울 것인지 고민해야 한다.

몇몇 아이들이 모여 기차놀이를 하고 있는데 시간이 지나도 별다른 변화가 없이 같은 동작이 반복되어 점차 흥미와 즐거움이 줄어들고 있다면, 이러한 상황에서 교사는 어떻게 아이들의 동작 놀이의 확장을 도울 수 있을까? 교사는 기차의 맨 뒤에 손님으로 탑승해서 색다른 에피소드(지나가는 친구를 가리키며 "어~ 이 북극곰도 타고 싶다고 하는데 태워 줄까요?")를 제공하거나, 과장된 표정과 몸짓, 실감 나는 기차 소리를 냄으로써 기차를 표현하는 아이들의 움직임에 새로운 활력을 불어넣을 수 있다. 또한 긴 털실을 연결해서 아이들에게 기차 테두리로 제공한다면 기차놀이 동작들은 새로운 패턴의 움직임으로 확장될 것이다. 때로는 매우 단순한 소품들이 아이들의 동작활동에 활력을 불어 넣으면서 활동을 확장시키는 계기가 되기도 한다.

단순한 매체로 아이들의 동작활동 확장을 돕는 예를 다음과 같이 생각해 볼 수 있다.

- 몸으로 기차놀이를 하는 아이에게 털실로 잡을 수 있는 기차 테두리를 제공하기
- 거미줄에 걸린 코끼리를 표현하는 아이를 위해 바닥에 거미줄 모양의 색테이프 붙여 주기
- 바람을 표현하는 아이들에게 여러 가지 색의 스카프 제공하기
- 팔랑거리는 나비를 표현하는 아이들 옆에서 꽃이 되어 주기
- 의자를 연결해서 버스 놀이를 하는 아이들에게 모형 핸들 제공하기
- 건너뛰기 동작을 하는 아이들에게 바닥에 웅덩이 모형을 붙여 주기

(8) 따뜻하고 열린 교실 분위기 만들기

인간은 분위기를 통해 세계를 이해한다(Heidegger, 1998). 이는 아이들도 마찬가지다. 교실 분위기는 매우 중요한 교육 여건이다. 이러한 맥락에서 볼노프(Bollnow, 1971)는 교사의 주요한 역할 중 하나가 '교육적 분위기'를 만드는 것이라고 하였으며, 이러한 교육적 분위기는 '안정의 분위기', '즐거운 기분', '감사와 순종의 분위기'를 내용으로 한다고 하였다. 그는 교사가 아동의 즐거운 기분을 고취하며 사랑과 신뢰를 가질 수 있는 분위기를 형성함으로써 교실을 교육적 분위기가 넘치는 곳이 되게 해야 한다고 지적한다. 이러한 교육적 분위기는 영유아가 있는 어린이집과 유치원 교실에 꼭 있어야 한다. 더 어린 아이들일수록 이러한 분위기는 활동과 배움에 매우 중요한 영향을 미친다. 교사는 평소 아이들을 존중하고 환대하며 아이들에게 책임감 있게 반응함으로써 아이들이 자신이 있는 교실에서 존중받고 환영받는 중요한 존재임을 느끼게 해 주어야 한다. 이렇게 될 때 아이들은 교사를 신뢰하고, 교실에는 따뜻하고, 열린, 안정적인, 즐거움이 있는 교육적 분위기가 형성된다. 그리고 이를 바탕으로 교사와 아이들 간의 신뢰 관계-라포가 형성된다. 이러한 관계의 라포는 교사와 아이들 간의 관계의 문제를 넘어 교육활동을 이끄는 중요한 원동력이 된다. 따뜻하고 열린 분위기의 교실에서 교사를 신뢰하는 아이들은 더 즐겁게, 더욱 적극적으로 활동에 참여한다. 이러한 교육적 분위기에서 아이들은 자신의 생각과 느낌을 표현하기를 주저하지 않는다.

따라서 동작활동을 위한 교사의 중요한 역할 중 하나는 이러한 따뜻하고 열린 교실 분위기를 통해 아이들이 스스럼없이 자신의 생각과 정서를 표현할 수 있도록 돕는 것이다. 모든 교육활동에서 그렇지만 특히나 창의적 동작 표현 활동에서는 이러한 교실 분위기가 더욱 중요하다. 평소 교사의 권위에 대한 두려움이 지배적인 교실에서는 아이들의 자발적이고 창의적인 움직임 표현이 좀처럼 일어나지 않는다. 평소 아이들의 작은 실수도 용납하지 않고 아이들에게 끊임없이 규칙 준수만을 강요하거나 아이들과 별다른 개별적인 접촉을 하지 않는 교사가 음악을 틀어 놓고 아이들에게 느낌을 자유롭게 표현하라고 한다면 얼마나 많은 아이가 자신을 그대로 드러낼 수 있을까? 만약 창의적인 동작 표현 활동이 번번이 좀처럼 잘 진행되지 않고 아이들이 계속해서 쭈뼛거린다면, 교사는 아이들에게 왜 잘 움직이지 않느냐고 다그치기 전에 교실 분위기를 되돌아 보아야 할 것이다. 아이들은 교사를 무서워하거나 무언가를 두려워하는 분위기에서는 잘 배울 수 없다. 두려움이 있는 곳에서 진정한 배움은 일어나지 않는다. 미국 자유학교에서 성공적인 사례로 꼽히는 '알바니프리스쿨'의 교사 메르코글리아노(Mercogliano, 2002)가 말한 것처럼, "두려움과 배움은 함께 춤출 수 없다."

안정적이며 열린 교실 분위기를 위해 교사가 고려해야 할 점들은 다음과 같다.

- 학기 초에 아이들과 안정적인 라포를 형성한다.
- 평소 아이들을 잘 관찰하고 사건과 현상을 아이들의 입장에서 바라보는 습관을 들인다.
- 활동을 계획하고 준비할 때 아이들의 관점에서는 어떨 것인지 고민한다.
- 등원 시 아이들이 자신이 환영받는 곳에 들어왔다고 느낄 수 있도록 아이들을 맞는다.
- 아이들이 스스로 탐색하고, 해결책을 찾는 충분한 시간을 준다.
- 아이들의 반응을 기다리고 긍정적으로 반응하며 격려한다.
- 소음과 다양한 움직임 등 교실의 소란스러움에 대해 수용적인 태도를 가진다.

2) 동작활동에서 교사의 상호작용

모든 교육활동에서와 마찬가지로 영유아 동작교육 활동에서 영유아와 교사 간의 상호작용은 활동의 내용과 방향, 질을 결정하는 가장 중요한 요인이다. 영유아와의 상호작용에서 교사의 교수 행동은 전통적으로 교사 중심과 아동 중심의 이분법적인 구분이 있었다. 그러나 근래 들어서는 아이들을 위한 교수방식을 이렇게 두 가지로 양분하여 구분하기보다는 맥락에 따라 달라질 수 있는 것으로 본다. 브레드캠프와 로즈그랜츠(Bredekamp & Rosegrants, 1992)는 교육활

〈표 6-4〉 **교사의 교수행동 연속체**

비지시적(nondirective)			중재적(meditating)			지시적(directive)	
인정하기 (acknowledge)	모범 보이기 (model)	촉진하기 (facilitate)	지원하기 (scaffold)	지지하기 (support)	함께 구성하기 (co-construct)	시범 보이기 (demonstrate)	지시하기 (direct)

동 등에서 교사와 아동의 상호작용을 교사의 개입 정도에 따라 달라지는 스펙트럼과 같은 연속체의 개념으로 제시하였다. 이들은 교사가 아동에게 개입하고 지시하는 정도에 따라 상호작용 방식을 지시적 · 중재적 · 비지시적인 세 가지 유형으로 나누고 각 상호작용을 〈표 6-4〉와 같이 구성해 보았다. 이 표에 제시된 교수행동 연속체에 따라 영유아 동작교육 활동에서 교사의 상호작용을 통한 교수행동을 살펴보면 다음과 같다.

(1) 지시적

① 지시하기

지시하기는 교사가 직접 어떤 특정 활동과 동작을 일정한 방식으로 아이들에게 전달하는 것이다. 교사는 활동의 순서와 방법을 미리 정해 놓고 아이들에게 설명하며 직접적으로 지시한다. 여기서는 정확한 동작을 획일성을 갖추고 같은 과정으로 하는 것이 중요하다. 율동이나 발레 동작, 특정한 탈춤 동작과 같은 경우가 대표적인 예다. 교사의 지도에 따라 아이들은 노래에 맞추어 같은 동작을 반복하며 율동을 익히게 된다.

② 시범 보이기

지시적 교수방식에서 교사가 아이들에게 해당 동작을 정확하게 시연하는 방식이다. 아이들은 교사의 동작을 관찰하여 언어적 설명으로는 다 이해하지 못하던 부분에 도움을 얻게 된다. 동작활동에서 교사의 동작 시범 보이기는 분명히 아이들이 빠르고 쉽게 특정 동작을 익힐 수 있게 하는 방식이다. 또한 자신의 동작에서 잘못된 부분이 어디인지도 쉽게 파악할 수 있게 해 준다.

(2) 중재적

① 함께 구성하기

중재적 교수행동에서 함께 구성하기는 교사가 아이들의 동작활동에 직접 참여하여 함께 동작을 구성하는 방식이다. 이것은 언어적인 비계설정(지원하기)보다는 더 직접적인 방식이다. 교사는 자신이 직접 활동에 참여함으로써 동작활동을 계획했던 교육적 목표에 부합하는 방식으로 유도할 수 있다.

② 지지하기

지지하기는 영유아의 동작활동에서 아이들의 능력이 더욱 잘 발휘될 수 있도록 교사가 적극적으로 돕는 것이다. 개별 유아의 특성을 파악하여 아이가 더 흥미를 가진 주제의 활동을 제시하거나 아직 신체 움직임이 미숙한 영유아에게 도움을 제공하여 활동을 잘 완수하도록 지지하는 것이다.

●●● 평균대 위를 걷는 영아에게 교사가 손을 잡아 줌으로써
영아가 활동을 완수하도록 지지할 수 있다.

③ 지원하기

동작활동에서 교사의 지원하기는 아이들에게 필요한 약간의 도움(비계)을 제공하여 아이들이 자신의 잠재력을 발휘해서 해당 활동을 순조롭게 해 나가도록 하는 교수행동을 말한다. 예를 들어, 유니바 건너기 활동에서 특정 영아가 특정 높이에서 계속 걸려 넘어진다면 높이를 살짝 조절하여 아이에게 맞추어 주었다가 익숙해지면 다시 높이는 것이다. 촉진하기와 유사하지만 촉진하기보다는 교사의 개입 정도가 약간 더 높다.

(3) 비지시적

① 촉진하기

동작활동에서 촉진하기는 활동의 확장이나 아이들이 원하는 다음 단계로의 진행을 위해 교사의 도움이 필요하다고 판단될 때 교사가 일시적으로 개입하여 도움을 주는 방식이다. 이때 교사는 직접적으로 답을 제시하는 방식으로 돕는 것이 아니라 영유아가 스스로 답을 찾도록 적절한 질문을 하거나 약간의 힌트를 주는 방식으로 접근한다. 또한 동작활동의 확장을 위한 소품 등을 제공하는 약간의 도움을 통해 활동을 촉진한다.

② 모범 보이기

모범 보이기는 동작의 시범을 보이는 것과 달리 암시적으로 자신이 활동의 모범이 되는 것이다. 아이들이 거칠지 않은 부드러운 곡선의 움직임을 표현하기를 원한다면 말로 설명하거나 지시하기보다 자신이 먼저 몸을 살짝 흔들며 신체 움직임을 통해 부드러운 곡선의 느낌을 아이들에게 느끼게 해 준다.

③ 인정하기

교육활동에서 인정하기는 아이들의 어떤 시도와 동작 표현도 모두 수용하며 긍정적으로 반응하는 것이다. 교사의 적극적인 인정하기는 아이들의 자신감과 활동 참여를 더욱 격려할 수 있다. 그러나 인정하기를 위해 교사가 추상적인 칭찬을 남발해서는 안 된다. 아이가 기울인 노력의 과정을 지켜보았다가 그것을 구체적으로 언급하여 격려하는 방식으로 해야 한다.

연습문제

1. 동작교육 활동에서 교사의 교수방식을 직접적인 것과 간접적인 것으로 나누고 각각의 가장 큰 장단점이 무엇인지 설명하세요.

2. 탐색적인 유아 주도적 교수방식이 적합한 동작활동을 간단히 계획해 보세요.

3. 동작활동에서 가장 중요하다고 생각되는 교사의 역할을 이야기하고, 그 이유를 설명해 보세요.

4. 교사가 따뜻하고 열린 교실 분위기를 만들기 위해 평소 해야 하는 노력의 예를 세 가지 이상 들어 보세요.

5. 만 4세 유아반 교실에서 바람에 흔들리는 나뭇잎을 표현하는 창의적인 동작 표현 활동이 진행 중입니다. 한 아이가 다소 긴장한 얼굴로 움직이지 않고 다른 친구들의 움직임을 가만히 보기만 합니다. 이 아이는 평소에도 친구들의 놀이에 들어가고 싶어 하면서도 소심한 성격 탓에 자신이 먼저 시도하지는 않았습니다. 교사는 지금 이 아이에게 다가가 무슨 말을 하고 어떻게 도울 수 있을까요?

제7장

동작교육 활동의
계획 및 실행

만 1세 반 선생님 두 명이 '대형 콘 막대 건너기' 활동을 한 뒤 다음과 같은 대화를 나누고 있습니다. "유진이는 두 발을 모아 바 다섯 개를 연속해서 뛰어넘었어요!" "진이는 바 앞에서 딱 멈추더니 한 발씩 넘어가더라고요!" "아마 시현이는 제일 높은 곳에 바를 끼워도 넘어갈 수 있을걸요!" 이처럼 동작활동에서는 '누가 무엇을 할 수 있는지' 또는 '누가 무엇을 못 하는지'와 같은 아이들의 운동 능력에 대한 이야기를 많이 하게 됩니다.

하지만 결과 중심의 이러한 대화는 성공적인 동작활동의 실행과는 다소 동떨어져 있습니다. 그렇다면 동작활동에 대한 아이들의 동기를 유발하고 영유아들이 자발적이고 적극적으로 동작활동에 참여하도록 교사들은 서로 어떤 이야기를 나누어야 할까요?

1. 동작활동의 교육목표

동작교육 활동은 교사의 교육적 의도를 담은 확실한 목표가 있어야 한다. 동작교육에서 단위 활동의 목표는 교사가 장·단기적으로 영유아의 기술, 태도, 지식 발달을 위해 자신이 무엇을 준비하고 무슨 말을 해야 하는지 아는 것이다. 대다수의 동작활동은 신체 움직임에 대한 자유로운 시도 및 기회 제공과 동시에 동작 기술의 성공도 지향한다. 따라서 동작활동의 구체적인 목표는 이 두 가지를 모두 만족시킬 수 있도록 융통성 있게 구성하는 것이 필요하다.

1) 동작활동의 교육목표 설정

앞 장에서 다루었듯이, 동작활동은 신체 인식 및 신체 조절, 그리고 기본운동 능력 발달과 더불어 영유아가 신체 활동에 즐겁게 참여하는 것을 목표로 한다. 또한 이와 더불어 통합적인 동작활동을 위하여 기본생활습관, 언어, 사회, 음악·미술, 수·과학 발달 또한 동작교육 활동의 목표로 함께 설정할 수 있다.

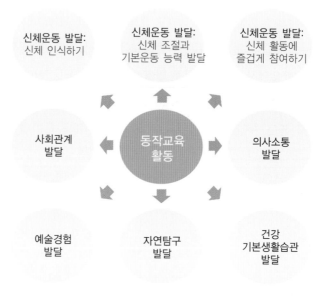

[그림 7-1] 동작교육 활동의 목표

〈표 7-1〉 동작활동 목표 기술의 예

활 동 명	꼬물꼬물 정자와 뚱뚱이 난자	대상연령	만 5세
활동목표	• 정자의 움직임을 직접 몸으로 표현함으로써 태아의 생성과정을 이해한다. • 힘들고 긴 시간을 기다려서 태어난 자신의 소중함을 안다.		
누리과정 관련 요소	• 신체운동 · 건강 〉 신체 인식하기 〉 신체를 인식하고 움직이기 〉 자신의 신체를 긍정적으로 인식하고 움직인다. • 사회관계 〉 나를 알고 존중하기 〉 나를 소중히 여기기 〉 나를 긍정적으로 생각 하고 소중하게 여긴다.		

2) 동작활동의 목표 기술

동작교육 활동의 목표에는 표준보육과정 및 누리과정 관련 요소와 함께 단위 활동에서 교사가 예상하고 기대하는 영유아의 기술, 태도, 지식, 경험을 기술한다. 같은 활동이라 하더라도 교육목표에 따라 교사의 상호작용이 달라지므로 교육을 계획할 때에는 활동의 방법을 기록하기 전에 항상 활동의 교육목표부터 먼저 생각하여 기록하는 습관을 들이는 것이 좋다. 목표 기술은 '~이해한다', '~ 익힌다', '~ 표현한다'와 같은 동사로 어미를 처리하며 통상 한 문장에는 한 개의 목표만 기술하는 것이 좋다.

2. 동작활동의 내용 선정

단위 활동의 목표를 세웠다면 이 목표를 달성하기 위해 어떤 활동을 할 것인지 정해야 한다. 영유아 시기의 동작활동은 시간과 장소를 가리지 않고 언제 어디서나 자유롭게 일어난다. 아이들 두 명만 모여도 잡기놀이가 시작되고 미끄럼틀이 보이면 올라가기와 내려오기를 반복한다. 따라서 동작활동은 일상적으로 일어나는 영유아의 자유롭고 자발적인 놀이와 더불어 활동목표를 달성하기 위해 고안한 교사 주도의 활동을 균형 있게 선정해야 한다.

1) 동작활동의 선정 기준과 고려할 점

동작활동의 내용은 첫째, 연령별 기본 운동 능력과 개별적인 운동 능력 발달, 둘째, 표준보육과정과 누리과정의 세부내용, 셋째, 주제 또는 소주제, 넷째, 물리적 환경과 교재교구, 다섯째, 활동 시간을 고려하여 선정한다. 이렇게 선정한 활동은 다시 영유아의 흥미, 활동 장소의 크기, 집단의 크기, 사전 경험, 날씨 등을 고려하여 수정될 수 있다.

연령별 기본 운동 능력 발달과 개별적인 운동 능력 발달 차이   동작활동은 연령별 발달에 따라 나타나는 동작 욕구를 해소할 수 있는 활동을 선정하고, 이를 위해 충분한 기회를 제공하는 데 중점을 두어야 한다. 충분한 기회란 아이들이 다양한 동작활동을 자신이 원하는 만큼 반복할 기회와 시간을 의미한다. 주의할 점은 연령별 발달에 따른 신체 및 운동 능력을 넘어서는 내용을 선정하지 않는 것이다. 동작 기술의 종류는 기기, 걷기, 달리기, 점프와 같은 이동 기술과 뻗기, 구부리기, 돌기, 피하기, 떨어지기와 같은 비이동 기술, 당기기, 던지기, 치기, 차기, 잡기, 드리블 같은 조작 기술, 구르기, 균형 잡기, 기어오르기 같은 체조 기술로 나눌 수 있다. 교사는 활동이 너무 쉽거나 어렵지 않도록 기본 발달 능력을 고려하여 활동을 선정한다. 이 밖에도 개인 차이 또는 활동에 따른 능력 차이를 보일 수 있으므로 이 점을 고려하여 최종적으로 활동을 선정해야 한다.

표준보육과정과 누리과정의 목표 및 세부내용   동작활동을 포함하여 영역별 활동 내용 선정은 표준보육과정과 누리과정의 세부내용을 기준으로 선정한다. 교사들은 해설서를 통해 동작활동 내용 선정을 위한 안내를 상세히 받을 수 있다.

주제 또는 소주제와의 통합   소속 유치원 또는 어린이집 연간 교육(보육)계획안의 주제와 소주제를 고려하여 내용을 선정한다. 주제 및 소주제 중심으로 내용을 선정하면 동작활동을 활용하여 주제를 탐색하는 통합교육을 할 수 있다. 이때 기본 운동 능력 발달은 부목표가 될 수 있다.

물리적 환경과 교재교구   동작활동 내용을 선정할 때에는 영유아의 흥미, 장소의 크기, 집단의 크기, 사전 경험, 사용 가능한 기구 또는 자료 등을 고려해야 한다. 영유아의 개별적인 흥미와 호기심, 활동 장소의 크기, 집단의 크기, 영유아의 사전 경험, 사용 가능한 기구 또는 자료를 고려하여 다양한 동작활동이 실행되도록 한다.

활동 시간   모든 놀이는 활동 시간의 영향을 받는다. 교사의 개입이 적은 동작활동의 경우 영유아들의 몰입도가 높고 신체 활동을 좋아하는 영유아는 계속해서 놀이를 하고 싶어 한다. 교사는 영유아들의 이러한 요구를 고려하여 활동별로 충분한 시간을 마련하는 것이 필요하다.

2) 동작활동의 계획 · 보육계획안

연간교육계획안, 주간교육계획안, 일일교육계획안에 교사가 선정한 동작활동의 계획, 실행, 평가를 구체적으로 기록한다.

(1) 연간교육계획안

동작교육을 위한 연간교육계획안은 주제와 소주제를 고려하여 통합적으로 계획한다. 다음은 누리과정의 만 3세 주제를 토대로 작성한 '동작활동 연간교육계획안' 의 예시다.

〈표 7–2〉 만 3세 반 동작활동 연간교육계획안 예시

월	주제	동작을 위한 동작교육 활동	동작을 통한 동작교육 활동
3월	어린이집과 친구	• 안전규칙 지키며 걷기 • 고리 던지기 • 자전거 타기	• 친구, 선생님과 손잡고 〈♬둥글게 둥글게〉 노래 부르며 움직이기 • 친구와 함께 춤추기
4~5월	봄 동식물과 자연	• 주유소/자동차 굴리기 • 터널 통과하기/기어가기 • 야구/치기	• 팀 나누어 파랑, 노랑 판 뒤집기 • 동물이 되어 움직이기 • 팀 게임(점수 계산)

5~6월	나와 가족	• 몸으로 풍선 치기(특정 신체 부위로 쳐 보기)/점프하기 • 신문지 비행기 날려 보기/달리기	• 〈퀴즈〉 움직이기 • 〈♬우리 집에 왜 왔니〉 노래 부르며 게임하기
6월	우리 동네	• 릴레이 달리기 • 들것에 인형 실어 나르기 • 수건 체조/구부리기	• 〈♬동네 한 바퀴〉 노래 부르며 부르는 숫자만큼 모여 보기 • 쪽지 보고 장 볼 물품을 카트에 담아 오기
7월	건강과 안전	• 축구공 드리블 • 피구/공 잡기, 피하기 • 수영 전 체조/구부리기 & 뻗기	• 피터와 늑대 음악극 • 팝콘, 빵 만드는 과정 몸으로 표현하기 • 스카프 꼬리잡기
7~8월	여름	• 박스 기차/당겨서 끌기 • 그림자 보며 균형 잡기 • 씨름(닭싸움)/균형 잡기	• 달리기 후 심장이 뛰는 것을 느끼기 • 수로를 만들어 물 흘리기 • 흙공 만들기
9월	우리나라	• 태극무늬 선 따라 돌며 잡기 놀이 • 딱지치기 • 팔씨름 놀이	• 무궁화 꽃이 피었습니다 • 여우야 여우야 놀이 하기 • (강강술래 음악) 친구와 손을 마주잡고 강강술래 해 보기
10월	가을과 열매	• 길 따라 자전거 타기 • 오르막 기어오르기 • 훌라후프 돌리기	• 음악 동화 • 동극
11~12월	환경과 생활	• 줄 당기기 • 매트 구르기/훌라후프 게임 • 평균대 장애물 건너기	• 운동회 개회하기 • 응원하기
12~1월	겨울과 놀이	• 농구공 드리블 • 농구/공 던지기 • 뜀틀	• 컴퓨터가 되어 움직이기 • 얼음 땡 놀이 하기
1월	생활도구	• 눈 속에서 같은 모양 만들기 • 호루라기 불면 방향 바꾸어 뛰기 • 볼링/던지기	• 장애물 위로, 아래로, 옆으로 통과하기 • 난타 연주하기
2월	형, 언니가 되었어요.	• 사다리 널판지 건너기 • 키로 팥주머니 받기 • 채로 풍선 치기	• 카드 읽고 동작 만들기 • 몸으로 숫자 모양 만들기

(2) 주간교육계획안

주간(또는 월간)동작교육계획안은 연간동작교육계획안을 토대로 작성한다. 다른 영역의 활동과 통합적으로 실행될 수 있도록 동작활동이 시작되는 요일, 장소, 운영 시간 등을 고려하여 계획한다. 다음은 만 2세 반의 주제 '겨울과 모양을 즐겨요' 중 '날씨가 추워요'에 따른 주간보육계획안 예시다.

〈표 7-3〉 **만 2세 반 동작활동 주간보육계획안 예시**

만 2세 반 주간보육계획안

- 주제 : 겨울과 모양을 즐겨요
- 소주제 : 날씨가 추워요
- 실시기간 : 11월 4주

일과 \ 요일		월	화	수	목	금
등원		오늘 입고 온 겨울 외투를 부모님과 함께 옷걸이에 걸어 보기				
오전 실내 자유 놀이	신체	(사회관계) 친구와 함께 하얀 종이벽돌 블록 옮기기 ------------→				
		하얀 종이벽돌 블록으로 얼음집 쌓기 ---------------------→				
		(얼음집 사진/동영상 제시)				
		바람 소리를 들으며 겨울 낙엽이 되어 움직이기 -------→				
	언어	그림책 『눈 오는 날』 읽기/OHP 필름에 동화 내용 생각하며 끼적이기 ----→				
		동시 〈겨울 밤?〉 듣고 내용에 맞는				
		그림을 연결하고, 동시 말해 보기-------→				
	탐색 조작	추운 날씨에 입어야 하는 옷 붙여 보기 -------------→				
		(추운 날씨의 옷, 더운 날씨의 옷 구분하기)				
		요리: 율무차 타 보기(색, 맛, 향의 변화) -----→				
	표현	〈♪펄펄 눈이 옵니다〉 노래 들으며 ---------------→				
		방울장갑 흔들기/눈이 되어 표현하기 눈 오는 밤 꾸며 보기				
		(검은 도화지/솜방울) ------→				
	역할	(사회관계) 외투를 입고 친구와 함께 바깥 외출하기 ·------------→				
		얼음집 안에서 생활하기(얼음/따뜻한 팩) -------------→				
전이활동		〈아침 바람 찬 바람에〉 노래 불러 보고 오늘 날씨 이야기하기				
오전 실외 자유놀이		그림책 『바람이 불었어』 함께 읽고				
		바깥바람에 리본 날리기 ------------------------→				
		바람개비 돌리며 달리기 -----→ 겨울옷에 대해 이야기하기 -----→				
		(친구 모습 관찰하기)				

(3) 일일계획안

일일계획안은 주간교육계획을 토대로 작성한다. 활동목표에 맞는 상호작용과 자료를 상세히 기록하고 실행 후 영유아의 흥미도, 확장, 활동 장소, 운영 시간, 집단 크기 또는 형태, 활동 자료의 적절성을 평가한다. 활동 평가는 익일 또는 다음 주, 다음 해의 계획에 반영한다.

다음은 만 2세 반 일일보육계획안 중 동작활동이 이루어지는 오전 자유선택활동의 신체 및 표현 영역과 실외활동 시간을 기록한 일일보육계획안 예시다.

〈표 7-4〉 동작활동과 관련한 만 2세 반 일일보육계획안 예시

| 일 시 | 2013년 11월 25일(월) | | 날씨 | 비 | 기록자 | |
| 주 제 | 추워요 | | 소주제 | | 날씨가 추워요 | |

내용 일과		계획된 활동명	활동목표 및 활동계획	실시된 활동	평가
실내자유놀이	신체	친구와 함께 하얀 종이벽돌 블록 옮겨 보기 -사회관계	사회관계 〉 더불어 생활하기 〉 또래와 관계하기 〉 또래에게 관심을 보인다. 목표 〉 또래와 협동한다. -얼음집 사진 탐색하기 -친구와 함께 하얀 종이벽돌 블록 옮겨 보기 : 친구와 함께 하얀 종이벽돌 블록을 옮기면 더 잘 옮길 수 있을 것 같아~ : 친구와 함께 하니 어때요? 더 쉽게 옮길 수 있지요?	-교사가 영아들에게 친구와 함께 벽돌 블록을 옮겨 볼 것을 권유하자, 친구와 같이 옮기는 모습을 보임.	
		하얀 종이벽돌 블록으로 얼음집 쌓기 (얼음집 사진 화보 제시)	신체운동 〉 신체 조절과 기본운동 하기 〉 소근육 조절하기 〉 눈과 손을 협응하여 소근육을 조절해 본다. 목표 〉 블록을 이용해 이글루를 쌓으면서 협응력을 기른다. -얼음집 사진 탐색하기 : 여기에 새로운 사진이 있네요! 여기 있는 게 뭘까요? : 이건 얼음집이라고 해요. 아주 추운 나라의 사람들이 사는 집이에요. 얼음집 안은 따뜻하대요.	-그림책에서 본 얼음집을 언어로 표현함. 이글루라는 용어는 아직 알지 못함.	-영아들이 사진만 보고 집을 쌓는 것을 힘들어해 내일 얼음집을 만드는 동영상을 시청할 계획임.

실 내 자 유 놀 이	신 체	-얼음집 쌓기 : 우리, 사진에서 본 얼음집 한번 만들어 볼까요? : 무엇으로 만들어 볼까요? -얼음집 안에 들어가 보기 : 우리가 만든 얼음집 안에 들어가 봐요.	-얼음집 안에 다양한 놀잇감을 가지고 들어감. 얼음집 안에 들어가 놀이를 하는 것을 매우 좋아함.	
	표 현	〈♬펄펄 눈이 옵니다〉 노래 들으며 방울 장갑 흔들어 몸으로 표현하기	예술경험 〉 예술적 표현하기 〉 리듬 있는 소리와 노래로 표현하기 〉 신체, 사물, 리듬악기 등을 이용하여 간단한 리듬과 소리를 만든다. 목표 〉 노래 박자에 맞추어 방울장갑을 흔든다. -교사가 부르는 〈♬펄펄 눈이 옵니다〉 노래 듣기 : 우리 함께 불러 볼까요? -방울장갑 탐색하기 : 날씨가 추워서 손을 따뜻하게 하려면 어떻게 해야 할까요? : 그렇지요. 날씨가 추우면 장갑을 끼지요! 짜잔~ 선생님이 오늘 준비한 이 장갑은 소리가 나네요? -교사와 함께 노래 부르며 방울장갑 흔들기 : 방울장갑을 흔들면서 노래를 불러 볼까요? : 우리가 몸을 빨리 움직이니까 방울 소리가 많이 나는 것 같아요.	-흔들면 소리 나는 장갑 자료에 많은 관심을 보이며 반복적으로 흔들어 봄. -교사에게 방울 소리를 내며 흔드는 모습을 보아 달라고 요청함.	-내일은 손 흔들기 외 다양한 몸동작을 사용하여 방울 소리를 내볼 계획임.
실 외 자 유 놀 이	표 현	그림책 『바람이 불었어』를 함께 읽고 바깥바람에 리본 흔들어 보기	신체운동 〉 신체 활동에 참여하기 〉 바깥에서 신체 활동 하기 〉 규칙적으로 바깥에서 신체 활동을 한다. 목표 〉 리본을 흔들어 다양한 모양을 만들어 본다. -그림책 『바람이 불었어』 읽기 : 제목 함께 읽어 보기 : 바람이 쉬~웅~ 부니까 빨래가 날아갔어. -산책 전 안전규칙 이야기하기 : 친구의 손을 꼭 잡고, 선생님을 잘 보고 따라오세요. -바깥바람 느끼기 : 바깥에 나오니 바람이 부는 것 같네요! : 바람이 부는 건 어떻게 알까요? -리본 막대 들어 보기 : 바람이 불면 리본이 어떻게 되지요? : 리본이 춤을 추는 것 같네요! -바람에 리본 흔들어 보기	-그림책을 읽을 때 바람 부는 장면에서 모두 '쉬~웅~'이라고 소리 내고 팔을 움직이거나 바람처럼 돌아다니길 즐김. -리본이 흔들리는 모양을 몸으로 흉내 내며 설명함.	

| 실외자유놀이 | 신체 | 바람개비 돌리며 달리기 | 신체운동 〉 신체 활동에 참여하기 〉 바깥에서 신체 활동 하기 〉 규칙적으로 바깥에서 신체 활동을 한다. 목표 〉 달리기를 하면서 바람개비의 움직임을 탐색한다. −바람개비 탐색하기 : 바람개비는 어떻게 하면 돌아갈까요? −바람개비 돌려 보기 : 돌아가는 모습이 어때요? −바람개비 돌리며 달리기 해 보기 : 우리가 바람개비를 잡고 빨리 달리니까 바람개비가 빨리 돌아가네요! | −바람개비에 호기심이 많았으며 10분 이상 탐색하기가 지속됨. −바람개비 돌려 보기: 손으로 돌려 보기, 입으로 불어 돌려 보기 −모든 영아가 바람개비를 잡고 숨이 찰 때까지 달림. | −내일 탐구 영역: 바람개비를 돌릴 수 있는 다양한 방법 생각하고 실험해 보기 |

3. 동작활동을 위한 환경 구성과 교재교구

환경은 제3의 교사라고 할 만큼 영유아의 활동에 매우 많은 영향을 미친다. 동작활동을 위한 환경 구성에서 반드시 요구되는 것은 영유아가 마음껏 움직일 수 있는 넓은 공간이다. 아이들은 충분히 확보된 공간에서 무엇에도 방해받지 않고 뛰고 구르고 소리치며 친구들과 함께 새로운 동작 놀이를 만들어 갈 수 있다. 실외 공간에는 다양한 동작활동을 즐기고 도전할 수 있는 고정 시설과 이동자료가 수준별로 구비되어 있어야 한다. 그리고 가능하다면 실내에서도 대근육 발달을 돕는 신체운동 영역을 구성하는 것이 바람직하다. 또한 사고나 유해성분으로부터 안전한 환경과 함께 자유로우면서도 안정적으로 활동할 수 있는 심리적 환경도 함께 고려하여 환경을 구성한다.

영유아의 동작활동을 촉진할 수 있는 영아반, 유아반의 교실과 실외(실내) 놀이터의 환경 구성 및 선정 자료에 대해 구체적으로 다음과 같이 살펴보았다.

1) 동작활동을 위한 교재교구 선정

동작교육을 위해서는 활동에 참여하는 영유아의 동기를 유발하고 호기심을 자극할 수 있는 환경과 적합한 교재교구가 필요하다. 신체 활동을 위한 새로운 자료들은 영유아들의 관심을 쉽게 끌 수 있으며, 움직임을 경험할 수 있는 다양한 놀이 방법을 생각해 내도록 도와준다. 월령이 높은 영유아들은 스스로 각각의 기구와 교재교구들을 탐색하면서 적절하게 사용하는 방법과 기술을 익힐 수 있다. 따라서 어린이집이나 유치원에서는 만 0~5세까지 각 연령과 발달 수준에 적합한 동작활동의 자료를 준비해 두어야 한다. 다음에 제시한 것들은 동작활동을 위한 기구 및 교재교구의 예시다.

〈표 7-5〉 **동작활동을 위한 교재교구의 예시**

대형기구	• 다양한 오르기 기구 • 평균대 • 작은 뜀틀 • 매트(대형/중형) • 농구대/축구대 • 그네 • 미끄럼틀 • 바운스/흔들 말 • 자동차/자전거
소도구	• 스카프 • 탈/한삼 • 손목/발목/집게 딸랑이 • 낙하산 천(중/대) • 매트/쌓아 올릴 수 있는 매트 • 다양한 크기와 종류의 공(감각 공/스펀지 공) • 훌라후프(중/대) • 면 밧줄 • 줄넘기 줄 • 리본 막대(짧은 것/긴 것) • 풍선/스타킹 채 • 터널(투명/불투명) • 유니바 • 흔들 말 • 콘 세트(소형/대형) • 빌리보 • 점프주머니 • 대형 블록

생활용품	• 다양한 크기의 박스 • 풍선 • 색 테이프 • 신문지 막대
동영상/음악	• 오리, 고래, 뱀, 개미 등 동물의 움직임 영상 • 만화 음악 • 탭댄스, 발레, 부채춤 등 무용 영상과 전통음악 • 리본체조, 피겨스케이트 경기 영상 • 주제 또는 활동에 따른 음악 CD/파일
전자기기	• O. H. P
동화책	• 『배고픈 애벌레』처럼 동작으로 표현할 수 있는 그림책 • 운동, 동작과 관련된 그림책
사진/그림	• 그림자, 몸으로 만든 글자/숫자 그림 • 무용/리본체조, 피겨스케이트 등 주제에 따른 사진
자연물	• 물고기, 새 등의 자연물 • 눈/비 등의 날씨 • 낙엽이 떨어지는 나무, 꽃이 피는 나무 관찰

(1) 대형기구

복합 놀이대: 실외 또는 실내에 설치된 복합놀이대와 같은 대형기구들은 영유아들의 오르기, 내리기 등 신체 조절의 발달을 지원하는 기구다.

대형 스펀지 매트: 걷기, 통과하기, 넘기 등의 활동이 이루어지는 대형 스펀지 매트는 영유아들이 신체 각 부분을 협응하여 움직임을 조절하는 발달을 지원하는 교재다.

빅 와플 블록: 큰 구성물을 만들고 완성된 작품을 다른 활동에 다시 사용할 수 있는 빅 와플 블럭은 영유아들의 대근육 조절과 협응력 발달을 지원한다.

(2) 소도구

빌리보 팝: 빌리보를 활용해 영유아들은 자발적으로 다양한 동작활동을 만들어 낼 수 있으며 각각의 활동은 통합적인 발달을 지원한다.

대형 낙하산: 대형 낙하산은 영유아들에게 신체를 움직이는 동작활동의 즐거움을 느끼게 해 주고 함께 하는 놀이를 통해 사회관계 발달을 지원한다.

다양한 공: 농구공, 축구공, 감각공, 투명공 등 다양한 공은 던지기, 받기, 차기, 넣기, 담기와 같이 다양한 활동을 즐길 수 있는 기본 교구로 영유아들의 신체 조절 발달을 지원한다.

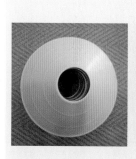   

콘 세트: 대형 또는 소형 콘은 실내 또는 실외에서 게임이나 달리기를 할 때 지점을 표기하는 도구로 유용하게 사용할 수 있으며 규칙에 대한 개념의 발달을 지원한다.

 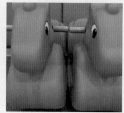 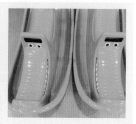

흔들 말: 자전거, 시소와 같은 탈것은 실내 놀이실을 구성하는 중요한 교구 중 하나다.

(3) 생활용품

풍선, 스타킹 채, 보자기와 같은 생활용품은 일상생활에서 영유아들이 동작활동에 참여하도록 호기심과 동기를 유발시킬 수 있는 교구다.

(4) 동영상/음악

상상활동을 지원하는 만화영화 음악, 탭댄스, 발레, 국악 등의 음악과 동영상은 예술적인 경험을 지원하며 동작활동을 확장시킬 수 있는 중요한 교구다.

(5) 전자기기

OHP, 빔프로젝트와 같은 전자기기는 창의적인 표현 활동을 도울 수 있는 매력적인 교구로, 다양한 방법으로 사용할 수 있다.

(6) 동화책

나비가 되어 꿀 따기, 경찰차가 되어 달리기 등 동작을 유발하는 동화책은 영유아들의 동작활동 시간을 늘리고 활동의 몰입도를 높여 줄 수 있는 좋은 자료다.

(7) 사진/그림

주제와 관련된 사진 또는 그림은 상상활동을 자극하는 자료로 동작활동을 통해 영유아들의 창의적인 발달을 지원할 수 있다.

(8) 자연물

주변에 있는 자연물은 영유아가 각각의 움직임을 모방하고 스스로 새로운 동작활동을 만들 수 있게 하는 재료로, 다양한 감각 발달과 탐구 능력 발달을 지원한다.

2) 동작활동을 위한 교실 환경 구성과 자료 선정

영유아가 자유롭게 놀잇감을 선택하여 놀이를 하는 오전 또는 오후 실내 자유선택활동은 개별 또는 소집단 형태로 교실에서 이루어진다. 이 시간에는 대부분 주제에 맞는 영역 간 통합활동이 운영된다. '동물' 주제를 운영하는 만 2세 반이라면 미술 영역에서 호랑이 먹이 만들기, 쌓기 영역에서 호랑이집 만들기, 신체 영역에서 호랑이에게 먹이 주기, 언어 영역에서는 놀이에 참여할 친구 이름 스티커 붙이기와 같은 활동이 계획 및 실행될 수 있다. 또 '세계 여러 나라' 주제를 운영하는 만 5세 반이라면 미술 영역에서 공연 포스터 만들기, 쌓기 영역에서 대형 블록으로 공연장 만들기, 음악 및 동작 영역에서 음악에 맞추어 탭댄스 추기 활동이 계획 및 실행될 수 있다.

만 3세 이상의 유아반은 음악·동작활동 영역에서 유아 주도의 자유로운 동작활동과 교사 주도의 동작활동이 함께 이루어지도록 환경을 구성한다. 만 2세까지의 영아반은 음악·동작 영역 외에 신체 영역을 교실에 마련하는 것이 바람직하다. 영아반은 특히 안전한 환경 마련에 신경 써야 한다. 예를 들어, 삼킬 위험이 있는 3.5㎝ 이하의 작은 자료와 장식이 쉽게 떨어지는 자료는 없어야 한다. 주 3회 이상의 음악 및 동작활동과 함께 매일 대근육 움직이기 활동을 실행하는 것이 바람직한데 이를 위해서는 다양한 종류의 동작활동 자료를 적절한 양만큼 준비해 두어야 한다.

[그림 7-2]   동작활동을 위한 영아반 교실 환경 구성의 예시

① 방울 딸랑이, 애그 쉐이크, 레인보우 쉐이크, 마라카스처럼 흔들어서 소리가 나는 리듬악기들, 롤리팝, 드
럼, 작은 북, 캐스터네츠와 같이 두드려서 소리가 나는 타악기들, 기타 또는 실로폰, 피아노과 같은 멜로디
악기들을 교구장에 비치한다.

② 느낌, 색깔과 크기가 다른 다양한 스카프, 손목이나 발목에 낄 수 있는 손목 리본이나 손목 방울, 끈의 길
이가 짧은 리본막대, 다양한 모양의 가면 등 다양한 동작 교구들을 교구장에 비치한다.

③ 춤추거나 노래하는 모습을 볼 수 있는 거울, 새 노래 판, 동작 그림판 등을 벽에 부착하고 카펫이나 선, 발바닥과 같이 따라 걸을 수 있는 그림을 바닥에 깔거나 붙여 준다.

④ 효과음, 춤, 체조, 동극 등 활동에 따른 음악과 CD플레이어 그리고 교사가 사용할 수 있는 우크렐라, 키보드 등을 적절한 곳에 비치한다.

[그림 7-3]   동작활동을 위한 유아반 교실 환경 구성의 예시

① 꿀벌 딸랑이, 손잡이 마라카스, 작은 카바사, 탬버린처럼 흔들어서 소리가 나는 리듬악기와 소고, 북, 장구와 같이 두드려서 소리가 나는 타악기, 기타 또는 실로폰과 같이 멜로디를 연주할 수 있는 악기들을 교구장에 비치한다.

② 느낌, 색깔과 크기가 다른 다양한 스카프들, 끈의 길이가 긴 리본막대, 유아들이 신을 수 있는 탭댄스 또는 발레 슈즈, 다양한 모양의 머리띠나 옷, 따라해 볼 수 있는 다양한 동작 그림 등의 동작 교구들을 교구장에 비치하거나 벽면에 부착한다.

③ 효과음 또는 춤, 체조, 동극 등 활동에 따른 음악 CD, 마이크, 헤드폰, CD플레이어 등을 유아들이 쉽게 사용할 수 있도록 안내문과 함께 비치한다.

④ 춤추거나 노래하는 모습을 볼 수 있는 거울, 새 노래 악보 또는 가사판을 벽에 부착하고 카펫이나 둥근 모양의 무대를 바닥에 깐다. 이 외 연주하거나 새 노래 반주를 틀 수 있는 키보드 또는 피아노를 유아용 책상에 비치한다.

3) 동작활동을 위한 실내 · 외 놀이터 환경 구성과 자료 선정

영유아를 대상으로 하는 모든 어린이집과 유치원은 동작활동을 위한 실외 놀이터를 갖추는 것이 바람직하다. 실외 놀이터는 기구 중심으로 배치된 대근육 놀이 영역, 휴식 영역, 물 · 모래 영역, 자동차나 자전거를 탈 수 있는 영역으로 구분되며, 이에 적합한 바닥 재질과 함께 자연과 같은 환경을 조성하기 위해 잔디밭이나 낮은 구름을 포함할 수 있다. 이렇게 구성된 놀이터에서는 미끄럼틀이나 그네 타기, 오르기, 달리기, 공놀이와 같은 대근육 발달을 돕는 활동이 더 활발하게 일어나며 사회관계, 의사소통, 자연탐구, 예술경험 발달을 촉진할 수 있다.

어린이집에서는 평가인증 지침에 따라 매일 영아 30분, 유아 1시간씩 영유아들이 선택할 수 있는 두세 가지 이상의 다양한 실외활동이 자유롭게 이루어지고 있다. 또한 NASPE(National Association for Sport and Physical Education)에서는 영유아기 신체발달을 위해 출생 후부터 만 5세까지 매일 30분~1시간의 동작활동 시간과 안전한 공간에서 동작활동을 촉진할 기회를 충분히 제공할 것을 포함한 '신체 활동 가이드라인'을 제시하고 있다. 이처럼 영유아는 매일 달리고 매달리고 뛰어오르려는 욕구를 발산할 수 있는 시간과 환경이 필요하다. 안전

●●● 실외 놀이터에서의 신체 활동은 영유아에게 계절의 변화와 같은
현상을 자연스럽게 경험하게 해 준다.

〈표 7-6〉 NASPE 신체 활동 가이드라인

영아(출생 후~12개월)
- 교사는 매일 환경을 탐색하는 신체 활동에서 영아와 상호작용한다.
- 신체 활동을 촉진할 수 있는 환경을 제공하고 영아의 동작을 제한하지 않는다.
- 동작기술 발달을 촉진한다.
- 대근육 활동을 위해 안전기준을 충족하는 환경을 제공한다.

걸음마기 영아(12개월~36개월)
- 하루에 30분씩 계획된 신체 활동을 한다.
- 하루에 60분 이상 자유롭게 신체 활동에 참여하며, 잘 때를 제외하고 한 번에 1시간 이상 자리에 앉아서 하는 활동을 하지 않는다.
- 기초 동작 기술을 발달시킬 수 있도록 충분한 기회를 주어야 한다.
- 대근육 활동을 위해 안전기준을 충족하는 실내·외 공간을 제공한다.
- 교사는 신체 활동의 중요성을 알고 동작활동을 촉진할 기회를 제공한다.

유아(3세~5세)
- 하루에 60분씩 계획된 신체 활동을 한다.
- 하루에 60분 이상 자유롭게 신체 활동에 참여하며, 잘 때를 제외하고 한 번에 1시간 이상 자리에 앉아서 하는 활동을 하지 않는다.
- 기초 동작 기술에 자신을 가져야 한다.
- 대근육 활동을 위해 안전기준을 충족하는 실내·외 공간을 제공한다.
- 교사는 신체 활동의 중요성을 알고 동작활동을 촉진할 기회를 제공한다.

문제 또는 건강에 대한 걱정으로 실내 놀이를 선호하는 경우도 있지만, 부모와 교직원들은 실외 놀이의 중요성을 알고 안전한 실외 환경을 구성하는 데 중점을 두어야 한다.

실내 놀이터는 대부분 실외 놀이터를 설치하기 어려운 기관에서 대체 놀이터로 설치한다. 주로 교사 주도의 정기적인 동작활동 시간에 많이 이용된다. 유아반은 이곳에서 게임이나 창의적 동작활동을, 영아반은 안전하고 넓은 공간이 필요한 동작활동을 실행한다. 대부분의 영유아들은 몸을 자유롭게 움직일 수 있는 실내 놀이터와 동작활동 시간을 매우 좋아한다. 자유롭게 자료 세팅이 가능한 실내 놀이터는 정기적으로 자료를 교체해 주어야 한다.

⟨표 7-7⟩ **동작활동을 위한 실외 놀이터 환경구성 영역**

영역	교재교구, 비품	
탈것을 위한 길 영역	• 자동차/자전거 • 신호등	• 주유기 • 건널목, 주차 공간 표시
정리 영역	• 정리 창고 • 개수대 • 화장실	
물/모래 영역	• 모래 판, 흙산 • 물놀이대, 수도 • 삽 또는 그릇들, 호스, 다양한 크기의 파이프 관, 양동이	
자연물 영역	• 다양한 사계절 꽃, 크고 작은 나무 • 물을 주는 도구 • 관찰 도구	
놀이기구/신체 영역	• 오르기 기구 • 미끄럼틀 • 그네	• 복합놀이 시설 • 넓고 좁은 널빤지, 오름 받침대 • 축구/농구 골대
휴식 영역	• 나무 그늘 • 정자, 의자(돗자리)	• 그림책 • 그리기 도구

●●● 건물 베란다에 설치된 놀이터: 실외 놀이터 조성이 여의치 않은 경우 건물 내부의
일부를 활용하여 놀이터를 만들기도 한다.

4. 동작활동의 실행과 평가

1) 실 행

동작활동은 즐겁게 참여하고 생각을 표현하는 영유아의 자발성과 자립심이 매우 중요한 영역이다. 영유아들은 뛰기, 넘기, 공차기, 던지기와 같은 단순한 동작활동을 끊임없이 반복하면서 자신이 성공한 활동에 뿌듯해하며 교사에게 보여 주길 원한다. 이처럼 자신감을 느끼고 자발적으로 동작활동에 참여하길 원하는 영유아들은 자유 놀이 중심의 동작활동을 실행하는 것이 바람직하다.

반면, 동작활동을 어려워하거나 재미없어하는 소극적인 영유아들에게는 동기를 유발시킬 수 있는 인적 요소가 추가되어야 한다. 교사 주도의 동작활동에 호기심을 가질 만한 요소를 추가하거나 개별적으로 좋아하는 놀이와 통합할 수 있는 활동을 계획하는 등의 실행 전략이 필요하다.

(1) 자발적이고 자유로운 아동 주도의 동작활동

자발적이고 자유로운 아동 주도의 동작활동은 실내 · 실외 자유선택시간에 주로 이루어진다. 교사는 연간교육계획안, 주간교육계획안, 일일교육계획안에 의해 영유아가 선택할 수 있는 두세 가지 활동을 실외 · 실내 놀이터에 준비한다. 대부분의 영유아들은 교사와 함께 소리치며 뛰고 잡고 넘어지며 신체 활동에 몰입한다. 긴장을 풀어 주는 자발적이고 자유로운 신체 놀이는 다양한 근육들을 동시에 움직이게 하고, 또래나 교사와의 신체 접촉을 유도하며, 대부분 즐겁게 진행된다. 이러한 거친 신체 놀이는 친구들과 상호작용하는 능력을 키우는 데도 많은 도움을 준다(MacDonald & Parke, 1984).

(2) 교사 주도의 동작활동

교사는 정기적으로 소집단 또는 대집단으로 20~30분 정도의 집단활동을 계획하여 일과를 진행한다. 대부분의 교육활동은 도입, 전개, 마무리 그리고 확장

단계로 진행하는데 동작활동은 단계별 활동 운영을 조금 다르게 할 수도 있다. 첫째, 자유롭게 시도해 보는 기구 및 자료 탐색 단계, 둘째, 교사와 상호작용하는 연습 단계, 셋째, 여러 번 오랜 시간 활동을 반복하거나 새로운 아이디어를 추가하여 도전하는 몰입 및 확장 단계로 운영할 수 있다.

헨드리크(Hendrick, 1992)는 아동 주도의 동작활동과 교사 주도의 동작활동이 균형 있게 제공되어야 한다고 주장하였다. 또한 아동이 실외·실내 신체 영역에서 자유놀이로 많은 시간을 보내야 한다고 하면서도 도구의 창의적 사용을 격려하기 위해서는 교사가 조심스럽게 개입해야 한다고 하였다.

동작활동의 실행은 교사 주도 또는 아동 주도, 실행 방법, 집단 크기, 장소와 관계없이 모두 허용적인 분위기에서 자유롭게 이루어져야 한다.

2) 평 가

동작교육에서 활동을 평가하는 방법은 다양하다. 교사는 기본적인 관찰 기록과 간단한 체크리스트 그리고 이동 기술, 조작 기술 등의 운동 기술 패턴을 평가하는 검사 도구를 사용할 수 있다. 이 중에서 대부분의 유치원과 어린이집에서는 관찰 평가를 가장 일반으로 사용한다. 하루에 한두 명씩 활동목표를 기준으로 관찰하는 방법이다. 영유아기의 관찰은 평정을 위한 것이 아니며 개별 영유아에 대한 이해와 다음 활동을 잘하도록 교육계획을 수정하는 데 그 목적이 있다.

표준보육과정과 누리과정에서는 영유아의 교육활동과 관련한 평가의 기준을 다음과 같이 제시하고 있다.

(1) 운영평가

첫째, 어린이집 표준보육과정의 목표와 내용에 근거하여 보육내용이 적절히 편성·운영되는지 평가한다.

둘째, 어린이집 표준보육과정의 운영 내용 및 활동이 영유아의 발달 수준과 흥미, 요구에 적합한지 평가한다.

셋째, 영유아의 발달 수준, 흥미, 요구에 적합한 경험 및 학습을 촉진할 수 있는 다양한 활동과 교수학습 방법이 계획되고 통합적으로 운영되는지 평가한다.

넷째, 일과 운영 및 보육활동 구성 시 놀이활동과 일상생활 활동의 양과 내용이 영아 및 유아 각 연령의 발달에 적합하게 계획되고 운영되는지 평가한다.

다섯째, 만 0~1세, 만 2세 아동은 집단활동보다 개별적인 상호작용과 교수법을 중심으로 상호작용이 진행되는지를 평가한다.

여섯째, 어린이집 표준보육과정 운영평가 결과를 수시로 반영하여 보육과정 운영계획을 수정 · 보완하거나 다음 연도의 계획 수립 및 운영에 반영하는지 평가한다.

(2) 영유아평가

첫째, 어린이집 표준보육과정의 목표와 내용에 근거하여 영유아의 특성과 변화 정도를 평가한다.

둘째, 지식, 기술, 태도 등을 평가한다.

셋째, 일상생활과 보육과정 활동 전반에 걸쳐 평가한다.

넷째, 관찰, 활동 결과물 분석, 부모 면담 등 다양한 방법을 사용하여 종합적으로 평가하고, 그 결과를 기록한다.

다섯째, 평가 결과는 영유아에 대한 이해와 어린이집 표준보육과정 운영 개선 및 부모 면담 자료로 활용한다.

연습문제

1. 동작교육의 활동 내용을 선정할 때 고려해야 하는 요소를 기술해 보세요.

2. 환경 구성에서 동작활동을 위한 공간을 구성할 때 반드시 고려할 점을 기술해 보세요.

3. 교실 내의 교구·교재 중 영유아의 동작활동을 지원할 수 있는 것은 무엇인지 예를 들어 보세요.

4. 실외 놀이터에 영역을 나누고 각 영역에 들어갈 자료를 기술해 보세요.

5. 영유아의 동작활동을 지원할 수 있는 일상생활용품들의 예를 들어 보세요.

실제편

영아를 위한 동작활동의 예

대주제	활동명
1. 어린이집	① 통통통통 배꼽입니다
	② 어린이집을 만들어요
	③ 첨벙첨벙 수영을 해요
2. 느낄 수 있어요	① 좋아하는 놀잇감 담기
	② 여러 가지 맛
	③ 리듬에 맞추어 공을 굴려요
3. 움직여요	① 타요~ 타요~
	② 터널 통과하기
	③ 떼굴떼굴 굴러가요
4. 나는요	① 내가 움직여요
	② 몸을 움직여 봐요
	③ 종이가 되어 봐요
5. 놀이	① 실로 구슬을 꿰어 보아요
	② 신문지로 놀아요
	③ 칙칙폭폭 기차놀이
6. 동물	① 닭이 쑥쑥 자라요
	② 개미가 되어요
	③ 캥거루가 되어요
7. 봄과 여름	① 무엇이 될까?
	② 철썩철썩 파도
	③ 쇠똥구리가 되어요
8. 가을과 겨울	① 나뭇잎이 떨어져요
	② 비 내리는 모습
	③ 눈을 굴려요
9. 가족	① 누구의 신발일까?
	② 거인아빠의 낙하산 낚시놀이
	③ 엄마를 찾아 줘
10. 친구	① 랄랄라~ 친구에게 나를 소개해요
	② 점프해서 친구 풍선 치기
	③ 친구와 함께 공을 튕겨요

① 통통통 배꼽입니다.

대주제	어린이집				
소주제	○○반 나예요	활동형태	소집단	유형	신체 활동
활 동 명	통통통통 배꼽입니다	소요시간	20분	대상연령	만 2세
활동목표	• 자신의 신체 부위를 인식해 본다. • 음악에 맞춰 자신의 신체 부위와 명칭을 대응시킨다.				
표준보육과정 관련 요소	신체운동 영역 〉 감각과 신체 인식하기 〉 신체를 인식하고 움직이기				
활동자료	건반, 전신 그림 또는 사진, 가사판				
사전활동	선생님, 친구들, 자신의 목소리를 녹음하여 들어 보고 누구의 소리인지 인식하여 본다.				

활동방법	활동내용	준비물 및 유의점
도입	1. 교사는 매트 위에 유아를 앉히고 우리 몸에 있는 여러 신체 기관에 대해 그림(사진)을 보며 이야기해 본다. T: (사진 속의 기관[머리, 가슴, 배 등]을 가리키며)이 부분을 무엇이라고 하죠? 　사진 속과 같은 부분을 우리 친구들 몸에서 짚어 볼까요?	준비물: 전신 그림 또는 사진
전개	1. 〈털보영감님〉 노래를 배워 본다. T: 선생님이랑 오늘 노래를 한번 배워 볼까요? 털보 영감님 통 통 통 통　털보영감님　　통 통 통 통　혹부리영감님 통 통 통 통　코주부영감님　　통 통 통 통　안경영감님 통 통 통 통　손을위-로　　팔랑팔랑팔랑팔랑　손을무릎에 2. 노래 가사를 바꾸어서 배워 본다. T: 이번에는 가사를 바꿔서 노래를 불러 볼 거예요~ 　(아이들이 가사에 익숙해지면 율동을 알려 주고 노래에 맞춰 활동한다.)	준비물: 가사판

전개	T: 이번에는 율동을 알려 줄 거예요~ 　먼저 선생님이 하는 것을 잘 보고 하나씩 천천히 배워 볼까요? 통통통통 무릎입니다 : 양손 주먹 쥐고 위아래로 부딪치고 　　　　　　　　　손바닥을 펴고 무릎을 칩니다. 통통통통 배꼽입니다 : 양손 주먹 쥐고 위아래로 부딪치고 　　　　　　　　　손바닥을 펴고 배꼽을 가리킵니다. 통통통통 가슴입니다 : 양손 주먹 쥐고 위아래로 부딪치고 　　　　　　　　　손바닥을 펴고 가슴을 칩니다. 통통통통 어깨랍니다 : 양손 주먹 쥐고 위아래로 부딪치고 　　　　　　　　　손바닥을 펴고 어깨를 칩니다. 통통통통 머리입니다 : 양손 주먹 쥐고 위아래로 부딪치고 　　　　　　　　　손바닥을 펴고 머리를 칩니다. 팔랑팔랑 팔랑팔랑 : 손을 머리 위에서부터 반짝 하며 무릎으로 내립 　　　　　　　　니다.	
마무리 및 평가	1. 교사는 명칭과 유아의 동작이 일치하는지 파악해 본다. T: 우리 친구들, 오늘 노래에서 어떤 신체 부분들이 나왔죠? 　선생님이 말하는 부분을 다시 한 번 가리켜 볼까요?	
확장활동	몸에 있는 여러 신체 부위(다리, 손목, 발가락, 허리, 엉덩이 등)로 바 꾸어 율동을 해 본다.	

1. 어린이집 ② 어린이집을 만들어요

대주제	어린이집				
소주제	어린이집에 왔어요	활동형태	소집단	유형	신체 활동
활 동 명	어린이집을 만들어요	소요시간	10~20분	대상연령	만 2세
활동목표	• 자신이 관찰한 어린이집을 새로운 공간에 다양한 물건으로 만들어 볼 수 있다. • 친구들과 협력하여 어린이집을 구성해 볼 수 있다.				
표준보육과정 관련 요소	신체운동 영역 〉 신체 조절과 기본운동 하기 〉 소근육 조절하기 사회관계 영역 〉 더불어 생활하기 〉 자신이 속한 집단 알기				
활동자료	어린이집의 다양한 사진, 다양한 블록과 영역에 있는 물건				
사전활동	사진을 보고 친구들과 선생님의 이름을 말해 본다.				

활동방법	활동내용	준비물 및 유의점
도입	1. 바닥에 어린이집, 마당, 놀이터 등의 사진을 붙여 놓은 후, 아이들과 직접 어린이집을 둘러본다. T: ○○이가 보고 있는 이 사진은 어떤 사진일까요? T: 그렇죠? 우리 어린이집의 사진이죠? 우리 한 번 직접 둘러볼까요?	준비물: 어린이집의 다양한 사진
전개	1. 아이들과 함께 본 것들에 대해 이야기 나누고 블록을 활용하여 아이들이 직접 어린이집을 만들어 보도록 한다. T: 우리 어린이집에 어떤 곳이 있었죠? 거기에는 어떤 물건들이 있었나요? T: 여기 있는 블록으로 우리 친구들이 직접 어린이집을 만들어 볼까요? 2. 아이들과 함께 어린이집을 만들어 보고 블록으로 표현하기에는 부족해 보이는 부분은 다른 영역에 있는 물건을 이용하여 만들 수 있도록 한다. T: 블록이 아니고 다른 물건으로 만들어 보고 싶은 친구는 다른 물건으로 만들어 보세요. 	준비물: 다양한 블록과 영역에 있는 물건 유의점: 공간을 구성하며 아이들이 싸우지 않도록 교사가 옆에서 잘 보조한다.

전개	3. 다 만들고 나면 아이들과 함께 이야기를 나눠 보고 다양한 역할놀이를 해 볼 수 있도록 한다. T: 여기는 어떤 공간을 만들어 본 건가요? T: 재미있는 역할놀이를 해 볼까요?	
마무리 및 평가	1. 아이들과 충분히 놀아 본 후 정리하며 이야기를 나눈다. T: 자~ 이제 다시 원래의 우리 반으로 돌아가 볼까요? 　원래 있던 곳에 가져다 놓으세요~ 누가 누가 정리를 잘하나? T: 오늘 우리 무엇을 만들어 보았죠? T: 어떤 놀이를 해 보았나요?	
확장활동	바깥놀이 – 어린이집 밖으로 나가 아이들과 산책해 본다.	

1. 어린이집 ③ 첨벙첨벙 수영을 해요

대주제	어린이집				
소주제	어린이집에서 놀아요	활동형태	소집단	유형	신체 활동
활 동 명	첨벙첨벙 수영을 해요	소요시간	15~20분	대상연령	만 2세
활동목표	• 신체 각 부분을 지시에 따라 움직일 수 있다. • 몸을 움직이며 즐거움을 느낄 수 있다.				
표준보육과정 관련 요소	신체운동 영역 〉 감각과 신체 인식하기 〉 신체를 인식하고 움직이기				
활동자료	매트, 커다란 파란색 천				
사전활동	여러 군데의 신체 부위를 노래에 맞춰 배워 본다.				

활동방법	활동내용	준비물 및 유의점
도입	1. 바닥에 아이들이 자유롭게 움직일 수 있을 만큼 넓게 푹신한 매트를 깔고, 커다란 파란색 천을 매트 위에 펼쳐 놓고, 아이들이 탐색할 시간을 충분히 준다. T: 친구들, 이게 무엇일까요? T: 우와~ 그래, 바다일 수도 있고 강일 수도 있고 수영장일 수도 있겠구나.	준비물: 매트(아이들이 자유롭게 움직일 수 있을 만큼 넓게), 커다란 파란색 천
전개	1. 교사의 지시에 따라 몸을 움직여 본다. T: 우리 친구들, 물에 들어가기 전에 준비운동을 먼저 해 볼까요? 　먼저 목을 빙빙 돌려 주세요~ 　다음은 허리를 크게 돌려 주세요. 　이번에는 앉았다 일어서기를 해 볼까요? T: 준비운동 끝! 이제 물속으로 들어가 볼까요? 　자, 친구들, 우리가 물속에 들어왔어요. 　우리 다같이 앉아서 물을 만져 볼까요? 두 손으로 찰싹찰싹 물을 튀겨 볼까요? 옆에 있는 친구한테도 물을 튀겨 볼까요? T: 이번에는 누워서 수영을 해 볼까요? 　발로 첨벙첨벙 물장구를 쳐 볼까요? 두 발 모두 발차기. 　이제 두 팔을 옆으로 뻗어서 첨벙첨벙 흔들어 볼까요? T: 이번에는 반대로 엎드려서 수영해 볼까요? 　다리로 커다란 물장구를 쳐 볼까요? 첨벙첨벙 크게 물장구 쳐 주세요. 　두 팔을 앞으로 쭉 뻗어서 어푸어푸 수영해 볼까요? 팔 돌려 주세요. T: 자, 이번에는 하고 싶은 대로 물에서 놀아 볼까요?	준비물: 매트(아이들이 자유롭게 움직일 수 있을 만큼 넓게), 커다란 파란색 천

전개	 2. 아이들이 자유롭게 움직여 볼 시간을 준 다음 정리한다.	
마무리 및 평가	1. 아이들과 활동에 대해 이야기를 나눈다. T: 친구들~ 재미있었나요? T: 오~ 그랬구나. 그럼 어떤 것이 재미있었나요? T: 우리가 어디를 움직여 보았지요?	
확장활동	미술 영역 – 내 모습을 그려 보아요. (수영하는 나의 모습 그려 보기)	

① 좋아하는 놀잇감 담기

대주제	느낄 수 있어요				
소주제	살펴보아요	활동형태	소집단	유형	신체 활동
활동명	좋아하는 놀잇감 담기	소요시간	10분	대상연령	만 1세
활동목표	놀잇감의 촉감과 색, 모양을 탐색한다.				
표준보육과정 관련 요소	신체운동 영역 〉 감각과 신체 인식하기 〉 감각기관으로 탐색하기 자연탐구 영역 〉 탐구하는 태도 기르기 〉 사물에 관심 가지기				
활동자료	주머니(영아 수만큼)				
사전활동	우리 반에 있는 놀잇감의 종류와 사용법을 알아본다.				

활동방법	활동내용	준비물 및 유의점
도입	1. 교실의 놀잇감을 탐색한다. T: 여기 빨간 종이벽돌이 있네요! T: ○○이는 ○○반에서 어떤 놀잇감을 제일 좋아하나요?	준비물: 전신 그림 또는 사진

전개	1. 교사가 가방에 놀잇감을 담는다.
	T: 여기 파란색 주머니는 좋아하는 놀잇감을 담는 가방이에요.
	T: 선생님은 토끼인형을 담아야지.
	  (언어 영역으로 이동한 후 토끼인형을 가방에 담는다.)
	T: 이번엔 어디로 가서 무엇을 담을까?
	2. 영아들이 좋아하는 놀잇감을 담는다.
	T: 와! ○○이는 블록 영역에 가서 레고인형을 담았네요!
	  (교사는 영아의 이동을 격려한다.)
	3. 주머니가 가득 차면 교사에게 와서 꺼내 놓는다.
	T: 가방이 가득 찬 친구는 선생님한테 꺼내 주세요.
	
		준비물:
		놀잇감, 주머니
		
		유의점:
		놀잇감 갈등이 없도록 최대한 동일한 놀잇감을 2~3개씩 준비한다.

전개	T: ○○○이는 언어 영역에 가서 책을 담았구나. T: 이 책은 네모에 빨간색이네요! 또 빨간 물건을 담아 주세요. 　(교사는 영아의 이동을 격려한다.) 블록 영역에 다섯 번이나 갔다 왔 　어요! 4. 다시 교실을 돌아다니며 장난감을 담고 이동해서 쏟기를 반복한다. T: 긴 파란색 레고 블록을 가지고 왔네요! 　(교사는 장난감의 모양과 색깔을 읽어 준다.)	
마무리 및 평가	1. 이동한 놀잇감을 정리하도록 격려한다. T: 이제 우리가 좋아하는 놀잇감 ○○이 집으로 가고 싶대요~ 　책들을 집으로 보내 줄 친구는 누구일까요? 　(영아들이 책을 들고 정리 영역으로 이동하는 것을 격려한다.)	
확장활동	실외 놀이터, 산책을 나가서 주머니에 좋아하는 자연물을 넣어 본다.	

2. 느낄 수 있어요   ② 여러 가지 맛

대주제	느낄 수 있어요				
소주제	맛 보아요	활동형태	소집단	유형	신체 활동
활 동 명	여러 가지 맛	소요시간	10~20분	대상연령	만 1세
활동목표	여러 가지 맛을 보고 표정과 몸으로 느낌을 표현할 수 있다.				
표준보육과정 관련 요소	신체운동 영역 〉 감각과 신체 인식하기 〉 감각 자극에 반응하기				
활동자료	노래 자료 〈맛있는 과자〉, 음식(김, 김치, 바나나, 자몽), 일회용 접시, 일회용 포크				
사전활동	혼자 할 수 있는 일에 대해 이야기를 나눠 본다.				

활동방법	활동내용	준비물 및 유의점
도입	1. 오늘 먹어 볼 음식의 사진을 붙여 두고 노래를 틀어 아이들을 집중 시킨다. 　(아이들이 관심을 갖지 않을 경우 교사가 먼저 질문해 본다.) T: 친구들, 사진 속에 있는 이것은 무엇일까요? 　여기에서는 어떤 맛이 날까요? 　그럼 우리 직접 먹어 보고 한번 표현해 볼까요?	준비물: 음식 사진, 노래 자료 〈맛있는 과자〉
전개	1. 아이들에게 개인 접시와 포크를 나눠 주고, 아이들과 음식을 먹고 맛을 표현해 본다. T: 우리 어떤 음식을 먼저 먹어 볼까요? 　(음식을 나눠 준다.) 어떤 맛이 났어요? 　아, ○○맛을 느낀 친구도 있고, ○○맛을 느낀 친구도 있구나~ 　친구들의 느낌을 한번 표현해 볼 수 있나요? 　(네 가지 음식을 모두 먹어 보고 표정과 몸으로 표현해 본다.) 2. 선생님이 음식을 먹고 표현한 후 아이들이 어떤 맛을 표현했는지 맞혀 본다.	준비물: 음식(김, 김치, 바나나, 자몽), 일회용 접시, 일회용 포크 유의점: 음식 알레르기가 있는 아이들을 잘 체크하고, 아이들이 잘 먹지 못하는 음식은 억지로 먹이지 않도록 한다.

전개	T: 이번에는 선생님이 맛을 표현해 볼게요~ 친구들이 맞혀 보세요~ (음식을 먹고 표현한다.) 어떤 맛을 표현한 것 같아요? T: 친구들에게 맛을 표현하는 것을 보여 주고 싶은 친구 있나요? (음식을 먹고 표현하게 한다.) ○○이는 어떤 맛을 표현한 것 같아요?	
마무리 및 평가	T: 오늘 어떤 음식을 먹고 표현해 봤죠? T: 똑같은 음식을 먹었지만 친구마다 느낀 맛은 조금씩 달랐지요? 우리 이번엔 점심을 먹으면서 어떤 맛인지 선생님과 이야기할 수 있겠어요?	
확장활동	골고루 먹어요 - 좋아하는 음식과 싫어하는 음식을 이야기해 보고, 먹기 싫은 음식도 골고루 먹어야 함을 알도록 한다.	

③ 리듬에 맞추어 공을 굴려요

대주제	느낄 수 있어요				
소주제	온 몸으로 느껴 보아요	활동형태	소집단	유형	신체 활동
활 동 명	리듬에 맞추어 공을 굴려요	소요시간	20~30분	대상연령	만 2세
활동목표	• 리듬의 강약과 빠르기를 알 수 있다. • 리듬에 맞춰 다양하게 공을 굴려 본다.				
표준보육과정 관련 요소	신체운동 영역 〉 신체 활동에 참여하기 〉 신체 활동에 참여하기 예술경험 영역 〉 예술적 표현하기 〉 움직임으로 표현하기				
활동자료	고무공, 음악 CD, 오디오				
사전활동					

활동방법	활동내용	준비물 및 유의점
도입	1. 교사가 신나는 음악을 미리 틀어 둔다. T: 친구들~ 우리 선생님이 틀어 준 음악을 들어 볼까요? (다 같이 음악을 듣는다.) 2. 음악에 대한 각자의 느낌을 이야기한다. T: 친구들~ 노래를 들으니 무슨 느낌이 들었어요? T: 그렇죠? 신나기도 하고 춤추고 싶어요~ T: 이제 우리가 음악을 몸으로 표현할 건데 어떻게 표현하는 게 좋을까요? T: 그래요~ 그럼 우리 친구들끼리 손뼉을 치거나 발을 동동 굴러 볼까요? 3. 노래를 다시 틀어 주고 손뼉을 치거나 발을 굴러 음악을 몸으로 표현한다.	준비물: 음악 CD, 오디오
전개	1. 교사가 공을 꺼내서 리듬에 맞춰 공을 굴린다. 2. 교사가 공을 굴리는 것을 보고 관심을 가지고 따라 하는 시늉을 한다. 3. 공을 굴리는 것에 대해 이야기한다. T: 친구들~ 선생님이 공을 굴린 것처럼 친구들도 굴려 볼까요? T: 그럼 친구들끼리 짝을 지어서 리듬에 맞춰 공을 굴려서 주고받아 봐요! 4. 리듬에 맞춰 공을 굴리면서 서로 주고받는다. 5. 이번에는 공을 굴리는 방법 말고 어떻게 주고받을지에 대해 이야기해 본다. T: 아~ 서로 던지고 받아요? 한 바퀴 빙글~ 돌고 전해 줘요? 그래요, 공을 통통 튕겨서 줄 수도 있구나!	준비물: 고무공, 음악 CD, 오디오 유의점: 공을 다룰 때 세게 다뤄서 안전사고가 나지 않도록 주의한다.

	그럼 우리 한 번씩 해 볼까요? 공을 너무 세게 튕기면 위험할 수도 있으니까 조심해요~ 6. 공을 다양한 방법으로 한 번씩 주고받으며 음악의 리듬을 느낀다. 	
마무리 및 평가	1. 활동이 끝난 후 모두 제자리에 앉아 활동에 대해 이야기를 나눈다. T: 힘들거나 어려웠던 점은 없었나요? T: 오늘 공을 주고받은 것이 어땠어요? 재미있거나 기억에 남는 것이 있나요?	
확장활동	이야기 나누기 – 여러 종류의 노래를 들어 보고 어떤 것으로 표현할 지에 대해 이야기를 나눠 본다.	

3. 움직여요 ① 타요~ 타요~

대주제	움직여요				
소주제	몸을 움직여요	활동형태	소집단	유형	신체 활동
활 동 명	타요~ 타요~	소요시간	15~20분	대상연령	만 2세
활동목표	• 물체를 잡고 다양하게 움직여 볼 수 있다. • 버스가 되어 자유롭게 움직여 봄으로써 버스와 정류장의 개념을 이해한다.				
표준보육과정 관련 요소	신체운동 영역 〉 신체 활동에 참여하기 〉 몸 움직임 즐기기 예술경험 영역 〉 예술적 표현하기 〉 몸동작으로 반응하기				
활동자료	소리가 나는 핸들(제작), 차도(노란색 테이프), 버스정류장 2개, 타요타요 주제곡				
사전활동	다양한 교통기관에 대해 알아본다.				

활동방법	활동내용	준비물 및 유의점
도입	1. 직접 제작한 핸들을 준비해 놓는다. 　(핸들의 가운데 부분은 흔들면 소리가 나도록 제작하여 아이들이 흥미를 갖도록 한다.) 　(그리고 바닥에는 노란 테이프로 차도를 표시해 놓는다. 차도 중 세 곳에 정류장을 세워 둔다.) *아이들이 관심을 갖지 않을 경우, 교사가 아이들에게 먼저 질문한다. T: 오늘은 우리 반에 신기한 것이 생겼어요. 바닥을 한번 볼까요? 	준비물: 소리가 나는 핸들(제작), 차도(노란색 테이프), 버스정류장 2개
전개	1. 아이들이 핸들을 가지고 차도에서 자유롭게 놀도록 한다. T: 우리 친구들이 지금 가지고 노는 것이 무엇일까요? T: 바닥에 붙여져 있는 것은 무엇일까요? T: (미리 만들어 놓은 정류장을 가리키며) 저것은 무엇일까요? 2. 다른 아이들도 관심을 보이면 간단한 규칙을 설명해 준다. T: ○○이는 지금 버스가 되었어요~ ○○이도 버스가 되어 볼까요? 　버스를 타고 싶은 친구는 정류장으로 가서 기다리고 있을까요? 　친구를 태우려면 버스는 정류장에서 어떻게 해야 할까요? 3. 아이들과 함께 다양한 방법으로 버스를 운전해 본다. 　(타요타요 주제곡을 틀어 준다.)	준비물: 소리가 나는 핸들(제작), 차도(노란색 테이프), 버스정류장 2개 유의점: 아이들이 서로 부딪히지 않도록 주의한다.

전개	T: 이번에는 선생님이 버스기사가 되어 볼 거예요. 선생님 버스를 타고 싶은 친구는 정류장에서 기다려 주세요. T: 선생님 버스는 이쪽(손가락으로 오른쪽을 가리키며)으로 가고 ○○버스는 저쪽(왼쪽을 가리키며)으로 가다가 선생님과 만나면 손뼉을 마주쳐 봐요~	
마무리 및 평가	1. 아이들을 정류장으로 불러 모아 활동을 마무리한다. T: 우리 친구들 더 넓은 곳으로 가서 버스놀이를 해 볼까요? 모두 선생님 버스를 타는 거예요~ 버스를 타려면 정류장에서 기다려야겠죠? 선생님 버스와 떠나 볼까요?	
확장활동	미술 영역 – 버스를 그려 보아요. (자기가 알고 있거나 타 본 버스 그려 보기)	

3. 움직여요 ② 터널 통과하기

대주제	움직여요				
소주제	몸을 움직여요	활동형태	소집단	유형	신체 활동
활동명	터널 통과하기	소요시간	5분	대상연령	만 0세
활동목표	• 터널을 기어서 통과할 수 있다. • 교사의 말을 듣고 이해한다.				
표준보육과정 관련 요소	신체운동 영역 〉 신체 조절과 기본운동 하기 〉 기본운동 하기 의사소통 영역 〉 듣기 〉 경험과 관련된 말 듣고 알기				
활동자료	투명 터널, 인형, 음악, 긴 끈이 달린 자동차, 활동사진 게시				
사전활동					

활동방법	활동내용	준비물 및 유의점
도입	1. 투명 터널을 한쪽에 두고 탐색하는 시간을 갖는다. 2. 0세 반에 있는 인형을 가지고 와 터널을 통과시킨다. T: 토끼가 터널 속으로 들어갑니다. 와~ 길다. 3. 선생님이 터널 속으로 인형과 함께 들어갔다 나온다. T: 터널 길로 들어갑니다. T: (터널 속에서 손 흔들며) 안녕! 여긴 터널이야~ T: 이 터널의 문은 여기구나! 신기한 곳이다~	준비물: 투명 터널, 인형
전개	1. 터널에 흥미를 보이는 영아부터 통과해 본다. 　(교사가 터널 입구와 출구 쪽에 앉아 박수 치며 영아의 이름을 부른 　다.) T: ○○이 선생님한테 오세요. T: 와~ 빨리 기어 올 수 있구나. (출구로 영아가 나오면 안아 준다.) T: 이제 ○○선생님한테 가 볼까? 2. 관심을 보이는 영아부터 터널 통과하기를 시도한다. 　(음악 틀기) T: ○○이도 이 터널을 지나서 선생님한테 와 볼까? 3. 끈이 달린 자동차를 출구에서 잡아당겨 영아가 자동차를 보고 기어 　오도록 한다. (개별로 좋아하는 놀잇감을 이용할 수도 있다.)	준비물: 투명 터널, 긴 끈이 달린 자 동차, 음악 유의점: 무서워하는 영 아는 적정한 선에서 호기심 을 자극하되 억지로 시키지 는 않도록 주 의한다.

마무리 및 평가	1. 영아들과 터널 통과하기 활동에 대해 이야기를 나눈다. T: 우리가 기어서 지나간 터널이다. 안녕, 재미있게 놀아 줘서 고마워~	준비물: 활동사진 게시
확장활동	자신 있게 기어 가는 영아가 많으면 좀 더 긴 터널 또는 불투명한 터널 통과하기를 시도한다.	

3. 움직여요   ③ 떼굴떼굴 굴러가요

대주제	움직여요				
소주제	몸을 움직여요	활동형태	소집단	유형	신체 활동
활 동 명	떼굴떼굴 굴러가요	소요시간	15~20분	대상연령	만 2세
활동목표	• 물체를 다양하게 탐색할 수 있다. • 구르는 것을 경험한다.				
표준보육과정 관련 요소	신체운동 영역 〉 신체 활동에 참여하기 〉 기구를 이용하여 신체 활동 하기				
활동자료	부직포, 비밀상자, 장난감 바퀴, 공, 과일 모형들(사과, 배, 오렌지), 노래 자료 〈떼굴떼굴 도토리〉				
사전활동	굴러가는 공이 나오는 영상을 틀어 준다.				

활동방법	활동내용	준비물 및 유의점
도입	1. 활동 몇 주 전부터 직접 제작한 투명한 상자를 놀이 영역에 놔 둔다. 2. 활동일에 투명한 상자에 부직포를 붙여 비밀상자로 꾸미고 활동자료를 넣어 놀이 영역에 둔다. (아이들이 관심을 갖지 않을 경우 교사가 상자 주변을 기웃거린다.)	준비물: 비밀상자
전개	1. 아이들이 비밀상자 안을 충분히 탐색하도록 한다. T: (활동자료 중 하나를 틀며) 어? 이게 뭘까? 우리 친구들 이거 본 적 있어요? T: 아~ 이게 그거였지! 그럼 이것은요? 2. 아이들의 의견을 충분히 들어준 후 교사가 활동자료를 만지작거리다 먼저 굴려 본다. T: ○○이가 떼굴떼굴 굴러가네요? T: 와~ 우리 ○○이도 굴려 볼래요? T: 와~ 잘 굴러가네요~ 	준비물: 비밀상자 (제작), 장난감 바퀴, 공, 탱탱볼, 탁구공, 야구공, 과일 모형들(사과, 배, 오렌지) 유의점: 물건을 가지고 싸우지 않도록 주의한다.

전개	3. 구르는 것을 몸으로 직접 경험해 본다.
	T: 선생님은 □□(활동자료 중 하나)처럼 놀아 보고 싶어요!
	  (앞구르기나 손으로 동글동글 모양을 흉내 내거나 몸을 좌우로 굴
	  려 보여 준다.)
	T: 우리 ○○이도 해 볼까?
	T: 너무 잘하네~ 떼굴떼굴~
	T: 선생님도 우리 ○○이가 하는 거 따라 해 볼래요!
	T: 다른 친구들도 선생님한테 보여 줄래요?
	T: (아이들이 따라 하지 않는 경우) 와~ 선생님은 □□이 된 것 같아
	  요! 우리 친구들도 해 볼까요?

마무리
및
평가
	T: (활동자료를 들며) 선생님은 이 □□을 우리 ○○이 친구가 잘 따
	  라 해 준 것 같아요~
	  (반 영아의 이름을 넣어 한 명, 한 명 모두 언급해 준다.)

확장활동	음률 영역 – 〈떼굴떼굴 도토리〉 불러 보기

4. 나는요 ① 내가 움직여요

대주제	나는요				
소주제	내 몸을 살펴보아요	활동형태	소집단	유형	신체 활동
활동 명	내가 움직여요	소요시간	15~20분	대상연령	만 2세
활동목표	거울에 비친 자신의 표정과 신체를 탐색하고 자신의 움직임에 관심을 갖는다.				
표준보육과정 관련 요소	신체운동 영역 〉 감각과 신체 인식하기 〉 신체를 인식하고 움직이기 사회관계 영역 〉 나를 알고 존중하기 〉 나를 구별하기				
활동자료	안전거울, 팝업북				
사전활동	〈당신은 누구십니까〉 노래를 배우며 자신의 이름을 인식하고 알린다.				

활동방법	활동내용	준비물 및 유의점
도입	1. 교사는 한쪽 벽면에 안전거울을 설치하고 교실에 손거울을 준비해 두고, 아이들이 팝업북에 관심을 보이면 과장되게 연기하며 읽어 주어 아이들의 흥미를 유발한다. 2. 팝업북 마지막 페이지의 꼬마 아이 그림에 주목하게 한다. T: 여기 꼬마 친구가 친구들에게 무엇을 하고 있나요? T: (아이들이 대답하면 앞쪽에 미리 둔 거울로 관심을 유도하며) 우리 친구들도 한번 해 볼까요?	준비물: 팝업북
전개	1. 아이들이 손거울에 관심을 보이면 자신의 얼굴을 충분히 탐색할 수 있도록 이끌어 준다. T: ○○이 앞에 있는 이게 무엇일까요? T: 거울 속에 누가 보이나요? T: ○○이는 어디가 제일 예뻐요? 2. 손거울을 내려놓도록 하고 벽면에 있는 거울에 비친 내 모습에 대해 이야기를 나눈다. T: 거울 속에 비치는 내 모습이 어떤가요? T: 거울 속 내 모습을 보고 어떤 표정을 지을 수 있을까요? (아이들이 반응을 보이지 않을 때만 다양한 표정으로 유도하고 아이들 스스로 다양한 표정을 지어 보도록 한다.) T: 우리 다 같이 ○○이의 표정을 따라 해 볼까요? T: ○○이가 지은 표정은 어떤 표정일까요? 그럼 □□이 표정은 어떨 때 나올까요? 3. 교사의 지시에 따라 거울을 보며 자신의 신체 부위를 짚어 본다. T: 멋진 표정을 지어 봤으니 이제는 한번 움직여 볼까요?	준비물: 손거울, 벽면 거울

전개	(손을 들고 만세를 시키거나 다리를 벌리고 서 보게 하는 등 간단하고 다양한 움직임을 지시해 주고 마지막에는 아이들이 원하는 포즈를 취하도록 한다.)
마무리 및 평가	1. 아이들과 활동에 대해 이야기를 해 보며 마무리한다. T: 어떤 표정이 미워 보였나요? T: 어떤 표정이 가장 마음에 드나요? T: 거울을 보며 몸을 움직여 보니 어땠어요?
확장활동	조작 영역 – 여러 가지 표정(얼굴판에 다양한 눈, 코, 입을 만들어 붙여 본다.)

4. 나는요 ② 몸을 움직여 봐요

대주제	나는요				
소주제	내 몸을 살펴보아요	활동형태	소집단	유형	신체 활동
활 동 명	몸을 움직여 봐요	소요시간	15~20분	대상연령	만 2세
활동목표	• 신체 부위의 이름을 알고 지시에 따라 몸을 움직일 수 있다. • 몸을 움직이며 즐거움을 느낄 수 있다.				
표준보육과정 관련 요소	신체운동 영역 〉 감각과 신체 인식하기 〉 신체를 인식하고 움직이기				
활동자료	신체 부위의 사진들(머리, 손, 발, 배 등), 노래 자료 〈요기저기〉				
사전활동	새 노래 〈요기저기〉를 배워 불러 본다.				

활동방법	활동내용	준비물 및 유의점
도입	1. 바닥에는 신체 부위의 사진들을 붙여 놓고 동요 〈요기저기〉 틀어 놓은 후 아이들과 이야기를 나눈다. T: (교사의 머리를 짚으며) 여기는 뭐라고 하죠? T: (교사의 발을 짚으며) 그럼 여기는 어디일까요?	준비물: 신체 부위의 사진들(머리, 손, 발, 배 등), 노래 자료 〈요 기저기〉
전개	1. 아이들이 누워서 교사의 지시에 따라 몸을 움직이며 놀아 본다. T: 우리 누워서 몸을 움직이며 놀아 볼까요? 모두 동그랗게 누워 보세요~ (함께 움직이며 지시한다.) T: 우리 한 발을 높게 들어 볼까요? 흔들흔들 흔들어 보세요~ 이번에는 두 발 모두 들어 볼까요? 흔들흔들 흔들어 보세요~ 따르릉 따르릉 자전거를 타 볼까요? 빠르게 달려 볼까요? 천천히도 달려 볼까요? 아이~힘들다! 앉아서 다리를 쭉 펴고 손으로 무릎을 꾹꾹 눌러 볼까요? 머리도 한 번 빙글빙글 돌려 볼까요? 이번에는 반대쪽으로 한 번 돌려 볼까요? T: 이번에는 양팔을 쭈-욱 뻗어 볼까요? 반짝반짝 별이 되었어요~ 반짝반짝 별이 옆 친구를 간질간질~ 반짝반짝 별이 다시 올라갔어요~ 반짝반짝 별이 어깨에 내려왔네요~ 반짝반짝 별이 다시 올라갔어요~ 반짝반짝 별이 배꼽에 내려왔네요~ T: 이제 예쁜 눈으로 선생님을 보세요~	

전개		
마무리 및 평가	T: 우리 오늘 어디를 움직여 봤죠? T: 어려웠던 점이 있었나요? T: 재미있었던 점은 무엇인가요?	
확장활동	언어 영역 – 기분을 말해 봐 (선생님과 함께 책『기분을 말해 봐』를 읽어 본다.)	

4. 나는요 ③ 종이가 되어 봐요

대주제	나는요				
소주제	나는 느껴요	활동형태	소집단	유형	신체 활동
활동명	종이가 되어 봐요	소요시간	10~15분	대상연령	만 2세
활동목표	종이가 되어 움직여 봄으로써 종이의 용도를 이해한다.				
표준보육과정 관련 요소	신체운동 영역 〉 신체 활동에 참여하기 〉 신체 활동에 참여하기 예술경험 영역 〉 예술적 표현하기 〉 움직임으로 표현하기				
활동자료	종이접기, 전단지				
사전활동	종이가 쓰이는 용도를 알아본다.				

활동방법	활동내용	준비물 및 유의점
도입	1. 종이가 어디에 있는지, 어떻게 사용되는지 이야기를 나눈다. T: 친구들~ 친구들은 그림을 그릴 때 어디에 그리죠? 　(아이들과 상호작용한 뒤) 그래서 오늘은 선생님이랑 종이접기나 그림 그릴 때 사용하는 종이에 대해 이야기를 해 볼 거예요. T: 종이는 우리 주변 어디에서 볼 수 있죠? T: 그 주변에서 볼 수 있는 종이로 무엇을 해 보았나요? T: 각자 자신들이 종이로 해 보았던 것들을 직접 종이가 되어서 몸으로 표현해 볼 거예요.	준비물: 종이접기, 그림 그린 종이
전개	1. 도입에서 이야기한 종이들로 해 보았던 것들을 표현한다. T: 친구들~ 종이로 비행기나 새처럼 날아다니는 것들을 접을 수 있는데, 우리 몸이 직접 종이가 되어 구부리거나 펴는 동작들로 날아다니는 것을 표현해 봐요. 　우리 친구들이 다양한 동작으로 날고 있어요~ 	준비물: 종이접기(비행기, 새), 스티커, 전단지

전개	T: 종이는 스티커나 전단지처럼 붙여질 수 있는데, 이번에는 바닥이나 벽에 자유롭게 붙어 봐요. 　꼼꼼하게 잘 붙어 있는 친구들도 있고 금방 떨어질 것 같은 친구들도 있네요. T: 또 종이는 구기거나 펼칠 수도 있어요. 우리 몸을 최대한 구겼다가 활짝 펴 봐요. 몸이 순식간에 커졌네요. T: 풀을 사용하면 종이끼리 만나서 붙기도 하지요. 친구끼리 만나 붙어 봐요. T: 그런데 갑자기 바람이 불어서 종이가 선생님 앞으로 떨어져 날아왔어요. 　우리 친구들 선생님 앞으로 잘 도착했네요~	
마무리 및 평가	1. 아이들을 불러 모아 활동에 대해 이야기를 나누어 본다. T: 우리 친구들 종이가 되어 무엇을 해 보았나요? T: 종이가 되어서 어떤 점이 가장 좋았나요? T: 표현할 때 어떤 점이 어려웠나요?	
확장활동	다양한 재질의 종이를 만지며 촉감을 느낀다.	

5. 놀이 ① 실로 구슬을 꿰어 보아요

대주제	놀이				
소주제	놀잇감은 재미있어요	활동형태	소집단	유형	신체 활동
활동 명	실로 구슬을 꿰어 보아요	소요시간	15~20분	대상연령	만 1세
활동목표	실이 되어 걷기나 기기를 통해 구슬을 통과해 볼 수 있다.				
표준보육과정 관련 요소	신체운동 영역 〉 신체 조절과 기본운동 하기 〉 기본운동 하기				
활동자료	구슬꿰기 교구, 훌라후프 두 개를 천으로 연결해 만든 터널(2~3개), 리본끈(길게 만든다)				
사전활동	놀이를 안전하게 하기 위한 여러 가지 방법(친구와 싸우지 않기, 입에 넣지 않기 등)을 이해한다.				

활동방법	활동내용	준비물 및 유의점
도입	1. 구슬꿰기 교구를 아이들의 눈에 띄는 곳에 꺼내어 놓으면 아이가 호기심을 가지고 교구를 만지고 교사와 함께 구슬꿰기를 한다. T: ○○이는 무엇을 하고 있나요? 우와~ 선생님도 한번 해 봐야겠다~ (다른 아이들도 호기심을 느끼고 다가온다.) T: 모두 멋지게 구슬을 연결하네~ 알록달록 정말 예뻐요~	준비물: 구슬꿰기 교구 유의점: 구슬 구멍이 큰 것과 두껍고 굵은 실을 준비한다.
전개	1. 자연스럽게 동작활동으로 유도한다. T: 선생님이 재미있는 놀이가 생각났어요~ 우리가 실이 되어 구슬을 지나가 볼까요? 2. 직접 실이 되어 구슬(터널) 안을 통과해 본다. T: 아~ 저기 커다란 구슬이 있네요~ 우리 저 구슬을 연결해 볼까요? T: 선생님이 친구들 몸에 긴 실을 묶어 줄게요~ (리본끈을 묶어준 후 선생님이 시범을 보이며 아이들과 같이 해 본다.) T: 우리 기어서 구슬 속으로 들어가 볼까요? T: 이번엔 쿵쾅쿵쾅 걸어서 들어가 볼까요? (아이들이 원할 때까지 충분히 해 보도록 한다.)	

전개		
마무리 및 평가	T: 오늘 우리는 무엇이 되어 구슬 속으로 들어가 봤죠?	
확장활동	리본끈을 이용하여 아이들과 다양하게 움직여 본다.	

5. 놀이 | ② 신문지로 놀아요

대주제	놀이				
소주제	놀잇감은 재미있어요	활동형태	소집단	유형	신체 활동
활 동 명	신문지로 놀아요	소요시간	10~20분	대상연령	만 1세
활동목표	신문지를 찢고 구기는 등 다양한 방법으로 신체를 움직이는 즐거움을 느낀다.				
표준보육과정 관련 요소	신체운동 영역 〉 신체 활동에 참여하기 〉 몸 움직임 즐기기 자연탐구 영역 〉 탐구하는 태도 기르기 〉 탐색 시도하기				
활동자료	신문지				
사전활동	다양한 필기도구로 신문지 위에 낙서해 본다.				

활동방법	활동내용	준비물 및 유의점
도입	1. 신문지를 바닥에 깔아 놓고 선생님이 미리 접어 놓은 신문지 모자 와 옷을 입고 있다. T: ○○이도 한번 입어 볼까요?	준비물: 신문지
전개	1. 아이가 신문지를 탐색하는 시간을 준 후 교사가 먼저 찢고 구기며 논다. T: 우리 친구들도 한번 찢어 볼까요? T: 한번 구겨 보기도 할까요? T: 하늘 위로 날려 볼까요? 2. 어느 정도 구긴 신문지와 찢은 신문지가 생기고 아이들이 지루해하 면 다른 놀이를 제안한다. T: 신문지가 바다고 친구들이 물고기예요~ 우리 친구들이 숨으면 선 생님이 물고기를 잡을 거예요~ 한번 숨어 볼까요? T: 이번엔 누가 잡아 볼까요? 3. 찢어 놓은 신문지를 놀이처럼 모은다. T: (교사가 시범을 보이며) 자~ 이번에는 신문지로 공을 만들어 봐요. (아이들이 신문지공을 가지고 놀 시간을 충분히 준 뒤 정리한다.) 	준비물: 신문지 유의점: 아이들이 자신 의 방법으로 가지고 놀 때 교사가 원하는 놀이로 유도하 지 않는다.

마무리 및 평가	T: 오늘 우리가 가지고 논 게 무엇이었죠? T: 재미있었나요?	
확장활동	다양한 재질의 종이를 만지며 촉감을 느낀다.	

5. 놀이   ③ 칙칙폭폭 기차놀이

대주제	놀이				
소주제	기차놀이	활동형태	소집단	유형	신체 활동
활동명	칙칙폭폭 기차놀이	소요시간	20분	대상연령	만 2세
활동목표	• 자신의 힘을 이용해 기차를 끌어 본다. • 자신이 기차를 타 보면서 기차에 대해 알아본다.				
표준보육과정 관련 요소	신체운동 영역 〉 신체 활동에 참여하기 〉 신체 활동에 참여하기 예술경험 영역 〉 예술적 표현하기 〉 움직임으로 표현하기				
활동자료	기차(상자, 끈, 스티커, 색연필, 사인펜), 기차역 3개, 기찻길(검정 테이프), 노래 자료 〈칙칙폭폭 기차놀이〉				
사전활동	기차와 기차역의 개념을 알아본다.				

활동방법	활동내용	준비물 및 유의점
도입	1. 며칠 전부터 기찻길을 바닥에 붙여 놓는다. 그런 다음 기차역을 형태만 놓고 아이들이 관심을 가지고 직접 꾸밀 수 있도록 둔다. 기차로 이용할 상자를 기찻길 위에 두고 아이들이 직접 꾸미도록 한다. 2. 아이들이 꾸민 상자와 끈을 연결해서 기차를 만들어 놓는다. (교사가 노래를 미리 틀어 두어 아이들이 흥미를 가질 수 있게 한다.) (〈칙칙폭폭 기차놀이〉 노래를 튼다.)	준비물: 기차(튼튼한 상자, 스티커, 끈, 색연필, 사인펜), 기차역 3개, 기찻길(검정 테이프)
전개	1. 아이들이 직접 만든 기차와 기차역을 가지고 마음대로 놀 수 있도록 한다. T: ○○반 친구들~ 오늘 교실에 신기한 게 생겼어요! 무엇이 있는지 살펴볼까요? T: (관심을 유도하며) 우와~ 저기에 친구들이 예쁘게 꾸며 준 상자가 있네요~ 2. 선생님이 직접 기차를 타 본다. T: 선생님이 ○○역에서 기차를 타고 가 볼게요. T: 도착! 선생님은 ○○역에 도착했어요. T: 우리 친구들도 예쁘게 꾸며 준 상자로 기차놀이를 해 볼까요? 3. 아이들이 직접 타 보도록 한다. T: (기차에 관심을 가지는 아이에게) 우와~ ○○이 기차네요? ○○이 기차 출발~ T: 이번에는 □□이가 기차가 되었네요? 어디로 갈까요? □□이 기차 출발~	준비물: 기차(튼튼한 상자, 스티커, 끈, 색연필, 사인펜), 기차역 3개, 기찻길(검정 테이프) 유의점: 아이들이 다치지 않게 주의한다./아이들이 싸우지 않도록 교사가 옆에서 잘 보조한다.

전개	T: 다른 친구들도 기차를 타고 싶어요? 그럼 기차역에서 줄 서서 차례대로 타 봐요~ 4. 지그재그 테이프를 따라 기차를 운전해 본다. T: 자, 친구들 이번에는 지그재그 기찻길을 따라 기차를 끌어 볼까요? 다치지 않게 조심조심 운전해 봐요~ 	
마무리 및 평가	1. 아이들을 기차역으로 불러 모아 활동을 마무리한다. T: 친구들~ 오늘 활동 어땠어요? T: 어떤 것이 제일 기억나요?	
확장활동	실제로 현장에 체험활동을 나가 아이들과 함께 경험해 본다. 자기가 알고 있는 기차나 전철을 그려 본다.	

6. 동물 ① 닭이 쑥쑥 자라요

대주제	동물				
소주제	엄마동물 아기동물	활동형태	소집단	유형	신체 활동
활 동 명	닭이 쑥쑥 자라요	소요시간	15~20분	대상연령	만 2세
활동목표	• 알, 병아리, 닭을 몸으로 표현해 볼 수 있다. • 닭의 성장과정을 알아보고 즐길 수 있다.				
표준보육과정 관련 요소	신체운동 영역 〉 신체 활동에 참여하기 〉 신체 활동에 참여하기 자연탐구 영역 〉 과학적 탐구하기 〉 주변 동식물에 관심 가지기				
활동자료	동화책, 알 · 병아리 · 닭 그림, 그림을 붙일 판				
사전활동	여러 동물을 알아보고 동물들의 울음소리를 들어본다.				

활동방법	활동내용	준비물 및 유의점
도입	1. 벽에 알, 병아리, 닭 사진을 붙여 놓고, 동화책을 펼쳐 놓고 아이들이 관심을 가지면 시작한다.	준비물: 동화책, 알 · 병아리 · 닭 사진
전개	1. 아이들이 관심을 가지면 둥글게 모여 앉게 하고 동화책을 읽어 준다. T: 선생님이랑 같이 읽어 볼까요? 　어미닭이 알을 낳았어. 조심조심 따뜻하게 알을 품어 줘. T: 우리 닭이 알을 품는 걸 따라 해 볼까요? ○○이가 알이 되어 보고 ○○이가 알을 품어 볼까요? T: 친구가 알을 다 품어 주니까 톡톡 알껍데기가 조금씩 깨지더니 빠지직 병아리가 나왔어. 삐약삐약! T: 알에서 병아리들이 무사히 나왔네~ 알에서 병아리가 되었는데 친구들도 알에서 나와 볼까요? 　(아이들이 알에서 나오는 병아리를 표현하면) T: 우와~그럼 병아리는 무슨 소리가 날까요? 　축축한 솜털이 마르더니 보송보송 예쁜 병아리가 되었어. 　삐약삐약 병아리가 어미닭을 따라 마당으로 나왔어. 　종종종 어미닭을 따라다니며 먹이를 먹어. 그래야 몸이 점점 자라지. 　병아리가 자라고 있어. 　솜털 사이로 거뭇거뭇 날개깃이 나오고 삐죽삐죽 꽁지깃도 자라지. 　우와, 이만큼 컸네! 머리 위와 턱 밑에 붉은 볏이 돋았어. 　이제는 다 자라 늠름해졌어. 한 번 울면 멀리까지 그 소리가 들리지. 　꼬끼오!	준비물: 동화책

전개	T: 병아리들이 무럭무럭 자라서 닭이 되었어요~ 그럼 우리도 닭이 되어 볼까요? (선생님도 닭 흉내를 내며 닭 울음소리를 낸다.) 	
마무리 및 평가	1. 동화책을 다 읽어 주고 난 뒤 알 · 병아리 · 닭 그림과 판을 준비한다. T: (알 그림을 보여 주며) 이게 뭐였는지 기억나는 친구 있나요? 우리 ○○이가 잘 기억하고 있네요~ ○○이가 판에 붙여 볼까요? (병아리와 닭 그림도 질문하며 판에 붙여 보도록 한다.)	
확장활동	언어 영역 – 알에서 나오는 동물 (알에서 나오는 동물들 알아보기)	

6. 동물 ② 개미가 되어요

대주제	동물				
소주제	동물처럼 움직여 보아요	활동형태	소집단	유형	신체 활동
활동명	개미가 되어요	소요시간	15~20분	대상연령	만 2세
활동목표	• 공을 잡고 안전하게 터널을 통과할 수 있다. • 개미가 먹이 나르는 모습을 자유롭게 표현해 본다.				
표준보육과정 관련 요소	신체운동 영역 〉 감각과 신체 인식하기 〉 신체를 인식하고 움직이기 자연탐구 영역 〉 과학적 탐구하기 〉 주변 동식물에 관심 가지기				
활동자료	개미인형, 개미굴처럼 보이기 위한 갈색의 터널, 공 여러 개, 공을 담을 수 있는 상자				
사전활동	바깥놀이 시간에 선생님과 먹이를 나르는 개미를 관찰해 본 후 선생님과 함께 개미에 대해 알아본다.				

활동방법	활동내용	준비물 및 유의점
도입	1. 활동공간을 자유롭게 탐색해 본다. 　(터널 앞에는 공을 담을 수 있는 상자를 두고, 주위에 공을 여러 개 놓아 둔다.) T: 여기 있는 인형은 무슨 인형일까요? 인형 주위에 있는 많은 공은 무엇일까요? T: 그럼 저 갈색 터널은 뭘까요? 터널을 지나면 어디가 나올까요?	준비물: 개미인형, 개미굴처럼 보이기 위한 갈색의 터널, 공 여러 개
전개	1. 아이들이 터널 안을 자유롭게 통과해 본다. T: 터널 안에는 무엇이 있을까요? 　친구들과 차례차례 터널을 통과해 볼까요? 2. 개미가 먹이 나르는 모습을 흉내 내며 간단한 게임 활동을 해 본다. T: 개미는 먹이를 어떻게 나를까요? 우리 친구들이 직접 몸으로 표현해 볼까요? T: 먹이를 가지고 터널을 통과할 때는 다른 개미 친구와 부딪치지 않도록 어떻게 해야 할까요? T: (공을 가리키며) 그럼 이제 개미가 되어 먹이를 들고 터널을 통과해서 상자 안에 먹이를 넣어 봐요~ T: 영차 영차! 어느 개미가 부지런히 먹이를 나를까요? 3. 상자 안에 공이 모두 채워지면 아이들이 원할 때까지 반복하도록 한다.	준비물: 개미굴처럼 보이기 위한 갈색의 터널, 공 여러 개, 공을 담을 수 있는 상자 유의점: 터널 안에서 아이들이 부딪치지 않도록 교사가 잘 관찰한다.

마무리 및 평가	T: 우리 친구들 개미를 정말 잘 표현했어요~ 선생님이 밖에서 본 개미들이랑 똑같았어요! T: 어려웠던 점은 무엇이었나요? T: 가장 재미있었던 것은 무엇인가요? T: 우리 친구들 열심히 먹이를 날랐으니 이제 맛있는 점심을 먹으러 가 볼까요?	
확장활동	자연탐구 – 개미 키우기 (아이들과 선생님이 직접 개미를 키우며 관찰해 본다.)	

6. 동물 ③ 캥거루가 되어요

대주제	동물				
소주제	동물처럼 움직여 보아요	활동형태	소집단	유형	신체 활동
활동 명	캥거루가 되어요	소요시간	15~20분	대상연령	만 2세
활동목표	• 캥거루에 대해 이야기해 보고 몸으로 표현할 수 있다. • 보자기를 이용한 주머니와 다양한 주머니로 물건을 옮길 수 있다.				
표준보육과정 관련 요소	신체운동 영역 〉 신체 활동에 참여하기 〉 신체 활동에 참여하기 자연탐구 영역 〉 과학적 탐구하기 〉 주변 동식물에 관심 가지기				
활동자료	다양한 동물 사진, 캥거루 사진, 다양한 모양과 질감의 보자기, 상자, 가방, 플라스틱 바구니, 다양한 장난감, 엄마캥거루와 아기캥거루 CD				
사전활동	동물원에 사는 친구들에 대해 알아본다.				

활동방법	활동내용	준비물 및 유의점
도입	1. 전날 캥거루 사진(캥거루가 100cm 정도 되고 입체감이 있고 앞주머니가 달린 사진)을 붙여 놓고, 주머니를 만들 수 있는 보자기(상자, 가방, 앞치마, 질감이 다른 보자기)를 캥거루 옆 바구니에 보관해 둔다. 2. 아이들이 캥거루에 관심을 가지면 자연스럽게 다가간다. T: ○○이가 캥거루 주머니에 블록을 넣었구나~ T: □□이가 공룡을 가져왔구나. 우리 그 공룡도 주머니에 넣어 볼까요? 3. 캥거루처럼 몸에 묶은 주머니를 보여 준다. T: 선생님도 캥거루처럼 주머니가 있는데 선생님 주머니에도 한번 넣어 볼까요?	준비물: 캥거루 사진(입체감과 주머니가 있는 사진), 다양한 보자기(상자, 가방, 질감이 다른 보자기)
전개	1. 아이들이 주머니를 만들고 싶도록 유도한 다음 아이들에게 각자의 주머니를 만들어 준다. T: 선생님 주머니가 가득 찼네. 그럼 이제 우리 친구들도 주머니를 만들어서 물건을 넣어 볼까요? 2. 주머니를 탐색할 시간을 준다. T: 모두 다른 주머니네? 자기 주머니를 만져 볼까요? 어때요? 3. 교사가 자신의 주머니에 미리 준비한 장난감을 넣어 본다. T: 선생님은 엄마캥거루처럼 아기캥거루를 주머니에 넣었어요. 친구들도 좋아하는 걸 주머니에 넣어 보세요. 우리 친구들은 무엇을 넣었을까? 책도 넣고, 블록도 넣고, 강아지도 넣었구나. 4. 아이들에게 캥거루처럼 뛰는 동작을 유도한 후 교실을 돈다.	준비물: 다양한 보자기(상자, 가방, 질감이 다른 보자기), 장난감들, 엄마캥거루 아기캥거루 CD 유의점: 아이들이 뛰면

전개	T: 선생님은 엄마캥거루처럼 폴짝폴짝 뛰어 봐야지~ 　와~ 이만큼이나 왔네? 5. 아이들이 주머니의 물건을 바꿔 담으며 동작을 할 수 있도록 한다. T: 이제 주머니에 들어 있는 물건을 다른 물건으로 바꿔 담아 볼까요? 　다른 물건으로 바꿔 담은 친구들은 또 한 바퀴 폴짝폴짝 뛰어 봐요! 	서 부딪치거나 물건을 고를 때 친구들과 다투지 않는지 살펴본다.
마무리 및 평가	1. 물건을 정리하고 활동을 마무리한다. T: 캥거루 친구들~ 바닥에 떨어진 물건들을 주머니에 넣고 폴짝폴짝 뛰어서 여기 앞에 있는 바구니에 넣어 주세요~ T: 캥거루 걸음으로 맛있는 밥을 먹으러 가요~ 폴짝폴짝!	
확장활동	신체 표현 – 다른 동물들 표현하기	

7. 봄과 여름 ① 무엇이 될까?

대주제	봄과 여름				
소주제	꽃구경은 즐거워요	활동형태	자유놀이	유형	신체 활동
활동명	무엇이 될까?	소요시간	15~20분	대상연령	만 2세
활동목표	• 씨앗에서 꽃이 되는 과정을 몸으로 표현해 본다. • 노래를 듣고 가사에 맞추어 표현할 수 있다.				
표준보육과정 관련 요소	신체운동 영역 〉 신체 활동에 참여하기 〉 신체 활동에 참여하기 의사소통 영역 〉 듣기 〉 짧은 이야기 듣기				
활동자료	전날 심어 둔 화분의 사진, 씨앗(꼭꼭이) 막대기, 새싹 막대기, 꽃(분홍이와 다른 하나), 막대기, 이슬 막대기, 태양(쨍쨍이) 막대기				
사전활동	선생님과 함께 직접 화분에 씨앗을 심어 본다.				

활동방법	활동내용	준비물 및 유의점
도입	1. 전날 심어 둔 화분의 사진을 찍어 벽에 붙여 놓고 씨앗 · 새싹 · 꽃 막대기를 아이들의 눈에 띄는 곳에 꽂아 놓는다. (아이들이 막대나 사진에 관심을 가지면 사진을 가리키며) T: 사진 속에 있는 것은 무엇일까요? T: 어제 화분에 심은 씨앗 기억나나요? 그럼 지금부터는 선생님이 씨앗 꼭꼭이의 이야기를 들려줄게요.	준비물: 전날 심어 둔 화분의 사진, 씨앗 · 새싹 · 꽃 막대기
전개	1. 선생님이 만든 이야기를 들려 주며 몸을 움직여 본다. T: (씨앗 막대기를 보여 주며) 이 친구의 이름은 꼭꼭이에요. 꼭꼭이는 매일매일 옆에 있는 분홍이를 부러워했어요. 꼭꼭이는 밤마다 '나도 분홍이처럼 되고 싶다.' 하고 생각하면서 잠들었대요. 그러던 어느 날, 이슬이가 "내가 물을 줄 테니깐 그 물을 마셔 봐."라고 말했어요. 그래서 그 물을 꿀꺽꿀꺽 마셨더니, 꼭꼭이 몸에서 쑥쑥 하고 초록색 잎사귀가 생긴 거예요~ 우리 친구들이 꼭꼭이가 되어서 물을 마시고 어떻게 되었나 한번 움직여 볼까요? T: 꼭꼭이는 자기가 새싹이 된 걸 신기해하면서 "나도 이제 분홍이가 되는 거구나." 하고 기뻐했어요. 그리고 쨍쨍이도 꼭꼭이한테 "네가 따뜻한 빛을 좋아해 주면 너도 분홍이처럼 될 거야."라는 말을 듣고서 정말 쨍쨍이를 좋아했더니~ 어느 날 옆에 있는 분홍이처럼 예쁜 꽃이 되었대요~	준비물: 씨앗(꼭꼭이) 막대기, 새싹 막대기, 꽃(분홍이와 다른 하나) 막대기, 이슬 막대기, 태양(쨍쨍이) 막대기 유의점: 아이들이 테이프에서 나오는 노래의 속도를 따라가지 못하

전개	T: 꼭꼭이는 쨍쨍이를 어떻게 좋아했을지 한번 움직여 볼까요? T: 이제 꼭꼭이처럼 예쁜 꽃이 되어 볼까요? 2. 씨앗 동요를 들려 주면서 동작활동을 한다. T: 우리 친구들 씨앗 동요 모두 알죠? 모두 일어나 노래에 맞춰 움직여 볼까요? 	면 교사가 직접 불러 아이들이 잘 듣고 표현할 수 있도록 한다.
마무리 및 평가	T: 꼭꼭이는 오늘 누구와 누구의 말을 들었죠? 그래서 꼭꼭이가 무엇이 되었나요? T: 선생님이 다른 꼭꼭이 이야기도 (책이 있는 곳을 가리키며) 저기에 놔 둘게요~ 읽어 보고 싶은 친구는 가서 읽어 보세요~	
확장활동	언어 영역 – 동화 읽기 (꼭꼭이 이야기와 비슷한 이야기의 책을 놓아 둔다.)	

7. 봄과 여름　② 철썩철썩 파도

대주제	봄과 여름				
소주제	물놀이가 재미있어요	활동형태	소집단	유형	신체 활동
활 동 명	철썩철썩 파도	소요시간	15~20분	대상연령	만 2세
활동목표	• 파도의 움직임을 자유롭게 몸으로 표현해 본다. • 여러 명이 하나의 파도를 만들며 협동해 볼 수 있다.				
표준보육과정 관련 요소	신체운동 영역 〉 신체 활동에 참여하기 〉 신체 활동에 참여하기 사회관계 영역 〉 더불어 생활하기 〉 자신이 속한 집단 알기				
활동자료	파도 사진, 커다란 파란 천, 하얀색 손수건(아이들 수만큼), 4~5명이 잡을 수 있는 하얀 천, 강한 파도 소리, 약한 파도 소리				
사전활동	선생님과 바다에 대한 동화를 읽은 후 자신이 생각하는 바다를 그려 본다.				

활동방법	활동내용	준비물 및 유의점
도입	1. 교실 벽에 파도 사진을 붙여 놓고 바닥에는 아이들이 자유롭게 움직일 수 있을 만한 커다란 파란 천을 깔고 위에 하얀 손수건을 깔아 놓는다. T: (아이들이 관심을 가지면) 이게 무엇인 것 같나요? 　그렇게 생각할 수도 있구나~ 그런데 선생님이 한 생각과 같은 생각을 한 친구가 있었어요~ 여기는 바다예요~ T: (손수건을 들며) 이것으로 바다의 무엇을 만들어 볼 수 있을까요? 　(일단 아이들이 자신이 표현할 수 있는 것을 각자 움직여 보게 한 뒤) T: 선생님은 파도를 만들 수 있는데~ 우리 친구들도 파도를 한번 만들어 볼까요?	준비물: 파도 사진, 커다란 파란 천, 하얀색 손수건(아이들 수만큼)
전개	1. 파도소리를 들려 주고 손수건을 들고 자유롭게 움직여 본다. T: 선생님이 파도 소리를 들려 줄게요. 　(강한 파도 소리를 들려 주며) 자~ 큰 파도는 어떻게 만들어 볼까요? T: (작은 파도 소리를 들려 주며) 작은 파도는 어떻게 만들어 볼까요? 2. 보자기를 들고 여러 명이 큰 파도를 만들어 본다. T: 큰 파도는 천도 더 크면 좋겠죠? T: 우리 친구들이 이 보자기를 모두 잡고 큰 파도를 만들어 볼까요? 　그런데 한 친구가 힘을 너무 세게 주면 다른 친구가 다칠 수도 있으니까 모두 힘을 모아서 파도를 만들어 주세요~ T: 이번엔 선생님이 보자기를 잡고 큰 파도를 만들고 친구들이 손수건으로 작은 파도를 만들어 볼까요?	준비물: 파도 사진, 커다란 파란 천, 하얀색 손수건(아이들 수만큼), 4~5명이 잡을 수 있는 하얀 천, 강한 파도 소리, 약한 파도 소리

전개		유의점: 큰 보자기를 잡을 때 서로 잡아당겨 다치지 않도록 주의한다.
마무리 및 평가	T: 우와~ 정말 바다에 파도가 멋지게 치는 모습이네요~ T: 손수건으로 파도를 만들었을 때는 어땠나요? T: 보자기로 친구들과 파도를 만들 때는 어땠나요?	
확장활동	자연탐구 - 선생님과 바닷속에 사는 친구들에 대해 알아본다.	

7. 봄과 여름 ③ 쇠똥구리가 되어요

대주제	봄과 여름				
소주제	벌레가 되어 보아요	활동형태	소집단	유형	신체 활동
활동명	쇠똥구리가 되어요	소요시간	15~20분	대상연령	만 2세
활동목표	쇠똥구리에 대해 이야기하고 몸으로 표현할 수 있다.				
표준보육과정 관련 요소	신체운동 영역 〉 신체 활동에 참여하기 〉 신체 활동에 참여하기				
활동자료	쇠똥구리 사진 자료, 다양한 종류와 크기의 공				
사전활동	쇠똥구리의 특징을 알아본다.				

활동방법	활동내용	준비물 및 유의점
도입	1. 아이들과 쇠똥구리 사진을 보며 이야기를 나눈다. T: 자, 여기 사진에서 이 동물 친구는 누구일까요? T: 맞아요, 쇠똥구리예요. 우리 친구들은 쇠똥구리를 본 적이 있나요? T: 쇠똥구리는 어디에 가면 볼 수 있을까요? T: 쇠똥구리는 동물의 똥이 많은 곳에서 산다고 해요.	준비물: 쇠똥구리 사진
전개	1. 사진을 보며 쇠똥구리의 똥에 대해 말해 본다. T: 그런데 쇠똥구리 옆에 있는 동그란 것은 무엇일까요? T: 맞아요, 똥이에요. 근데 쇠똥구리는 똥을 가지고 무엇을 하고 있을 까요? T: 쇠똥구리는 이 똥을 굴려서 안에 알을 낳는대요. 그래서 안에 있는 쇠똥구리 애벌레가 이 똥을 먹고 자란대요. 2. 자연스럽게 동작활동으로 유도한다. T: 자, 그럼 우리 친구들이 쇠똥구리가 되어 볼까요? 쇠똥구리처럼 똥을 굴려 보는 거예요. 우리 친구들은 쇠똥구리처럼 무엇을 굴려 볼 수 있을까요? T: 그래요, 우리 교실에서 쇠똥구리처럼 굴려 볼 수 있는 물건을 찾아 볼까요? 3. 굴릴 만한 여러 크기와 다양한 종류의 공을 찾아본다. T: 와~ 정말 큰 공도 있고, 작은 공도 있네요. 이제 친구들이 가진 공으로 쇠똥구리처럼 굴려 볼 거예요. 4. 각자 찾은 공으로 자유롭게 굴려 본다. T: 지금부터 친구들과 부딪치지 않게 조심해서 공을 자유롭게 굴려 봐요~	준비물: 쇠똥구리 사진, 다양한 크기와 종류의 공

전개	5. 아이들이 공을 굴리면서 안전하게 하는지, 다투는 아이가 없는지 살펴본다. T: 와~ 우리 친구들 열심히 잘 굴리고 있네요~ 친구랑 마주치면 사이좋게 서로 양보하면서 굴려 봐요. 이번에는 우리 친구들이랑 공을 바꿔서 굴려 볼까요?
마무리 및 평가	1. 아이들이 모인 후 오늘 활동에 대해 이야기를 나누고 공을 정리한다. T: 오늘 우리 친구들이 표현한 동물이 뭐였지요? T: 오늘 하면서 힘든 점은 무엇이었나요? T: 각자 가지고 온 공들을 정리해 주세요~
확장활동	신체표현 – 다른 동물 표현하기

8. 가을과 겨울 ① 나뭇잎이 떨어져요

대주제	가을과 겨울				
소주제	가을이에요	활동형태	소집단	유형	신체 활동
활동명	나뭇잎이 떨어져요	소요시간	15~20분	대상연령	만 2세
활동목표	• 나뭇잎이 바람에 날려 떨어지는 모습을 몸으로 표현할 수 있다. • 여름과 다른 가을나무의 모습을 경험한다.				
표준보육과정 관련 요소	신체운동 영역 〉 신체 활동에 참여하기 〉 신체 활동에 참여하기 자연탐구 영역 〉 과학적 탐구하기 〉 주변 동식물에 관심 가지기				
활동자료	깨끗이 씻어 말린 낙엽, 알록달록 물든 나무의 사진들, 여러 가지 바람소리(작게 부는 바람소리, 크게 부는 바람소리), 여러 색의 보자기(너무 길지 않은 것으로 준비)				
사전활동	낙엽이 떨어지는 모습을 관찰하며 낙엽을 밟아 보기도 하고 주워 본다.				

활동방법	활동내용	준비물 및 유의점

도입	1. 바깥놀이를 하면서 아이들과 주워 깨끗하게 씻어 말려 놓은 낙엽을
	  교실 한쪽에 놓아 두고 벽에는 단풍나무 사진들을 곳곳에 붙여 놓
	  아 아이들의 관심을 끈다.
	T: 무엇을 보고 있나요? 우리 친구들 선생님과 낙엽 주웠던 거 기억나
	  요?
	T: 나무에서 떨어지는 낙엽을 본 것도 기억나나요? 낙엽이 어떻게 떨
	  어졌죠?
	T: 떨어진 낙엽들은 어떻게 있었나요?
	  (선생님이 작은 부채질과 큰 부채질을 하여 직접 보여 준다.)
	T: 우리가 직접 낙엽이 되어 한번 표현해 볼까요?
	
		준비물:
		깨끗이 씻어
		말린 낙엽, 알
		록달록 물든
		나무의 사진들

전개	1. 아이들에게 여러 가지 색의 보자기를 나누어 주고 자신이 원하는
	  색을 선택하게 한 뒤 목에 둘러 준다.
	  (교실 바닥의 가운데에 테이프를 붙여 놓고 떨어진 낙엽들이 있다
	  고 하는 자리에 진짜 낙엽을 깔아 놓는다.)
		준비물:
		깨끗이 씻어 말
		린 낙엽, 여러
		가지 바람소리

전개	T: 자~ 친구들 바닥에 선이 보이나요? 　(한쪽을 가리키며) 이쪽은 나무에 붙어 있는 나뭇잎이고 저기 낙엽들이 있는 곳은 나무에서 떨어진 낙엽들이에요~ 　(모두 나무라고 가정한 쪽에서 시작한다.) T: 우와 예쁘게 물든 나뭇잎들이네? 나무에서는 나뭇잎들이 어떻게 하고 있을까요? 2. 바람소리를 들려 주어 아이들이 떨어지는 낙엽을 자유롭게 표현할 수 있도록 한다. T: (작은 바람소리를 들려 주며) 살랑살랑~ 아기바람이 불고 있어요~ 나뭇잎들은 어떻게 하고 있나요? T: (큰 바람 소리를 들려 주며) 휘잉휘잉~ 아빠바람이 불기 시작했어요~ 나뭇잎들은 어떻게 되었나요? 3. 나무에서 바람이 불 때 나무에 있는 나뭇잎뿐만 아니라 떨어진 낙엽들도 동작을 하도록 유도한다. T: 아까 선생님이 낙엽에 부채질했을 때 낙엽이 어떻게 되었죠? 4. 아이들과 반복해서 표현해 본다.	(작게 부는 바람소리, 크게 부는 바람소리), 여러 색의 보자기(너무 길지 않은 것으로 준비) 유의점: 아이들이 낙엽 쪽으로 이동할 때 서로 부딪쳐 다치지 않도록 주의한다.
마무리 및 평가	1. 아이들과 활동에 대해 이야기를 해 보며 마무리한다. T: 오늘 낙엽이 되어 보았는데 어땠나요? T: 떨어진 낙엽들은 바람이 불자 어떻게 되었나요? T: 어떤 부분이 가장 재미있었나요?	
확장활동	미술 영역 – 알록달록 단풍나무 (나무를 색칠하여 예쁜 단풍나무로 만들어 본다.)	

8. 가을과 겨울 ② 비 내리는 모습

대주제	가을과 겨울				
소주제	가을이에요	활동형태	소집단	유형	신체 활동
활동 명	비 내리는 모습	소요시간	20분	대상연령	만 2세
활동목표	비의 움직임을 신체를 이용하여 표현해 본다.				
표준보육과정 관련 요소	신체운동 영역 〉 신체 활동에 참여하기 〉 신체 활동에 참여하기 예술경험 영역 〉 예술적 표현하기 〉 모방과 상상놀이 하기				
활동자료	−나뭇잎, 와이퍼, 물웅덩이, 자동차 바퀴에 비가 내리거나 고이거나 튀는 동영상 −비가 모여서 도랑으로 흘러 들어가는 동영상				
사전활동	비 내리는 모습을 관찰한다. 비가 내리는 동영상을 본다.				

활동방법	활동내용	준비물 및 유의점
도입	1.『비오는 날』『비가 오면』 등의 비와 관련된 동화책을 읽어 준다. T: 지금부터 우리가 빗방울이 되어 볼 거예요~ T: 어디로 가는지? 무엇을 하는지? 잘 들어 주세요. 　　선생님 빗방울을 따라오세요.	준비물: 동화책
전개	1. 비가 되어 여행을 떠나는 모습을 동작으로 표현해 본다. 　　(교사는 영아와 함께 비가 여행하는 모습을 몸으로 표현한다.) T: 하늘에 빗방울이 모여서 구름이 되었대요. T: 구름이 하늘을 떠다녔어요. T: 빗방울 친구들이 너무 많이 모여서 구름에서 비가 뚝뚝 떨어지기 시작했대요. T: 자동차 와이퍼에 빗방울이 떨어졌어요. 어~ 어~ 와이퍼가 움직여요~ T: 왔다 갔다 하던 빗방울은 땅으로 떼굴떼굴 떨어졌대요. T: 어~ 어~ 낮은 하수구로 모두 몰려들어요. T: 그때 지나가는 자동차가 빗방울 사이를 뚫고 쌩~ 빗방울은 모두 튕겨 올랐어요. T: 하수구로 흘러 들어간 빗방울은 졸졸 흘러가기 시작했어요. T: 큰 바다로 흘러가 누워서 둥둥 떠다니던 빗방울은 뜨거운 햇님을 만나 다시 하늘로 올라갔어요. 2. 빗방울이 되어 여행을 마치고 난 느낌을 이야기한다. T: 언제 가장 신났어요? T: 언제 빨리 움직였죠?	준비물: 바닥에 부착한 파란비닐, 빗소리 유의점: 교사가 적극적으로 표현활동에 참여해야 한다.

전개	T: 누워 있을 때는 어떤 느낌이 들었어요? T: ○○이가 ○○으로 표현할 땐 진짜 빗방울이 튀어나온 것 같았어요. 	
마무리 및 평가	1. 창의적인 동작 표현 사진을 거울에 게시한 후 사진을 보며 이야기를 나눈다. T: ○○이 빗방울이 와이퍼에 떨어졌을 때야!	준비물: 활동 사진
확장활동	친구 사진을 보며 거울이 되어 따라 해 본다.	

8. 가을과 겨울 ③ 눈을 굴려요

대주제	가을과 겨울				
소주제	즐거운 겨울이에요	활동형태	소집단	유형	신체 활동
활동 명	눈을 굴려요	소요시간	20~30분	대상연령	만 2세
활동목표	• 눈의 움직임을 신체를 이용하여 표현해 본다. • 자신의 몸을 조절하여 눈을 굴려 본다.				
표준보육과정 관련 요소	신체운동 영역 〉 신체 활동에 참여하기 〉 신체 활동에 참여하기 예술경험 영역 〉 예술적 표현하기 〉 모방행동 즐기기				
활동자료	아이 몸 크기의 하얀 공 2개, 눈이 내리는 동영상, 눈이 쌓인 풍경 사진, 테이프, 반환점 (기둥)				
사전활동	겨울에 눈이 내렸을 때 무엇을 했었는지 이야기해 본다.				

활동방법	활동내용	준비물 및 유의점
도입	1. 눈이 내리는 동영상, 눈이 쌓인 풍경 사진을 보여 준다. T: 눈은 언제 내리죠? T: 눈이 내리는 모습을 본 친구 있나요? 눈이 쌓인 모습을 본 친구 있나요? T: 눈을 만져 본 적 있는 친구 있나요? 만질 때 어떤 느낌이 들었나요? T: 눈싸움을 해 본 적 있나요? 아니면 눈사람을 만들어 본 적 있나요?	준비물: 눈이 내리는 동영상, 눈이 쌓인 풍경 사진
전개	1. 직접 눈이 되어 눈이 내리는 모습을 동작으로 표현해 본다. 　(교사는 유아와 함께 눈이 내리는 모습을 몸으로 표현한다.) T: 구름에 빗방울 친구들이 너무 많이 모여서 바닥으로 떨어지는 중에 차가운 바람이 꽁꽁 얼려서 눈이 되어 내리기 시작했대요. 우리 함께 눈이 되어 봐요~ T: 눈이 많이 내려서 바닥에 소복하게 쌓였어요. 다 함께 쌓인 눈이 되어 볼까요? T: 어~ 어~ 지나가던 어떤 친구가 눈사람을 만든다고 눈을 굴리네요. 우리 다 함께 굴려 봐요~ 2. 친구들과 팀을 나누어 공을 굴려 본다. T: 눈사람 만들어 본 친구 있나요? 눈사람 만들 때처럼 커다란 눈덩이를 굴려 볼 거예요. T: 친구들~ 여기 친구들만 한 커다란 공이 보이죠? 지금부터 팀을 나눠서 저기 바닥에 있는 선을 따라 공굴리기 게임을 해 볼 거예요. T: 앞쪽에 앉은 친구들이 사자팀, 뒤쪽에 앉은 친구들이 호랑이팀이에요!	준비물: 반환점(기둥), 선(테이프)

| 전개 | T: 저기~ 앞쪽에 있는 기둥을 돌아 먼저 들어오는 팀이 이기는 거예요. 그럼 다 함께 해 볼까요?

T: 이야! 사자팀이 조금 더 빨리 들어왔네요? 사자팀에게 잘했다고 박수! 호랑이팀도 잘했어요. 호랑이팀도 수고했다고 박수!

T: 더 하고 싶은 친구들 있나요?

(더 하고 싶은 친구가 있다면 기회를 준다.)

3. 게임을 하고 난 후 눈에 대하여 이야기해 본다.

T: 이야~ 친구들 모두 멋지게 눈을 굴렸어요! 눈덩이를 굴릴 때 어땠나요?

T: 눈덩이를 계속 굴리면 어떻게 될까요?

T: 눈은 만지면 어떤 느낌이죠?

 | |
| 확장활동 | 신문지를 뭉쳐서 커다란 눈덩이 두 개를 만들어 눈사람을 만들어 본다. | |

| 9. 가족 | ① 누구의 신발일까? |

대주제	가족				
소주제	우리 가족을 흉내 내요	활동형태	소집단	유형	신체 활동
활 동 명	누구의 신발일까?	소요시간	15~20분	대상연령	만 2세
활동목표	가족 구성원들의 신발을 신고 넘어지지 않으며 걸을 수 있다.				
표준보육과정 관련 요소	신체운동 영역 〉 신체 조절과 기본운동 하기 〉 기본운동 하기 사회관계 영역 〉 더불어 생활하기 〉 내 가족 알기				
활동자료	가족 구성원들의 다양한 신발(엄마 구두, 아빠 구두, 운동화, 슬리퍼 등을 인원수만큼 준비), 신발 사진, 발자국 모양 시트지, 노래 자료 〈꼬까신〉				
사전활동	가족 구성원들의 물건과 자신의 물건을 알아보고 구별해 본다.				

활동방법	활동내용	준비물 및 유의점
도입	1. 교사는 발자국 모양 시트지를 바닥에 붙여 놓고 곳곳에 여러 가지 신발을 놓아 두고 〈꼬까신〉 노래를 틀어 아이들의 관심을 유도한다. T: (바닥에 붙여 놓은 발자국 모양을 보며) 이건 무슨 모양일까요? T: 이건 무엇일까요? 　선생님이 사진을 가지고 왔는데 누구의 신발인지 이야기해 볼까요? 2. 바닥에 놓여 있는 것과 같은 신발들의 사진을 보며 아이들과 이야기를 나눈다. T: (아빠 구두를 보며) 이것은 누구의 신발일까요? 한번 찾아볼까요? 　(아이들에게 사진들을 보며 이야기를 나눠 보고 찾은 친구에게 가져다 달라고 부탁하여 모든 신발을 한곳에 모은다.)	준비물: 가족 구성원들의 다양한 신발(엄마 구두, 아빠 구두, 운동화, 슬리퍼 등을 인원수만큼 준비), 신발 사진, 발자국 모양 시트지, 〈꼬까신〉 노래
전개	1. 아이들은 자신이 찾아 온 신발을 신고 다양하게 움직여 본다. T: ○○이가 신고 있는 신발은 누구의 신발이니? T: (아이가 신고 있는 신발이 아빠의 신발이라고 한다면) 그럼 아빠처럼 걸어 볼까? 　(아이들 모두 자신이 신고 있는 신발의 주인이라고 생각하는 사람을 흉내 낼 수 있도록 한다.) T: 이번엔 아주 천천히 걸어 볼까요? T: 꽃게처럼 옆으로도 걸어 볼 수 있나요? 2. 선생님이 미리 붙여 놓은 발자국 모양을 따라 걸을 수 있도록 해 본다. T: 근데 우리 아까 바닥에 어떤 모양이 있었죠? 그럼 그 모양을 따라서 한번 걸어 볼까요?	준비물: 가족 구성원들의 다양한 신발(엄마 구두, 아빠 구두, 운동화, 슬리퍼 등을 인원수만큼 준비), 신발 사진, 발자국 모양 시트지, 〈꼬까신〉 노래

전개	(엄마 구두를 신은 아이들은 선생님이 옆에서 봐 주며 넘어지지 않도록 도와준다.) 3. 아이들이 충분히 걸어 보았을 때 다른 친구와 신발을 바꿔 가며 신어 보도록 한다. T: 이번엔 다른 신발도 신어 볼까요? 신어 보고 싶은 신발을 신은 친구에게 가서 "친구야 나랑 바꾸어 신어 줄래?"라고 부탁하고 한번 바꿔서 신어 보세요~ 	유의점: 높은 신발을 신은 아이들을 주의하여 지켜본다.
마무리 및 평가	1. 아이들과 활동에 대해 이야기를 해 보며 마무리한다. T: 우리 친구들 다른 신발을 신고도 모두 잘 걸었어요~ T: 오늘 누구의 신발을 신어 보았죠? T: 느낌이 어땠나요? T: 이제 바깥놀이 시간이죠? 　그런데 우리 친구들은 아직 작고 어려서 아빠처럼 큰 신발을 신거나 엄마처럼 높은 신발을 신고 나가면 넘어져서 다칠 수도 있어요! 　이제 우리 친구들의 신발을 신고 나갈까요?	
확장활동	음률 영역 – 새 노래 지도 (〈꼬까신〉 노래를 함께 배워 본다.)	

9. 가족 ② 거인아빠의 낙하산 낚시놀이

대주제	가족				
소주제	엄마 아빠가 좋아요	활동형태	대집단	유형	신체 활동
활 동 명	거인아빠의 낙하산 낚시놀이	소요시간	20분	대상연령	만 2세
활동목표	• 낙하산 활동에서 즐거움을 느낀다. • 자유로운 동작활동을 통해 대근육 조절 능력을 기른다.				
표준보육과정 관련 요소	신체운동 영역 〉 신체 조절과 기본운동 하기 〉 대근육 조절하기 사회관계 영역 〉 더불어 생활하기 〉 자신이 속한 집단 알기				
활동자료	소형낙하산 1장, 보자기 10장, 종이벽돌 블록				
사전활동	함께 낙하산 펼쳐서 펄럭이기, 낙하산 밑으로 들어가기				

활동방법	활동내용	준비물 및 유의점
도입	1. 교사가 영아들이 몸을 움직일 수 있는 상황을 설정한다. 　(선생님이 낙하산을 숨겨 교실로 들어간다.) 2. 동작 놀이를 좋아하고 겁이 없는 영아에게 낙하산을 펼쳐서 조심스 　레 덮는다. T: (남자 소리를 내며) 잡았다! ○○이는 이제 거인아빠가 그물로 잡은 　거야. 도망갈 수 없어~ 만약 도망가면 또 그물로 잡을 테다!	준비물: 동화책
전개	1. 아이들과 놀이방법에 대해 이야기를 나눈다. T: 난 거인아빠다. 거인아빠가 그물로 낚시하는 것이지! T: 그런데 그물로 어린 고기를 잡는 방법 아는 사람 있나요? T: 아~ 그물을 덮어서 어항으로 잡아 와야겠군! 잡히기 싫은 물고기 　는 도망가세요. 2. 교사는 낙하산을 가지고 한 명을 잡아서 블록으로 만든 어항에 데 　려다놓는다. 	준비물: 낙하산, 종이 벽돌 블록, 보 자기 10장 유의점: 환경이 안전한 지 확인한다./ 교사와 애착이 충분히 형성된 2학기에 할 수 있는 활동으 로, 자발적으 로 참여하는 영아들과 놀이 를 한다.

전개	T: 도망가면 안 된다~ T: 물고기가 많아서 모두 잡을 수 없는데 어떡하지? T: 거인아빠의 가족이 되어서 물고기를 함께 잡을 친구 없어요? 3. 교사는 영아들을 낙하산으로 덮어 잡아 와 블록어항에 계속 데리고 온다. 　(유아의 신체 조절이 나타나는 장면을 사진·영상으로 촬영한다.)	
마무리 및 평가	1. 놀이가 끝난 후 영아들과 함께 이야기를 나눈다. T: ○○이는 어떻게 빠져나갔어요? T: ○○이는 빨리 도망가서 못 잡았어요. T: ○○이를 도망가지 못하게 하려면 어떻게 해야 할까요?	준비물: 활동 사진 또는 동영상
확장활동	거인아빠의 대형 낙하산 낚시놀이	

9. 가족	③ 엄마를 찾아 줘				

대주제	가족				
소주제	엄마 아빠가 좋아요	활동형태	소집단	유형	신체 활동
활동명	엄마를 찾아 줘	소요시간	15~20분	대상연령	만 2세
활동목표	• 동물의 발자국을 밟으며 동물에 대해 탐색한다. • 새끼와 어미의 개념을 이해한다. • 몸을 움직이며 즐거움을 느낄 수 있다.				
표준보육과정 관련 요소	신체운동 영역 〉 신체 활동에 참여하기 〉 신체 활동에 참여하기 자연탐구 영역 〉 과학적 탐구하기 〉 주변 동식물에 관심 가지기				
활동자료	동물의 발자국(강아지, 닭, 오리, 개구리, 악어), 동물 캐릭터				
사전활동	여러 동물을 알아보고 동물의 발자국을 찾아본다.				

활동방법	활동내용	준비물 및 유의점
도입	1. 동물의 발자국(강아지, 닭, 오리, 개구리, 악어) 사진을 붙여 놓고, 유아들에게 동물의 발자국을 본 적이 있는지 질문한다. 2. 어미와 새끼의 발자국을 찾아보고 알아본다. T: (새끼오리의 그림을 보여 주면서 새끼오리의 목소리로 변조하여) "애들아, 내가 엄마를 잃어버렸어. 너희가 우리 엄마의 발자국을 찾아 우리 엄마가 어디에 있는지 찾아 줘." 3. 교사가 유아들에게 질문을 던진다. T: 우리가 새끼오리의 엄마를 찾아 줄까요?	준비물: 동물의 발자국, (새끼, 어미) 동물의 사진
전개	1. 이야기를 나누고 신체를 이용하여 활동을 진행한다. T: 우리가 새끼오리의 부탁을 들어 줄까요? 　그럼 우리가 새끼오리가 되어 보는 거예요. 근데 새끼오리가 있으면 엄마오리도 있어야겠죠? 어떻게 하면 좋을까요? T: 아~ 그럼 옆 친구와 짝이 되어 한 명은 엄마오리가 되고 나머지 한 명은 새끼오리가 되면 되겠구나! T: 새끼오리가 무엇을 보고 엄마를 찾아 달라고 했는지 기억나는 친구 있어요? T: 맞아요~ 발자국을 보고 찾아 달라고 했지요. 그럼 새끼오리가 된 친구들이 발자국을 보면서 엄마오리를 찾아 주는 거예요. T: (조용히 말하며) 근데 사이사이에 엄마오리의 발자국이 아닌 다른 엄마의 발자국도 숨겨져 있대요. T: 그럼 찾아볼까요? 엄마오리는 어디에 있을까요?	

전개	T: 어! 아까 선생님이 친구들한테 말해 준 것처럼 엄마오리의 발자국이 아닌 것도 있어요. 우리 친구들이 엄마오리의 발자국을 잘 찾아서 새끼오리의 부탁을 들어 줘요.
	T: 우와~ 우리 친구들이 새끼오리의 엄마를 찾아 줬어요! 대단하다!
	T: 새끼오리가 엄마를 찾아 줘서 고맙다고 인사하고 있어요.
	  어! 저기에 다른 새끼동물들도 자기 엄마를 찾아 달라고 울고 있어요!
	  우리 새끼오리의 엄마를 찾아 준 것처럼 다른 동물들의 엄마들도 찾아 줄까요?

확장활동	미술 영역 – 엄마동물과 새끼동물 (자신이 좋아하는 동물의 어미와 새끼를 그려 본다.)

10. 친구 ① 랄랄라~ 친구에게 나를 소개해요

대주제	친구				
소주제	친구와 함께하는 놀이가 있어요	활동형태	소집단	유형	신체 활동
활동명	랄랄라~ 친구에게 나를 소개해요	소요시간	20분	대상연령	만 2세
활동목표	• 어린이집에서 자기소개 시간에 자신에 대해 직접 몸으로 표현해 본다. • 음악의 신호에 맞춰 자유롭게 표현하는 능력을 기른다.				
표준보육과정 관련 요소	신체운동 영역 〉 신체 활동에 참여하기 〉 신체 활동에 참여하기				
활동자료	홀라후프, 〈순이 일어서〉 악보, 건반, 가사판				
사전활동	선생님의 도움을 받아 종이컵 전화기를 만들고 친구와 함께 전화놀이를 해 본다.				

활동방법	활동내용	준비물 및 유의점
도입	1. 자기소개 하기 T: 여기 홀라후프 보이나요? 여기에 서면 친구들이 주인공이 되는 거예요~ 선생님과 친구들에게 자기를 멋지게 소개해 주고 다시 들어가 앉아 주세요~ (교사는 매트 위에 영아를 앉히고 영아들 앞에 홀라후프를 놓아 둔다. 영아 한 사람씩 이름을 불러 주면 영아는 대답하면서 홀라후프 안으로 들어간다. 다음 영아를 부르면 원래 있던 영아는 제자리로, 다음 영아는 홀라후프 안으로 들어간다.)	
전개	1. 〈순이 일어서〉라는 노래를 배워 본다. T: 선생님이랑 노래를 하나 배워 볼까요? (노래를 함께 불러 보고 아이들이 익숙해지면 활동방법을 알려 준다.) T: 선생님이 이름을 부르는 친구는 나와서 홀라후프 무대에서 움직이고 나머지 친구들은 노래를 불러 주는 거예요~ 할 수 있겠어요? (노래에 맞춰 영아 이름을 하나씩 바꿔 불러 본다.) 순이 일어서 : 순이가 홀라후프 안에서 일어선다. 순이 춤을 춰 : 춤을 출 준비를 한다. 랄랄랄랄라 : 자신감 있게 마음껏 춤을 춘다. 순이 제자리 : 제자리에 와서 앉는다.	유의점: 한동안 정해진 시간에 반복적으로 활동이 이루어지도록 한다.

전개	
마무리 및 평가	1. 교사는 영아들이 표현한 내용을 한 명씩 되짚어 준다. T: (영아가 했던 표현을 따라 하며) ○○이는 이렇게 움직이고 ○○이는 이렇게 움직였죠? T: 어떤 친구가 했던 동작이 가장 기억에 남나요?
확장활동	영아마다 자신의 특징을 나타낼 수 있는 동작 하나씩을 정해서 순서가 왔을 때 표현하도록 해 본다.

10. 친구 ② 점프해서 친구 풍선 치기

대주제	친구				
소주제	내 친구가 좋아요	활동형태	소집단	유형	신체 활동
활동명	점프해서 친구 풍선 치기	소요시간	20분	대상연령	만 2세
활동목표	높은 곳에 매달린 것을 잡는 동작활동을 통해 점프 능력을 발달시킨다.				
표준보육과정 관련 요소	신체운동 영역 〉 신체 조절과 기본운동 하기 〉 대근육 조절하기 사회관계 영역 〉 더불어 생활하기 〉 또래와 관계하기				
활동자료	교실의 끝과 끝에 매달 수 있는 고무줄, 친구 사진이 붙어 있는 풍선을 고무줄에 매달기, 스타킹 채				
사전활동	실외 활동을 마치고 줄을 설 때 높이 뛰어 선생님의 손바닥을 치고 한 명씩 들어가는 활동을 1달간 주 2~3회씩 계속한다.				

활동방법	활동내용	준비물 및 유의점
도입	1. 교실을 가로질러 고무줄을 묶고 풍선을 6~7개 매달아 둔다. (영아가 뛰어 겨우 칠 수 있는 높이) T: 점프해서 저 풍선을 칠 수 있을까?	
전개	1. 자연스러운 시범이 되도록 영아들이 볼 때 〈무릎을 굽혀서 앉았다가 일어나면서 풍선 치기〉 놀이를 계속한다. T: 무릎을 굽혀서 앉았다가 일어나면서 풍선을 치면 높이 올라갈 수 있을까요? 2. 자연스러운 시범이 되도록 영아들이 볼 때 〈달려오면서 높이 뛰어 풍선 치기〉 놀이를 계속한다. T: 달려오면서 뛰면 얼마나 높이 올라갈까요? (고무줄을 올리거나 내리기를 제안하거나, 못 치는 친구들의 문제 해결 방법을 제안하며 아이디어 실행을 돕는다.) 	준비물: 고무줄, 친구 사진 풍선, 스타킹 채 유의점: 반복 점프 기회를 충분히 주기 위해 일주일에 4일, 매일 1시간 이상 자유선택 활동을 운영한다.

전개	3. 스타킹 채를 이용해 풍선을 쳐서 줄을 넘겨 본다. T: 풍선을 채로 쳐서 넘겨 보자~	
마무리 및 평가	1. 높이 점프하지 못하는 문제 해결을 위한 이야기를 나눈다. T: 어떻게 하면 ○○이가 풍선을 칠 수 있을까? 2. 좋아하는 친구의 풍선을 칠 수 있도록 격려한다.	
확장활동	단계적으로 발달하는 점프 능력 향상을 위해 풍선을 더 높이 매달아 활동한다. 높이 정확히 점프하는 방법에 대해 나온 아이디어를 실행해 본다.	

10. 친구 ③ 친구와 함께 공을 튕겨요

대주제	친구				
소주제	친구와 함께하는 놀이가 있어요	활동형태	소집단	유형	신체 활동
활동 명	친구와 함께 공을 튕겨요	소요시간	15분	대상연령	만 2세
활동목표	• 보자기를 잡고 공을 튕겨 보면서 팔 움직임을 조절해 본다. • 하나의 보자기로 함께 활동함으로써 친구와 협동하는 경험을 한다.				
표준보육과정 관련 요소	신체운동 영역 〉 신체 조절과 기본운동 하기 〉 기본운동 하기 사회관계 영역 〉 더불어 생활하기 〉 자신이 속한 집단 알기				
활동자료	비밀상자, 색깔 보자기, 다양한 크기의 공				
사전활동	선생님과 친구의 소중함에 대한 동화를 읽은 후 친구가 있어 좋은 점을 이야기해 본다.				

활동방법	활동내용	준비물 및 유의점
도입	1. 비밀상자에 공을 넣어 아이들이 직접 만져 보고 무엇인지 맞히도록 한다. T: 별님반 친구들~ 오늘은 선생님이 비밀상자를 가져왔어요. 　우리 친구들이 한 명씩 나와서 비밀상자 안에 무엇이 들어 있는지 만져 보고 맞혀 볼 거예요. 　우리 친구들이 모두 만져 볼 때까지 쉿! 하고 기다리기로 약속해요~ T: 느낌이 어땠어요? 어떤 물건인지 알 것 같아요? 　그럼 예쁘게 앉아 있는 ○○이가 나와서 꺼내 보자~ T: 우와~ 공이었네요! T: 친구들, 혹시 친구가 있어서 어떤 점이 좋은지 말했던 거 기억나요? 어떤 점이 좋다고 했죠? T: 그래요, 같이 놀 수 있어서 좋다고도 했죠. 그래서 오늘은 친구 4명씩 짝을 지어서 보자기로 공을 튕기면서 놀 거예요.	준비물: 비밀상자, 다양한 크기의 공
전개	1. 아이들이 원하는 친구 4명씩 짝을 지은 후에 보자기를 나눠 주고 게임을 준비한다. T: 우리 친구들~ 사랑하는 친구 4명씩 모였나요? T: 그럼 선생님이 이제 보자기를 나눠 줄게요. T: 모두 일어나서 보자기의 끝을 잡고 공이 바닥에 떨어지지 않게 튕겨 볼 거예요. 　그런데 보자기 위에 있는 공을 떨어지지 않게 하려면 어떻게 해야 하죠? 그래요~ 받아야 하죠. 그렇게 하려면 친구들이랑 마음이 맞아야겠죠? 2. 아이들이 원하는 공을 선택해서 공을 튕겨 보게 한다.	준비물: 다양한 크기의 공, 색깔 보자기

전개	T: 우리 친구들~ 앞으로 나와서 원하는 공 하나씩을 가져가세요~ 공은 계속 바꿔 가면서 할 거예요.
	T: 자, 보자기 위에 공을 올리고 친구들이랑 공을 튕기고 받아 보자~
	T: 공이 잘 튕겨지지가 않아요? 그럼 어떻게 하면 좋을까요?
	T: 그래요, 그럼 친구들이랑 하나 둘 셋을 외치고 공을 튕겨 보자!
	T: 우와~ 별님반 친구들의 공이 통통 튕겨지고 있어요!
	3. 자유롭게 공을 계속 바꿔 가면서 튕겨 보게 하고 더 해 보도록 유도한다.
	T: 이번에는 다른 공을 튕겨 봐요. 어떤 친구들은 작은 공을 통통 튕기고, 어떤 친구들은 큰 공을 퉁퉁 튕기고 있네요.
	T: 우리 친구들은 마음이 잘 맞는 소중한 친구네요~ 
확장활동	언어 영역 – 친구야 사랑해 (친구에게 편지 쓰기)

누리과정에 기초한

유아를 위한 동작활동의 예

대주제	활동명
1. 나와 유치원	① 똑같이 움직여요
	② 다시 한번 해 봐요
	③ 유치원 가는 길
2. 나와 가족	① 꼬물꼬물 정자와 뚱뚱이 난자
	② 우리 가족이 되어 보아요
	③ 영양소를 옮겨 보아요
3. 우리 동네	① 우리 집 가는 길
	② 어떤 일을 할까?
	③ 김치를 담가요
4. 동식물과 자연	① 꽃씨의 모험
	② 숲 속을 걸어요
	③ 카멜레온처럼
	④ 나무의 여행
5. 건강과 안전	① 손을 씻어요
	② 깨끗이 깨끗이
	③ 음식이 지나가는 길
	④ 치카치카 양치질을 해 봐요
6. 생활도구	① 고무줄이 되어 보자
	② 풍선이 커져요
	③ 세탁기 속의 빨래
7. 교통기관	① 자동차가 되어 보아요
	② 떴다 떴다 비행기
	③ 비행기 타고 가요!
8. 우리나라	① 탈춤을 춰요
	② 문을 열어라
	③ 항아리와 토기장이
9. 환경과 생활	① 뽀송뽀송 밀가루 빵이 되었어요
	② 보글보글 비눗방울
	③ 알록달록 공기를 튕겨 보아요
	④ 물을 깨끗하게 만들어요
10. 계절	① 바람이 불어요
	② 나비와 꽃
	③ 눈싸움을 해 보자
	④ 민들레씨의 여행

1. 나와 유치원 ① 좋아하는 놀잇감 담기

대주제	나와 유치원				
소주제	유치원에서의 하루	활동형태	대집단	유형	신체 활동
활동명	똑같이 움직여요	소요시간	20~30분	대상연령	만 3세
활동목표	• 거울의 특징을 알고 거울이 되어 친구들과 선생님의 모습을 따라 할 수 있다. • 노래에 맞춰 즐겁게 몸을 움직일 수 있다.				
표준보육과정 관련 요소	신체운동 · 건강 영역 〉 신체 활동에 참여하기 〉 자발적으로 신체 활동에 참여하기 예술경험 영역 〉 예술적 표현하기 〉 움직임과 춤으로 표현하기				
활동자료	비밀상자, 거울, 노래 자료 〈그대로 멈춰라〉				
사전활동	동화『거울을 처음 본 사람들』을 읽어 주고 거울의 특징에 대해 이야기를 나눠 본다.				

활동방법	활동내용	준비물 및 유의점
도입	1. 비밀상자에 거울을 넣고 아이들이 만져 보고 무엇인지 맞혀 보도록 한다. T: 선생님이 가져온 비밀상자 안에 어떤 물건이 들어 있을까요? 　한 명씩 차례로 나와서 어떤 물건인지 맞혀 볼까요? 　친구들이 모두 만져 볼 때까지 쉿! 하고 기다려 주세요~ T: 어떤 느낌이 났어요? 어떤 물건일 것 같나요? 　친구들이 생각하고 있는 물건이 맞는지 한번 꺼내 볼까요? T: 짜잔~ 거울이었어요~ 　친구들이 거울을 보고 손을 들면 거울 속에 있는 나는 어떻게 되죠? 　거울을 보고 예쁜 짓을 하면 거울 속에 나는 어떻게 되죠? 　그렇죠? 내가 한 것처럼 거울이 똑같이 따라 하죠?	준비물: 비밀상자, 거울
전개	 1. 노래를 틀어 주고 유아들이 거울이 되어 선생님의 움직임을 따라하도록 한다. T: 우리 같이 거울놀이를 해 볼까요? 　선생님이 〈그대로 멈춰라〉 노래를 틀어 줄게요~	준비물: 노래자료 〈그대로 멈춰라〉

전개	노래가 멈추면 우리 친구들이 거울이 되어서 선생님이 멈춰 있는 모습과 똑같은 모습을 하는 거예요~ 할 수 있나요? (교사도 아이들과 노래에 맞춰 춤을 추다가 노래를 멈추고 다양한 포즈를 취한다.) 2. 아이들 두 명씩 짝을 지어 한 명은 거울이 되고 다른 한 명은 그 모습을 따라 해 본다. T: 자~ 두 명씩 짝을 지어 마주 보세요~ 선생님이 손 흔드는 쪽에 있는 친구들 손 들어 볼까요? 이쪽에 있는 친구들이 먼저 거울이 되는 거예요~ 아까처럼 노래가 멈추면 앞에 있는 친구가 멈춰 있는 모습을 따라 하세요~ (몇 번 따라 해 본 뒤 역할을 바꿔 더 해 보도록 한다.)	
마무리 및 평가	T: 우리 오늘 무엇이 되어서 친구를 똑같이 따라 해 봤죠? T: 어려웠던 점이 있었나요? 어떤 점이 어려웠나요? T: 재미있었나요? 어떤 점이 재미있었나요?	
확장활동	과학 활동 – 대칭거울 (반쪽으로 된 여러 가지 모양에 거울을 놓아 본 후 나머지 반쪽을 그려 본다.)	

1. 나와 유치원 ② 다시 한번 해 봐요

대주제	나와 유치원				
소주제	유치원에서의 하루	활동형태	대집단	유형	신체 활동
활동 명	다시 한번 해 봐요	소요시간	30~40분	대상연령	만 3세
활동목표	• 유치원에서 했던 활동들을 기억하고 사진을 보며 몸으로 표현해 볼 수 있다.				
표준보육과정 관련 요소	신체운동 · 건강 영역 〉 신체 인식하기 〉 신체를 인식하고 움직이기				
활동자료	아이들과 활동했던 사진들				
사전활동	미술영역–나랑 친하게 지냈던 친구의 얼굴을 그려 본다.				

활동방법	활동내용	준비물 및 유의점
도입	1. 학기 초에 유아들이 함께 활동했던 사진을 붙여 놓으며 아이들과 이야기를 나눈다. T: 친구들~ 이게 무슨 사진일까요? 　이때 우리가 무엇을 했던 것일까? 　그래~ 우리 친구들이 같이 모여 ○○ 활동을 했었지요? 　사진을 보니까 우리가 했던 활동들 기억나요? 　이 활동을 했을 때 어떤 점이 즐거웠어요? 　이 활동을 했을 때 속상한 점은 없었나요? T: 그럼 오늘은 우리 친구들이 이전에 활동했던 사진을 보고 다시 한 번 몸으로 표현해 볼까요?	준비물: 아이들과 활동 했던 사진들
전개	1. 기억에 남는 활동들을 하나씩 이야기하며 몸으로 표현해 본다. T: 이건 어떤 활동이었는지 기억나나요? 　그럼 같이 몸으로 표현해 볼까요? T: 선생님이 어떻게 했는지 우리 친구들이 모두 따라 해 볼까요? 　선생님은 어떤 표정이에요? 2. 사진 속에 재미있는 친구의 모습이나 표정을 따라 해 본다. T: 그럼 이번에는 우리 친구들의 모습을 따라 해 볼까요? 　○○이가 재미있는 표정을 짓고 있네요? 　우리 모두 ○○이의 표정을 한번 따라 해 볼까요? 　○○이의 사진 속 모습을 따라 해 볼까요? 3. 둘씩 짝을 지어 앞으로 나와 사진 속의 활동을 몸으로 표현해 본다. T: 이번에는 우리 옆의 친구와 둘씩 짝을 지어 표현해 볼까요? 　자, 이 사진 속에는 선생님과 친구들이 뭘 하고 있어요?	준비물: 아이들과 활동 했던 사진들

전개	옆에 있는 친구와 함께 몸으로 흉내 내 봐요. T: 친구들 중에 앞에 나와서 하고 싶은 팀 있어요? 　그래~ 우리 △△이와 ○○이가 앞으로 나와서 해 볼까요? 　친구들~ 우리 △△이와 ○○이가 뭘 표현한 것 같아요? 	
마무리 및 평가	T: 오늘 우리가 했던 활동들을 다시 표현해 보니까 어떤 기분이 드나 　요? 　우리가 다시 표현해 봤던 활동 중에서 무엇이 가장 재미있었어요? 　가장 기억에 남는 것은 무엇이에요? T: 오늘 활동을 하면서 속상한 적은 없었나요? 　그래~ ○○이는 그래서 속이 상했구나.	
확장활동	이야기 나누기 – 얼마나 자랐을까 (유아들의 키를 계측하여 작년에 쟀던 키와 비교해 본 후 함께 이야기 를 나눠 본다.)	준비물: 신장계

1. 나와 유치원 ③ 유치원 가는 길

대주제	나와 유치원				
소주제	유치원의 주변 환경	활동형태	대집단	유형	신체 활동
활동 명	유치원 가는 길	소요시간	20~30분	대상연령	만 4세
활동목표	• 유치원으로 오는 길을 직접 몸으로 체험해 본다. • 유치원 주위에 있는 건물을 알아보고 우리 동네에 관심을 갖는다.				
표준보육과정 관련 요소	신체운동 · 건강 영역 〉 신체 조절과 기본운동 하기 〉 기본운동 하기 사회관계 영역 〉 사회에 관심 갖기 〉 지역사회에 관심 갖고 이해하기				
활동자료	미니 지도(하드보드지), 건물 모형(우드락), 바닥에 붙일 길(마스킹 테이프)				
사전활동	유치원으로 오는 길을 관찰하며 산책한다.				

활동방법	활동내용	준비물 및 유의점
도입	1. 아이들과 산책했던 이야기를 나눈다. T: 햇님반 친구들~ 어제 병원에서 유치원까지 걸어서 와 봤지요? 길에는 어떤 곳들이 있었어요? 2. 미니 지도에 사진을 일치하게 붙이도록 유도한다. T: 자, 우리 이 지도를 볼까요? 이 길이 어제 우리가 병원에서 유치원까지 왔던 길이에요. 이제 친구들이 기억하는 대로 선생님이 사진을 붙일게요. 이곳에는 어떤 건물이 있었는지 기억나는 친구 있나요?	준비물: 미니 지도, 건물 모형, 사진
전개	1. 완성한 미니 지도를 보고 테이프로 만든 길에 위치에 맞는 건물을 세운다. T: 우리 이번엔 바닥을 볼까요? 선생님이 바닥에 이 지도랑 똑같은 길을 크게 만들어 봤어요. 우리 친구들이 완성한 지도를 보고 건물을 세워서 큰 길도 완성해 볼까요? 	준비물: 미니 지도, 건물 모형

전개	2. 완성된 길을 다양한 방법으로 이동해 본다. T: 이제 우리 친구들이 만든 길을 걸어가 볼까요? T: 우리 지난번에 〈요기저기〉 노래 배웠지요? 그 노래에 건물들을 넣어서 노래를 부르면서 걸어가는 거예요~ 선생님이 먼저 해 볼게요. 　유치원은 어디 있나? 여기~ 　빵집은 어디 있나? 여기~ 　이렇게 하면 되는 거예요~ 우리 친구들 시작~ T: 이번엔 한줄기차를 만들어서 노래 부르며 걸어가 볼까요? T: 우리 이번엔 좀 다르게 가 볼까요? 어떻게 갔으면 좋겠어요? 　그래, 비행기처럼 가 볼까요? 우리 모두 날개가 생겼어요. 이제 가 볼 까요? 　그래, 거북이처럼 엉금엉금, 토끼처럼 깡충깡충 가도 되겠다. 3. 유아 혼자 건물을 찾아가고 건물의 이름을 말해 본다. T: 이번에는 우리 친구들이 따로따로 가고 싶은 건물로 가 볼까요? T: 선생님이 계속 불렀던 노래로 친구들이 어디 있는지 물어보면 친구들도 노래로 어떤 건물에 있는지 불러 주세요~ 　○○이는 어디 있나? 유치원~ 　○○이는 어디 있나? 소방서~	
마무리 및 평가	1. 활동이 끝난 후 유아들과 함께 이야기를 나눈다. T: 병원에서 유치원으로 오는 길에는 어떤 건물들이 있었어요? T: 어떤 점이 가장 재미있었어요?	
확장활동	활동에 없던 건물과 그곳에서 하는 일에 대해 이야기해 본다.	

2. 나와 가족 ① 꼬물꼬물 정자와 뚱뚱이 난자

대주제	나와 가족				
소주제	소중한 나	활동형태	대집단	유형	신체 활동
활동명	꼬물꼬물 정자와 뚱뚱이 난자	소요시간	40분	대상연령	만 5세
활동목표	• 정자와 난자의 움직임을 직접 몸으로 표현함으로써 태아의 생성과정을 이해한다. • 힘들고 긴 시간을 기다리고 태어난 자신의 소중함을 알 수 있다.				
표준보육과정 관련 요소	신체운동 · 건강 영역 〉 신체 인식하기 〉 신체를 인식하고 움직이기 사회관계 영역 〉 나를 알고 존중하기 〉 나를 알고 소중히 여기기				
활동자료	여성의 생식기관(질, 자궁, 수란관, 나팔관, 난소)이 보이고 각 장소에 이름이 쓰여 있는 활동자료, 동화에 쓰일 그림 자료(정자, 난자, 수정란, 보호막, 탯줄, 태반, 태아), 정자꼬리와 난자머리띠 활동교구, 마스킹 테이프(이름이 붙여진 생식기관 3개, 동그라미 존), 홀라후프 3개, 과자와 음료수, 쟁반, 신생아 사진판				
사전활동	아기의 출생과 성장과정에 대해 이야기를 나눠 본다.				

활동방법	활동내용	준비물 및 유의점
도입	1. 태아의 생성과정에 대한 동화를 들려 준다. 2. 동화가 끝난 후 이야기를 나누어 본다. T: 정자와 난자가 만나서 어떻게 변했나요? T: 엄마의 자궁 속에서 무럭무럭 자라 어떻게 되었나요? T: 튼튼하게 자란 아기는 엄마 배 속에서 어디로 갔을까요?	
전개	1. 동화를 토대로 유아의 몸으로 정자와 난자의 모습을 표현해 본다. T: 정자는 어떻게 움직일까요? 헤엄을 칠까요? 꼬리가 있을까요? T: 난자는 어떻게 기다리고 있을까요? T: 정자와 난자가 만나면 어떻게 움직일까요? T: 정자와 난자가 만난 수정란은 어떻게 변할까요? T: 아기는 뱃속에서 어떻게 하고 있을까요? 2. 마스킹 테이프로 바닥에 여성의 생식기관 3개를 준비해 놓은 후, 준비한 게임을 설명해 준다. T: 친구들 '무궁화꽃이 피었습니다!' 게임 아나요? 오늘 우리가 할 게임은 그 게임과 비슷해요. 　"난자 친구가 홀라후프 안에서 뒤돌아 정자가 난자를 만나러 갑니다."라고 하면 정자 친구들은 질에서부터 시작해 난자가 있는 나팔관 홀라후프로 들어가면 돼요. 처음으로 들어가는 정자 친구가 난자 친구와 만나서 이렇게 서로 껴안으면 수정란이 되는 거예요. 중간에 난자 친구에게 걸린 정자 친구들은 동그라미 안으로 들어오세	준비물: 정자꼬리와 난자머리띠, 마스킹 테이프(이름이 붙여진 생식기관 3개, 동그라미 존), 홀라후프 3개, 과자와 음료수, 쟁반 유의점: 게임 장소의 단어가 어려울 수 있으므로

전개	요! 수정란이 된 친구들은 수란관을 지나 자궁으로 와요. 자궁에 놓인 우유를 다 마시면 아기가 되어서 질 밖으로 나오는 게임이에요. 3. 각 자궁, 수란관, 나팔관의 위치와 역할을 설명한 후 게임을 시작한다. 4. 여러 명의 유아가 앞으로 나와 정자와 난자 역할을 골라 본다. 　(정자는 7~8명, 난자는 1명씩 한 조를 구성하도록 돕는다.) 5. 정자는 꼬리를 달고 질에서 기다리고 난자는 훌라후프 안으로 들어가 나팔관에서 기다리도록 한 뒤 게임을 시작한다. 	이동할 장소에 사진과 이름을 붙여 표시해 둔다.
마무리 및 평가	1. 게임이 끝난 후 신생아 사진판을 제시하며 유아들과 함께 이야기를 나눈다. T: 이 사진은 이제 막 태어난 아기들 사진이에요. T: 동화에 나왔던 이야기처럼 이 아기들도 처음에는 모두 정자와 난자의 모습이었대요. 우리 친구들도 마찬가지였고요. 　우리 친구들 방금 게임했던 거 기억나죠? 　정자와 난자가 만나서 힘들게 자궁으로 간 다음에 그곳에서 열 달 동안 엄마, 아빠의 사랑을 받으면서 무럭무럭 자란 후에 바깥세상에 태어났어요. T: 오늘 집에 가서 열 달 동안 우리 친구들을 안전한 배 속에 품고 사랑으로 보살펴 주신 부모님께 가서 어떤 말을 하고 싶어요? T: 그럼 오늘 집에 가서 부모님께 각자 하고 싶은 말을 하도록 해 봐요~ T: 우리 몸으로 직접 난자와 정자가 되어 보니 어땠어요? 　어떤 부분이 제일 재미있었나요? T: 수정란은 엄마 배 속에서 어떻게 되었어요? T: 열 달이 지나자 아기가 어떻게 되었어요?	
확장활동	언어 영역 – 엄마, 아빠 감사해요 (사랑하는 부모님께 감사편지 쓰기)	

2. 나와 가족 ② 우리 가족이 되어 보아요

대주제	나와 가족				
소주제	가족의 생활과 문화	활동형태	대집단	유형	신체 활동
활 동 명	우리 가족이 되어 보아요	소요시간	15~20분	대상연령	만 4세
활동목표	• 가족들이 사용하는 물건으로 가족들의 모습을 직접 표현해 볼 수 있다. • 다양한 가족의 형태를 알 수 있다.				
표준보육과정 관련 요소	신체운동 · 건강 영역 〉 신체 활동에 참여하기 〉 자발적으로 신체 활동에 참여하기 사회관계 영역 〉 가족을 소중히 여기기 〉 가족과 협력하기				
활동자료	가족 구성원들의 다양한 사진, 아이들이 가져온 물건				
사전활동	자신이 생각하는 가족들의 모습을 그려 본다.				

활동방법	활동내용	준비물 및 유의점
도입	1. 지난 시간에 그렸던 그림에 대해 이야기를 나누어 본다. T: 친구들, 우리 지난 시간에 그렸던 그림 기억나요? 무엇을 그렸죠? 2. 아이들이 가져온 가족 구성원들의 물건을 보며 이야기를 나눈다. T: 우리 친구들 모두 가족들이 자주 사용하는 물건 하나씩 가지고 왔나요? T: 어떤 물건을 가지고 왔나요? 누가 사용하는 물건인가요?	준비물: 가족 구성원들의 다양한 사진, 아이들이 가져온 물건
전개	1. 물건을 가지고 가족들의 모습을 표현해 본다. T: 우리 친구들이 가져온 물건을 가지고 가족들이 그 물건을 어떻게 사용하는지 한번 보여 줄래요? T: 이번에는 물건을 옆 친구와 바꿔서 어떻게 사용하는지 한번 표현해 보세요~ 2. 모둠을 만들고 한 모둠이 한 가족이 되어 가족의 모습을 표현해 본다. T: 자, 이제 우리 친구들이 한 가족이 되어서 역할을 하나씩 맡아 가족의 모습을 표현할 거예요~	준비물: 아이들이 가져온 물건 유의점: 아이들이 다양한 가족의 모습을 표현하도록 유도한다./ 가져오지 못한 아이들을 위한 여분의 물건들을 준비한다.

전개	친구들의 물건이 누구의 물건인지 물어보고 한 명씩 역할을 맡아 물건을 가지고 표현해 보세요~ (교사가 돌아다니며 여러 가족을 구성해 준다.) T: 한 모둠씩 앞으로 나와 친구들에게 가족의 모습을 보여 줄까요? T: 우리 ○○이가 표현한 할머니의 모습을 따라 해 볼까요?
마무리 및 평가	T: 오늘 우리 가족의 모습을 표현해 봤어요~ 어떤 가족의 모습을 표현해 봤나요? T: 어려웠던 점이 있나요? 어떤 점이 어려웠나요? T: 재미있었나요? 어떤 점이 재미있었나요?
확장활동	음률 영역 – 새 노래 (〈어른이 되면〉을 배워 본다.)

2. 나와 가족 ③ 영양소를 옮겨 보아요

대주제	나와 가족				
소주제	소중한 나	활동형태	대집단	유형	신체 활동
활 동 명	영양소를 옮겨 보아요	소요시간	30~40분	대상연령	만 5세
활동목표	• 탯줄을 통해 음식이나 영양소를 직접 몸으로 전달해 본다. • 아기가 어떻게 영양분을 공급받아 성장하는지 알 수 있다.				
표준보육과정 관련 요소	신체운동 · 건강 영역 〉 신체 인식하기 〉 신체를 인식하고 움직이기 사회관계 영역 〉 나를 알고 존중하기 〉 나를 알고 소중히 여기기				
활동자료	음식 사진이 붙어 있는 풍선, 김장봉투와 백업으로 만든 탯줄터널 2개, 얇은 이불 2개, 부직포로 만든 아기 그림 2개, 호루라기, 부직포로 만든 큰 가위				
사전활동	수정부터 출산까지의 과정이 나와 있는 책을 읽어 본다. 미술 영역 활동에서 좋아하는 음식을 그려 본다.				

활동방법	활동내용	준비물 및 유의점
도입	1. 지난 시간에 알아본 수정과 연결지어 탯줄에 대해 이야기한다. T: 친구들~ 우리가 지난 시간에는 무엇을 알아보았는지 기억나는 친구 있어요? 아~ 아빠의 정자와 엄마의 난자가 만나 수정란이라는 아기씨앗이 생기는 것을 알아보았구나. T: 그럼 그렇게 조그맣던 아기씨앗이 어떻게 하면 친구들처럼 무럭무럭 자랄 수 있을까요? 그래요, 친구들이 밥을 먹는 것처럼 아기도 음식을 먹어야 하지요. 그럼 엄마 배 속에 있는 아기는 어떻게 음식을 먹을 수 있을까요? 네, 엄마와 아기는 서로 배꼽이 연결되어 있어서 엄마가 먹은 음식이 아기에게로 가서 아기가 쑥쑥 자랄 수 있는 거예요~	
전개	1. 게임에 대해 설명해 준다. T: 연결되어 있는 그 끈을 탯줄이라고 하는데, 선생님이 이 탯줄을 아주 크게 만들어 왔어요. 여기에 있는 긴 터널이 바로 그 탯줄이에요. T: 오늘은 이 탯줄 안에서 엄마가 먹은 음식이 아기에게 어떻게 전달되는지 게임을 통해서 알아볼 거예요. T: 우리 친구들이 미술시간에 만든 맛있는 음식을 들고 탯줄을 지나서 아기에게 전달하면 되는데, 이 탯줄 안에는 한 명씩만 들어갈 수 있어요. 앞 친구가 들어갔다 나오면 들어갈 수 있는 거예요. 이제 두 팀으로 나눠서 누가 아기에게 음식을 더 빨리 가져다주는지 게임을 할게요. 저번 시간에 나눴던 장미팀은 이쪽, 백합팀은 이쪽에 한 줄로 서 볼까요?	준비물: 음식 그림을 그려 놓은 풍선, 탯줄터널, 이불, 호루라기, 음식 사진을 붙여 놓은 풍선, 부직포로 만든 큰 가위

전개	2. 약속을 정하고 게임을 진행한다. T: 자, 게임을 하기 전에는 항상 약속이 필요하지요? 우리가 꼭 지켜야할 약속에는 무엇이 있을까요? 그렇지요, 친구가 나오면 차례대로들어가고, 아기에게 음식을 조심히 전해 주어야겠지요? T: 그럼 선생님이 호루라기를 불면 친구들이 아기에게 맛있는 음식을전달해 주세요. 준비 시~작! 　(아기 몸속에서 공을 빼내어, 자리를 바꾸어 여러 번 게임을 진행한다.) 3. 게임이 끝난 후 커진 아기를 탯줄에서 분리시킨다. T: 우리 친구들이 음식을 전달해 줘서 아기가 어떻게 되었어요? 　네~ 음식을 먹은 아기는 커져서 이제 밖으로 나와야 해요. 　다 같이 아기를 들어서 꺼내 볼까요? 와~ 아기가 밖으로 나왔네요. 　그럼 이제 아기와 엄마를 이어 주는 탯줄은 어떻게 해야 할까요? 탯줄은 의사선생님이 깨끗한 가위로 잘라 주시고, 탯줄을 자른 자국은 배꼽이 되는 거예요. 여기 이 큰 가위로 우리 함께 탯줄을 잘라볼까요? T: 다 같이 아기의 배꼽이 잘 들어가도록 배꼽 쏙~ 하고 외쳐 볼까요? 　배꼽아 잘 들어가라, 배꼽 쏙~ 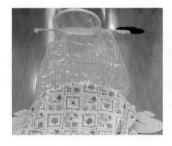	
마무리 및 평가	1. 자리에 모여 앉아 활동을 마무리한다. T: 오늘 우리 어떤 놀이를 했지요? T: 오늘 게임을 하면서 어려운 점은 무엇이었나요?	
확장활동		

3. 우리 동네   ① 우리 집 가는 길

대주제	우리 동네				
소주제	우리 동네 모습	활동형태	대집단	유형	신체 활동
활동명	우리 집 가는 길	소요시간	30분	대상연령	만 4세
활동목표	• 집으로 가는 길과 관련된 상황들을 몸으로 표현해 본다. • 집으로 가는 길의 특성과 환경을 이해한다.				
표준보육과정 관련 요소	신체운동 · 건강 영역 〉 신체 활동에 참여하기 〉 기구를 이용하여 신체 활동 하기 예술경험 영역 〉 예술적 표현하기 〉 움직임과 춤으로 표현하기				
활동자료	길이나 건물을 구성할 수 있는 블럭, 매트				
사전활동					

활동방법	활동내용	준비물 및 유의점
도입	1. 아이들과 활동했던 사진을 붙여 놓으며 이야기를 나눈다. T: 친구들~ 이게 무슨 사진일까요? 사진을 보니까 우리가 했던 활동들 기억나요? T: 사진을 보고 다시 한 번 표현해 볼까요?	
전개	1. 이야기한 내용을 토대로 체육교구를 가지고 집으로 가는 길을 표현해 본다. T: 가는 길의 바닥은 어떻게 생겼나요? 이 길을 어떻게 만들어 볼까요? T: 가는 길의 모양은 어떤가요? 이 길을 어떻게 만들어 볼까요? 2. 유아가 집으로 가는 길을 따라가면서 만날 수 있는 건물과 그에 관한 상황을 몸으로 표현해 본다. T: 여기는 무엇을 하는 곳이지요? T: 그래요~ 빵을 파는 곳이구나~ 우리 빵 하나를 사 가지고 갈까요? 3. 유아가 집으로 가는 길을 따라가면서 만날 수 있는 사람과 그에 관한 상황을 몸으로 표현해 본다. T: 지나가다가 동네 할아버지를 만났어요. 우리 같이 인사드려 볼까요? 4. 교구로 만든 길 끝에 가면 집에 도착하는 설정을 하고 활동을 종료한다. 원하는 유아들이 있으면 활동을 더 하게 한다. 	준비물: 체육교구와 매트 유의점: 유아들이 만든 길들을 모두 재연해 내기는 어려우므로 길의 명칭을 적어 붙여 준다.

| 마무리
및
평가 | 1. 활동이 끝난 후 유아들과 함께 이야기를 나눈다.
T: 친구들이 만들기 어려웠던 길은 무엇이었어요?
T: 어느 길을 갈 때 가장 신났어요?
T: 집으로 가는 길 말고 또 어떤 길을 만들어 보고 싶었나요? | |
| 확장활동 | 유치원 주변의 산책길로 나가서 활동을 해 본다.
상상의 길(걸어가면 통통 튀어오르는 길, 떼굴떼굴 굴러 가야 하는 길,
공이 거꾸로 올라오는 길 등)을 만들어 표현해 본다. | |

3. 우리 동네 ② 어떤 일을 할까?

대주제	우리 동네				
소주제	우리 동네 사람들	활동형태	대집단	유형	신체 활동
활동명	어떤 일을 할까?	소요시간	30~40분	대상연령	만 4세
활동목표	• 각 직업이 어떤 일을 하는지 알고 몸으로 표현해 본다. • 다양한 직업에 관심을 가질 수 있다.				
표준보육과정 관련 요소	신체운동 · 건강 영역 〉 신체 활동에 참여하기 〉 자발적으로 신체 활동에 참여하기 사회관계 영역 〉 사회에 관심 갖기 〉 지역사회에 관심 갖고 이해하기				
활동자료	여러 가지 직업 사진, 상자, 종이와 필기도구				
사전활동	동네를 직접 둘러보고 어떤 것들이 있었는지 이야기를 나눈다.				

활동방법	활동내용	준비물 및 유의점
도입	1. 아이들과 직업에 대해 이야기를 나누고, 아이들이 바라는 직업을 종이에 적어 상자에 넣는다. T: 친구들~ 우리 주변에는 여러 가지 직업을 가진 사람들이 있어요~ 이건 어떤 직업을 가진 사람일까요? T: 여기 있는 직업 말고 친구들이 알고 있는 직업에는 무엇이 있나요? 아~ 친구들이 나중에 커서 일하고 싶은 직업은 무엇인가요? 그럼 선생님이 종이를 나눠 줄게요~ 한번 적어 볼까요? 글씨를 못 쓰는 친구는 선생님한테 와서 말해 주면 선생님이 적어 줄게요~ 한 번 접어서 앞에 있는 상자에 넣어 주세요~	준비물: 여러 가지 직업 사진
전개	1. 아이들이 원하는 직업을 적어 넣은 상자를 가지고 활동을 한다. T: 자~ 여기 우리 반 친구들이 가지고 싶은 직업이 모두 들어 있어요~ 한 명씩 앞으로 나와서 뽑고 종이에 적힌 직업을 몸으로 표현하면 친구들이 맞히는 거예요~ 선생님이 먼저 해 볼게요~ (선생님이 종이를 한 장 뽑아 표현하면 아이들이 맞혀 본다.) T: 할 수 있겠어요? 앞에 있는 ○○이부터 시작할까요? 2. 모두 직업을 표현해 보고 맞혀 본 후 자신이 적어 넣은 직업을 직접 표현하도록 한다. T: 우리 모두 친구들이 갖고 싶은 직업이 무엇인지 알겠지요? 그럼 이번에는 한 명씩 나와서 아까 상자에 적어 넣은 직업을 선생님 귀에 대고 살짝 말하고 몸으로 표현하세요~ 그럼 친구들이 맞히는 거예요~	준비물: 상자, 종이와 필기도구 유의점: 글씨를 못 읽는 아이들에게는 선생님이 보고 작게 읽어 준다./표현하기 어려워하는 아이가 있다면 교사가 새로 뽑도록

전개		하거나 힌트를 주어 표현하도 록 격려한다.
마무리 및 평가	T: 오늘 우리 어떤 직업들을 몸으로 표현해 봤지요? T: 재미있었나요? 어떤 점이 재미있었나요? T: 그럼 다음 시간에는 우리 친구들이 표현해 본 직업을 가지고 일하 는 모습을 직접 그려 보도록 할까요?	
확장활동	미술 영역 – 나의 직업 (자신이 커서 직업을 가지고 일하는 모습을 직접 그려 본다.)	

3. 우리 동네   ③ 김치를 담가요

대주제	우리 동네				
소주제	우리 동네 생활	활동형태	대집단	유형	신체 활동
활동 명	김치를 담가요	소요시간	30~40분	대상연령	만 4세
활동목표	• 김장에 필요한 재료 및 방법을 익힐 수 있다. • 김장을 담그는 순서를 노래로 익혀 몸으로 표현해 볼 수 있다.				
표준보육과정 관련 요소	신체운동 · 건강 영역 〉 신체 활동에 참여하기 〉 자발적으로 신체 활동에 참여하기 자연탐구 영역 〉 과학적 탐구하기 〉 물체와 물질 알아보기				
활동자료	실내 수영장, 김장 노래 음원(김성균 동요), 연두색 비닐봉지, 색종이가루, 종이 블록				
사전활동	김장에 대한 이야기 나누기 -겨울에 김장을 하는 이유 -김장의 순서 등				

활동방법	활동내용	준비물 및 유의점
도입	1. 지난 시간에 진행한 김장에 대한 활동을 상기시킨다. T: 친구들, 지난 시간에 배운 김장에 대해 기억나는 친구 있어요? T: 오늘은 우리 친구들이 직접 김치가 만들어지는 과정을 몸으로 표현해 볼 거예요.	
전개	1. 아이들이 직접 배추가 되어 보는 것에 대해 알려 준다. T: 짠~ 선생님이 멋진 옷을 준비했어요. 이 옷을 입고 다 같이 배추로 변신해 볼까요? 뿅! 2. 김장 노래를 들려 주고 필요한 재료들이 어떤 것일지 생각해 보고 아이들이 준비된 재료 중 직접 골라 보게 한다. T: 배추 친구들, 우리가 맛있는 김치가 되려면 양념옷을 입어야겠죠? 어떤 양념옷을 입어야 할까요? T: 짠! 우리 배추 친구들이 입을 양념옷을 준비해 봤어요. 양념을 모두 다 넣을 수는 없으니 먼저 어떤 재료들로 양념옷을 만들어야 하는지 선생님이 틀어 주는 노래를 잘 들어요. 그리고 필요한 재료를 가져와서 저기 양념통에 넣어 보도록 할까요? 저기 싱싱한 ○○배추가 양념을 골라 볼까요? 맛있는 고추를 골랐네~ 여기 씩씩한 ○○배추는 어떤 양념을 고를까? 하얀 마늘을 골랐네~ (두세 번 아이들이 원하는 재료를 더 넣도록 해 준다.) 3. 양념이 완성되면 순서대로 양념을 입고 김장김치가 되어 본다. T: 선생님이 솔솔~ 소금을 뿌려 줄게요. 톡톡! 　　우리 모두 그냥 배추에서 소금을 맞고 절여져서 양념옷을 입을 준	준비물: 연두색 비닐봉지(배추옷), 색종이가루(속 재료), 수영장(양념통), 종이 블록(김치통) 유의점: 음원을 듣고 이해할 수 있게 충분히 들려 준다.

전개	비가 된 것 같아요.
	T: 이제 우리 모두 소금에 절여졌으니 양념통에 빠져 볼까요? 누구누구 배추가 골고루 양념옷을 잘 입을까? (양념통의 종이 재료들을 비닐옷에 묻힌다.)
	T: 김치로 완성된 친구들은 저기 보이는 김치통에 들어가 볼게요.
	  (완성된 아이들은 종이 블록으로 된 공간에 들어간다.)
	  이제 우리 모두 김치가 잘 익으라고 잠자는 김치가 되어 봐요.
	T: 우와, 맛있는 냄새! 모두 잘 익어서 아삭아삭 맛있는 김장김치가 되었네요! 어디 한 번 먹어 볼까? 음~ ○○이 김치는 양념이 많이 묻어 맵네! 아이 매워라!
	T: 햇살반 배추들 모두 맛있는 김장김치 되기 성공!

마무리 및 평가	1. 활동에 대해 이야기를 나눈다. T: 친구들, 오늘 배추가 되어 보면서 힘들었던 점 있었어요? T: 그러면 김치가 되어 보면서 어떤 점이 재미있었나요?
확장활동	직접 김장 체험을 해 본다.

4. 동식물과 자연   ① 꽃씨의 모험

대주제	동식물과 자연				
소주제	궁금한 동식물	활동형태	대집단	유형	신체 활동
활동명	꽃씨의 모험	소요시간	30~40분	대상연령	만 4세
활동목표	• 꽃씨를 몸으로 표현해 본다. • 꽃씨가 싹을 틔우기 위한 환경을 알아본다.				
표준보육과정 관련 요소	신체운동 · 건강 영역 〉 신체 활동에 참여하기 〉 자발적으로 신체 활동에 참여하기 자연탐구 영역 〉 과학적 탐구하기 〉 생명체와 자연환경 알아보기				
활동자료	민들레꽃씨 모형, 민들레꽃 모형, 도로(아스팔트) 사진, 가시밭 사진, 냇물 사진, 유치원 마당 사진				
사전활동	꽃씨와 꽃의 종류를 알아본다.				

활동방법	활동내용	준비물 및 유의점
도입	1. 꽃씨의 모험에 대한 이야기를 들려 준다. T: 이게 무슨 씨앗일까요? T: (아이들과 충분히 이야기를 나눈 뒤) 이건 민들레 씨앗이었죠? 그럼 우리 민들레 씨앗 꽃님이의 이야기를 들어볼까요? 2. 이야기를 들려주고 난 뒤 질문을 한다. T: (도로 사진 위에 민들레꽃씨 모형을 붙이며) 꽃님이가 첫 번째로 도로에 도착했어요! 꽃님이는 이곳에서 꽃을 피우지 않고 다른 곳으로 날아갔대요~ 왜 날아갔죠? T: (가시밭 사진 위에 민들레꽃씨 모형을 붙이며) 여기서는 꽃님이가 꽃을 피웠나요? 왜 피우지 않았죠? T: 바람아저씨가 아주 세게 불어서 꽃님이가 어디로 날아갔죠? (아이들이 대답한 후 냇물 사진 위에 민들레꽃씨 모형을 붙이며) 그런데 왜 이곳에서도 꽃을 피우지 않았을까? T: 그래서 꽃님이가 어디서 꽃을 피웠지요? (아이들이 대답하면 유치원 마당 사진 위에 민들레꽃씨 모형을 붙인다.) 	준비물: 민들레꽃씨 모형, 민들레꽃 모형, 도로(아스팔트) 사진, 가시밭 사진, 냇물 사진, 유치원 마당 사진

전개	1. 벽에 네 개의 사진을 붙이고 각 사진 앞에서 아이들이 꽃씨를 표현 하도록 한다. T: 선생님이 바람아저씨가 되어 친구들을 후~ 하고 불어 주면 우리 친구들은 꽃님이가 되어서 날아가는 거예요~ 후~ 도로는 너무 딱딱하고 흙도 없어 꽃을 피우기 힘들어요~ 꽃님이는 어떻게 하고 있을까요? T: 이제 다른 곳으로 가 볼까요? 후~ 이런, 가시밭에 도착했어요~ 다시 힘차게 꽃을 피워 보세요! 어라? 그런데 가시가 너무 뾰족하고 너무 좁네. T: 선생님이 이번엔 아주 세게 불어 줄게요! 후우~~ 어머~ 너무 세게 불어서 냇물까지 날아갔어요~ 어~ 막 물에 떠내려 가네? T: 자, 얼른 다시 불어 줄게요~후~ 어? 이제 유치원이네? 여긴 흙도 충분히 있고 무서운 가시와 냇물도 없어요. 자, 꽃님이가 땅속으로 들어갑니다. 비가 내려 우리 친구들을 촉촉히 적셔 주고 있어요~ 다시 친구들이 무럭무럭 자라도록 따뜻한 햇님이 찾아왔어요~ 자, 이제 무럭무럭 자라서 예쁜 민들레꽃이 되었어요~ 누가 제일 예쁜 꽃이 되었을까요?	준비물: 도로(아스팔트) 사진, 가시밭 사진, 냇물 사진, 유치원 마당 사진 유의점: 아이들이 충분히 표현하도록 시간을 준다.
마무리 및 평가	1. 이야기를 나누며 활동을 마무리한다. T: 예쁜 꽃들 이제 자리에 앉아 볼까요? 우리 친구들 오늘 직접 꽃이 되어 봤는데 어땠나요? T: 어떤 부분이 가장 재미있었나요? T: 우리 친구들이 꽃이 되기 위해선 어떤 것들이 필요했죠?	
확장활동	자연탐구 – 식물 기르기 (아이들이 화분에 씨앗을 심고 직접 길러 보기)	

4. 동식물과 자연   ② 숲속을 걸어요

대주제	동식물과 자연				
소주제	자연과 더불어 사는 우리	활동형태	대집단	유형	신체 활동
활동명	숲 속을 걸어요	소요시간	20~30분	대상연령	만 3세
활동목표	• 여러 가지 길을 걸으며 다양한 촉감을 느껴 본다. • 숲속 동물이 되어 걷는 모습을 창의적으로 표현해 본다.				
표준보육과정 관련 요소	신체운동 · 건강 영역 〉 신체 활동에 참여하기 〉 자발적으로 신체 활동에 참여하기 자연탐구 영역 〉 과학적 탐구하기 〉 생명체와 자연환경 알아보기				
활동자료	숲 속 바위, 나무(숲 속 느낌이 나도록), 숲 속 길(일자형, 지그재그형, 극세사 천, 모래 종이, 물에 적신 수건, 비닐을 이어 붙인다.)				
사전활동	새 노래 시간에 〈숲속을 걸어요〉 노래를 배워 본다.				

활동방법	활동내용	준비물 및 유의점
도입	1. 미리 교실 안을 숲 속 바위, 나무, 길 등으로 숲 속과 유사하게 구성 해 놓으면 아이들이 관심을 가진다. T: 친구들 모두 여기 모여 있네요? T: 우리 교실 안에 새로운 게 있네요. 여기가 어디일까요? T: 바닥에는 무엇이 있나요? 우리 저 길 위를 한번 걸어 볼까요?	준비물: 숲 속 바위, 길, 숲 속 길

전개	1. 느낌이 다른 각각의 천 위를 걸어 본다.
	T: 자~ 먼저 이쪽 길을 밟으며 건너가 볼까요?
	T: (극세사 천 위를 걸어 본다.) 이 길은 어떤 느낌이 드나요?
	T: (모래종이 위를 걸어 본다.) 그럼 이 길의 느낌은 어떤가요?
	  다음 길도 한번 건너가 볼까요?
	T: (젖은 수건 위를 걷는다.) 이 길은 느낌이 어때요?
	T: (비닐 위를 걷는다.) 이 길은 미끄러워서 넘어질 수가 있어요~ 우
	  리 친구들 모두 조심조심 걸어오세요.
	T: 이번 길은 어땠어요?
	2. 모양이 다른 길을 걸어 본다.
	T: 이번엔 또 다른 두 길이 있네요? 무엇이 다른 것 같나요?
	T: (일자형 길을 걸어 본다.) 그럼 우리 이 쭈-욱 뻗은 길부터 걸어 볼
	  까요?
	T: (지그재그형 길을 걸어 본다.) 이번엔 삐뚤빼뚤한 길도 걸어 볼까요?
	3. 모양이 다른 길을 두 그룹으로 나누어 동물 흉내를 내며 걸어 본다.
	T: 친구들~ 이 숲속에는 어떤 동물들이 있을 것 같나요?
		준비물:
		극세사 천, 모
		래종이, 젖은
		수건, 비닐,
		숲 속 바위 등

전개	(아이들이 말한 여러 가지 동물이 되어 걸어 보고 길도 바꾸어 가며 걸어 본다.)	
마무리 및 평가	1. 이야기를 나누며 활동을 마무리한다. T: 오늘 우리가 어떤 길들을 걸어 봤죠? T: 숲속 어떤 동물들이 되어 봤죠? T: 가장 재미있었던 점은 무엇인가요?	
확장활동	바깥놀이 - 아이들과 공원이나 근처 뒷동산에 올라 산을 직접 느껴 본다.	

4. 동식물과 자연 ③ 카멜레온처럼

대주제	동식물과 자연				
소주제	궁금한 동식물	활동형태	대집단	유형	신체 활동
활동명	카멜레온처럼	소요시간	30~40분	대상연령	만 3세
활동목표	카멜레온을 몸으로 표현해 봄으로써 카멜레온의 특징을 알 수 있다.				
표준보육과정 관련 요소	신체운동·건강 영역 〉 신체 활동에 참여하기 〉 자발적으로 신체 활동에 참여하기 자연탐구 영역 〉 과학적 탐구하기 〉 생명체와 자연환경 알아보기				
활동자료	색깔 보자기, 카멜레온 숨은그림찾기, 주변 환경 구성(나무, 풀숲, 연못 등)				
사전활동	카멜레온에 관한 그림책 읽기				

활동방법	활동내용	준비물 및 유의점
도입	1. 아이들과 숨은그림찾기를 통해 카멜레온의 모습을 찾아본다. T: 친구들, 선생님이 동물 사진을 몇 장 가지고 왔는데 여기 동물이 보여요? 잘 안 보이지요? 여기 숨어 있어요. 무엇일까요? T: 그럼 이번엔 다른 사진을 볼까요? 이건 보이는 친구도 있지요? 여기에도 아까 그 동물 친구가 숨어 있어요. 아까는 초록색이던 친구가 여기에서는 갈색이 돼서 숨어 있어요. 혹시 이 친구 알아요? 아~ 도마뱀처럼 생겼고, 색깔을 자주 바꾸는 이 친구를 카멜레온이라고 해요.	준비물: 숨은그림찾기 (카멜레온)
전개	1. 카멜레온의 보호색 특징을 이용해 아이들에게 색깔별 보자기를 보여 주고 보호색으로 응용하도록 한다. T: 오늘은 우리가 사진 속 카멜레온이 돼서 숨바꼭질을 해 볼 거예요. 우리 친구들 카멜레온처럼 색깔을 바꾸라고 색깔 보자기를 가져왔어요. 이 보자기를 쓰면 보자기의 색깔로 변신하는 거예요. 그래서 여기 같은 색깔에 가서 숨으면 우리를 찾을 수 없어요. 2. 보호색과 색깔 보자기를 이용해 숨바꼭질 게임을 준비하고 풀숲, 나무, 꽃잎 등은 미리 아이들이 숨을 수 있도록 사전에 준비해 둔다. T: 선생님이 먼저 가면을 쓰고 무서운 동물, 술래가 될게요. 우리 친구들은 카멜레온이 돼서 움직이다가 같은 색깔에 가서 숨어요. 같은 색에 안 숨은 친구는 선생님이 잡고, 술래가 되는 거예요~ 3. 다 함께 〈숨바꼭질〉 노래를 부르고 선생님이 "무서운 동물이 나타났다!"라고 외치면서 술래를 시작한다(술래는 무서운 동물가면 착용).	준비물: 색깔 보자기, 주변 환경 구성(나무, 풀숲, 연못 등), 무서운 동물가면

전개	4. 두세 번 술래 역할을 바꿔서 해 보고 게임을 마무리한다.
마무리 및 평가	1. 아이들과 활동에 대해 이야기하며 마무리한다. T: 오늘 어떤 동물을 흉내 내 봤지요? T: 어떤 점이 재미있었어요? T: 우리 친구들은 어디에 어떻게 숨었어요?
확장활동	

4. 동식물과 자연 ④ 나무의 여행

대주제	동식물과 자연				
소주제	궁금한 동식물	활동형태	대집단	유형	신체 활동
활 동 명	나무의 여행	소요시간	20~30분	대상연령	만 4세
활동목표	• 자신의 신체로 나무를 표현해 본다. • 나무가 실생활에서 어떻게 쓰이는지 알아본다.				
표준보육과정 관련 요소	신체운동 · 건강 영역 〉 신체 활동에 참여하기 〉 자발적으로 신체 활동에 참여하기 자연탐구 영역 〉 과학적 탐구하기 〉 생명체와 자연환경 알아보기				
활동자료	부직포로 만든 숲 속 바위, 숲 속 길, 숲 속 풀, 숲 속 나무, 사진 자료, 영상 자료				
사전활동					

활동방법	활동내용	준비물 및 유의점
도입	1. 미리 교실 한쪽을 숲 속처럼 꾸민다. T: 친구들~ 오늘 우리 교실이 어떻게 달라졌지요? 　아, 숲 속에 온 것 같아요? 　숲 속에는 무엇이 있어요? 그래, 나무들이 많이 있구나. 　그럼 우리 반에서 나무로 만들어진 물건을 하나씩 말해 볼까요? T: 그럼 나무들은 어떻게 해서 이렇게 많은 물건으로 변할 수 있게 된 　걸까요? 우리 영상에서 찾아볼까요? T: 영상에서 나무가 어떻게 물건이 되었나요? 아~ 나무장인 아저씨들 　이 여러 도구를 사용해서 나무를 여러 물건으로 만들어 냈지. 　그럼 지금부터 친구들이 나무와 장인이 돼서 나무가 물건이 되는 　과정을 표현해 볼까요?	준비물: 부직포로 만 든 숲 속 바위, 숲 속 길, 숲 속 풀, 숲 속 나무, 사진 자 료, 영상 자료
전개	1. 아이들을 나무 역할을 할 아이들과 장인 역할을 할 아이들로 반씩 　나눈다. T: 자, 나무 친구들은 숲에 가서 나무가 되어요. 　장인 친구들은 자신이 어떤 물건을 만들 장인이 될지 생각해 봐요. 　준비됐나요? 그럼 시작할게요. T: 해가 쨍쨍하고 바람이 시원한 어느 날 햇님반 숲 속에 여러 장인이 　나타났어요. 장인들은 나무들에게 "너희로 물건을 만들어도 될 　까?" 하고 물어보았어요. 나무들은 허락했어요. 장인들은 나무를 　하나씩 데려다가 물건을 만들기 시작했어요. 2. 나무와 장인이 물건을 만드는 과정을 표현한다. T: ○○ 장인은 의자를 만들었구나. □□ 장인은 블록을 만들었네. 　다들 나무에서 멋진 물건이 되었구나.	준비물: 부직포로 만 든 숲 속 바위, 숲 속 길, 숲 속 풀, 숲 속 나무, 사진 자 료, 영상 자료

전개	T: 그런데 나무들이 다 떠나고 숲 속에는 무엇이 남아 있지? 　이렇게 숲 속에 나무가 하나도 남아 있지 않으면 어떻게 될까? 3. 숲이 없어지면서 생기는 문제점을 담은 동영상을 보여 준다. 	
마무리 및 평가	1. 이야기를 나누며 활동을 마무리한다. T: 친구들, 오늘 재미있었나요? T: 오늘 우리가 무엇이 되어 보았지요? T: 나무는 무엇이 될 수 있었을까요? T: 만약에 나무가 다 없어진다면 어떻게 될까요?	
확장활동	숲의 훼손을 막을 방법을 생각해 본다.	

5. 건강과 안전   ① 손을 씻어요

대주제	건강과 안전				
소주제	깨끗한 나와 환경	활동형태	대집단	유형	신체 활동
활 동 명	손을 씻어요	소요시간	30~40분	대상연령	만 4세
활동목표	• 비누가 세균을 씻어 내는 과정을 몸으로 표현해 본다. • 직접 몸으로 표현하는 활동을 통해 손 씻기의 중요성을 안다.				
표준보육과정 관련 요소	신체운동·건강 영역 〉 신체 활동에 참여하기 〉 자발적으로 신체 활동에 참여하기 신체운동·건강 영역 〉 건강하게 생활하기 〉 몸과 주변을 깨끗이 하기				
활동자료	세균 그림 자료, 부직포로 만든 큰 손, 비누머리띠, 보자기				
사전활동	병에 걸리는 이유와 예방하는 방법에 대해 이야기를 나눠 본다.				

활동방법	활동내용	준비물 및 유의점
도입	1. 손인형을 보여 주며 수수께끼를 내어 아이들을 집중시킨다. T: 친구들~ 우리가 가장 많이 씻는 곳은 어디일까요? 　(아이들이 말한 대답에 대해) 왜 가장 많이 씻을까요? T: 맞아요~ 우리 친구들이 말한 것처럼 손은 많은 일을 해요. 　그래서 아주 나쁜 병균들이 많이 살고 있지요. 　친구들 손을 보세요~ 병균이 얼마나 많이 살고 있는지 보이나요? T: (아이들이 보고 대답을 하면) 그렇죠? 세균은 아주 작아서 눈에 보이 　지 않아요. 그래서 선생님이 큰 손을 준비했어요~ 짠! 2. 큰 손에 보이는 세균에 대해 이야기를 나눈다. T: 여기 큰 손에 붙어 있는 것들이 무엇일까요? T: 이 많은 세균을 없애려면 어떻게 해야 할까요?	준비물: 손인형
전개	1. 아이들이 비누가 되어 세균을 물리쳐 본다. T: 그럼 우리 친구들이 모두 비누로 변신해 볼까요? T: 먼저 이쪽에 있는 친구 여섯 명부터 먼저 나와 볼까요? 　(아이들이 비누머리띠와 옷을 입도록 도와준다.) T: 와~ 친구들이 멋진 비누로 변신했네요~ 이제 우리 친구들이 비누 　가 되어 큰 손 위에서 뒹굴면서 세균을 닦아 볼까요? 2. 아이들이 손 위를 뒹굴어 세균을 떼어 낸다. T: 와~세균이 많이 없어졌다~ 　(아이들이 뒹굴고도 떼지 못한 세균을 가리키며) 우리 친구들이 비 　누로 깨끗이 씻어 줬는데 세균이 다 없어졌나요? 　우리 손을 다 씻고 나면 무엇을 했죠? 3. 아이들이 수건(보자기)을 가지고 손에 있는 물기를 닦아 본다.	준비물: 세균 그림 자 료, 부직포로 만든 큰 손, 비 누머리띠, 보 자기

전개	T: 아~ 우리가 깜빡 잊고 있었구나! 우리 이 수건으로 세균을 닦아 볼까요? 4. 다음 차례 아이들의 활동을 위해 떼어 낸 세균을 아이들이 다시 붙이게 한다. T: 우리 친구들이 놀이터에서 놀다 들어오면 어떻게 되죠? 그렇죠? 　그럼 손이 어떻게 되었나요? 　(아이들이 대답하면) 그럼 세균을 다시 붙여 볼까요? T: 어~ 다시 손이 더러워졌네~ 　이번에는 뒤의 여섯 친구가 나와서 세균을 없애 볼까요? 5. 모든 아이가 충분히 해 보고 반복하도록 한다. T: 혹시 또 해 보고 싶은 친구 있나요? 　한 번 더 해 보고 싶은 친구는 한 줄로 서 볼까요? 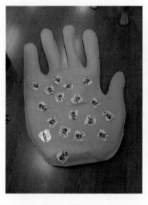 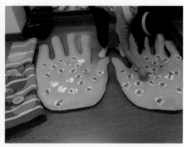
마무리 및 평가	1. 세균을 물리친 느낌을 몸으로 표현해 본다. T: 오늘 친구들이 비누가 되어 세균을 물리쳐 보았는데 어땠나요? 　세균을 다 물리친 느낌을 몸으로 표현해 볼까요? 2. 점심시간 전 아이들이 손을 깨끗하게 씻도록 이끈다. T: 손을 깨끗이 씻지 않는다면 어떻게 될까요? T: 자~ 이제 점심시간이에요~ 우리 친구들 오늘 무엇으로 변신했었죠? 　그렇죠? 가서 손에 있는 세균을 모두 물리치고 자리에 예쁘게 앉아 있으세요~
확장활동	언어 영역 – 동시 감상 동시 '손 씻기는 즐거워'를 감상하고 읽어 본다.

5. 건강과 안전 ② 깨끗이 깨끗이

대주제	건강과 안전				
소주제	깨끗한 나와 환경	활동형태	대집단	유형	신체 활동
활동명	깨끗이 깨끗이	소요시간	30~40분	대상연령	만 5세
활동목표	• 목욕 카드에 있는 물건을 보고 자유롭게 표현할 수 있다. • 규칙을 지키며 재미있게 게임을 할 수 있다.				
표준보육과정 관련 요소	신체운동 · 건강 영역 〉 신체 활동에 참여하기 〉 자발적으로 신체 활동에 참여하기 신체운동 · 건강 영역 〉 건강하게 생활하기 〉 몸과 주변을 깨끗이 하기				
활동자료	몸이 더러워진 사진, 목욕 카드(2개씩), 카드를 넣을 상자, 호루라기				
사전활동	아프지 않고 건강하게 생활하려면 어떻게 해야 하는지 이야기를 나눠 본다.				

활동방법	활동내용	준비물 및 유의점
도입	1. 몸이 더러워진 사진(물감이 묻은 사진, 땀을 흘린 사진 등)을 보며 　이야기를 나눈다. T: (사진을 보며) 이 친구의 몸은 왜 더러워졌을까요? 우리 친구들의 　몸은 어떨 때 더러워지나요? 　더러워지면 어떻게 해야 할까요? 무엇으로 깨끗이 씻어야 하죠?	준비물: 몸이 더러워 진 사진
전개	1. 목욕 카드에 대해 알려 주고 몸으로 직접 표현해 본다. T: 그래서 선생님이 목욕 카드를 가져왔어요~ 　(칫솔, 치약 카드를 보여 주며) 이것으로는 어디를 씻어야 할까요? 　어떻게 씻는지 직접 보여 줄 수 있나요? 　(샴푸 카드를 보여 주며) 이것으로는 어디를 씻어야 할까요? 몸으로 　표현할 수 있나요? 　(비누와 타월 카드를 보여 주며) 이것으로는 어디를 씻어야 할까요? 　몸으로 표현해 볼까요? 2. 목욕 카드를 상자에 각각 넣고 아이들을 두 팀으로 나눈 뒤 게임방 　법을 설명해 주고 시작한다. T: 우리 이 목욕 카드로 게임을 한 번 해 볼까요? 　선생님이 이 상자에 우리가 아까 보았던 목욕 카드를 넣었어요~ 　(상자를 놓아 두며) 선생님이 상자를 여기에 놓았어요~ 　(시범을 보이며) 선생님이 호루라기를 불면 두 명씩 빠른 걸음으로 　가서 상자에 있는 카드를 한 장 꺼내고 꺼낸 카드에 맞게 목욕을 하 　고 다시 빠른 걸음으로 돌아오는 게임이에요~ 할 수 있겠어요? T: 그럼 두 줄로 한번 서 볼까요? 　(줄을 반으로 나누어 두 팀으로 나눈다.) 　(아이들이 원하면 게임을 더 진행하도록 한다.)	준비물: 목욕 카드(2개 씩), 카드를 넣을 상자, 호 루라기 유의점: 아이들이 빠른 걸음으로 걷다 가 뛰지 않도록 주의를 준다.

전개		
마무리 및 평가	T: 우리 오늘 어떤 카드로 게임을 해 보았죠? 　　그래서 우리 친구들이 이렇게 멋지고 예뻐 보이는구나~ T: 목욕을 하고 나면 기분이 어떨 것 같아요? 　　그럼 우리 친구들도 앞으로 깨끗이 잘 씻을 수 있나요?	
확장활동	미술 영역 – 포스터 만들기 (목욕에 관한 포스터를 직접 만들어 본다.)	

5. 건강과 안전   ③ 음식이 지나가는 길

대주제	건강과 안전				
소주제	맛있는 음식과 영양	활동형태	대집단	유형	신체 활동
활동명	음식이 지나가는 길	소요시간	20~30분	대상연령	만 5세
활동목표	• 신체 활동을 통해 소화과정을 간략히 알 수 있다. • 신체기관의 역할을 경험해 볼 수 있다.				
표준보육과정 관련 요소	신체운동 · 건강 영역 〉 신체 인식하기 〉 신체를 인식하고 움직이기 자연탐구 영역 〉 과학적 탐구하기 〉 생명체와 자연환경 알아보기				
활동자료	소화기관 그림, 털실, 끈, 입 모양 터널(하드보드지, 백업), 백업으로 만든 징검다리(식 도), 종이상자, 우드락으로 만든 터널, 음식이 그려진 전지로 만든 옷				
사전활동	−소화과정에 대한 동화책 읽기 −미술시간에 전지에 음식을 그리는 활동				

활동방법	활동내용	준비물 및 유의점
도입	1. (아이들에게 소화기관 그림을 보여 주며) T: ○○반, 어제 동화책에 나온 그림인데 무슨 그림인지 기억나요? 　이 그림은 음식이 우리 몸 속에 들어가서 똥이 되어 나오는 것을 알 　려 주는 그림이었죠? 2. (아이들에게 전지로 만든 옷을 보여 주며) T: 선생님이 지난번에 친구들이 음식을 그렸던 종이를 가지고 멋진 옷 　을 만들었어요. 자기가 그린 음식을 찾아서 모두 입어 볼까요? 3. (아이들이 각자 옷을 찾아 입은 뒤) T: 친구들 모두 멋진 옷을 입었네요. 우리 모두 옷을 입었으니까 어제 　동화책에서 배운 음식이 지나가는 길을 선생님하고 같이 지나가 볼 　거예요.	준비물: 소화기관 그림 유의점: 아이들이 자유 롭게 말할 수 있는 분위기를 만든다(틀린 답을 말해도 교사는 잘 받 아 준다).
전개	1. (백업으로 만든 터널(입)에 도착한 뒤) T: 음식이 지나가는 길 처음에 있는 이 터널은 무엇일까요? 　여기는 음식이 들어가는 입이에요. 입에서는 무슨 일이 일어날까요? 2. (백업으로 만든 사다리 모양 징검다리(식도)에 도착한 뒤) T: 친구들 모두 입을 통과했더니 징검다리가 나왔어요? 　어제 책에서 배웠는데, 입 다음엔 음식이 어떤 곳을 지나갔는지 기 　억나요? T: 여기는 음식이 지나가는 식도라고 해요. 여기 식도는 친구들이 어 　떤 방법으로 지나가면 좋을까? 3. (끈으로 동그랗게 표시해 놓은 부분(위)에 도착)	

전개	T: ○○반 친구들이 동그란 위에 도착했어요. 여기에서는 무슨 일이 일어나지요? T: 여기는 음식이 작아지고 녹는 방이죠? 여기에서 친구들이 입고 있는 음식 옷을 작게 만들려면 어떻게 해야 할까? T: 그럼 친구들이 입은 옷을 잘게잘게 소화시키는 것처럼 찢어서 동그란 방 주변에 있는 종이상자에 각자 넣어 볼까요? 4. (털실로 만들어 놓은 길(소장)을 가리키며) T: 음식이 작아진 다음 지나가는 이 길에서는 음식이 어떻게 될까요? T: 친구들, 한 줄로 예쁘게 서서 선생님을 따라 종이에 있는 음식조각을 뿌리면서 지나가 봐요. 5. (털실로 만든 조금 더 넓은 길(대장) 앞) T: 친구들이 열심히 영양소를 빨아들이도록 뿌렸는데도 우리가 가지고 있는 종이상자 안에는 아직도 음식 조각이 남아 있어요. 여기 우리 앞에 있는 더 넓은 길에서 이 남은 음식들은 똥이 되지요? 6. (우드락으로 만든 터널(항문) 앞에 도착한 뒤) T: 어떻게 해야 똥이 우리 몸 밖으로 나오게 될까? T: 힘을 주면 똥이 몸 밖으로 나가게 되는구나. 　그래! 그럼 우리 친구들이 똥이 되어서 몸 밖으로 잘 나갈 수 있도록 다 같이 힘을 줘 보자! 7. (아이들 모두 똥이 되어 몸 밖으로 빠져나온 뒤) T: 우와! 우리 ○○반 친구들 한 명도 빠짐없이 똥이 되어 몸 밖으로 나왔어요~	
마무리 및 평가	T: ○○반~ 음식이 지나가는 길을 지나가 보니 어땠어요? T: 어떤 부분이 재미있었어요? T: 어떤 부분이 힘들었어요?	
확장활동	동화 『음식을 꼭꼭 씹어요』를 읽는다.	

5. 건강과 안전 ④ 치카치카 양치질을 해 봐요

대주제	건강과 안전				
소주제	깨끗한 나와 환경	활동형태	대집단	유형	신체 활동
활 동 명	치카치카 양치질을 해 봐요	소요시간	20~30분	대상연령	만 4세
활동목표	• 이 닦는 과정을 몸으로 표현해 본다. • 몸으로 이 닦기를 표현함으로써 양치질의 중요성을 체험해 본다.				
표준보육과정 관련 요소	신체운동·건강 영역 〉 건강하게 생활하기 〉 몸과 주변을 깨끗이 하기				
활동자료	부직포로 만든 칫솔, 음식 그림, 세균 모형, 치아 그림, 칫솔맨 그림, 칫솔, 색테이프로 만든 입 모양, 음악				
사전활동	아이들과 이야기해 본다.				

활동방법	활동내용	준비물 및 유의점
도입	1. 이야기 나누기 T: 오늘 간식시간에 찐 감자랑 우유 먹었는데 맛있었어요? 　맛없는 친구들도 있었구나. 그럼 우리 친구들은 어떤 간식을 좋아해요? T: 그렇구나~ 그런 간식들을 많이 먹으면 설탕 때문에 이가 아파요. 　이가 아프지 않으려면 어떻게 해야 할까요? T: 그래요, 오늘은 선생님이 친구들에게 아주 특별한 친구를 소개해 줄 게요. (그림을 보여 주며) 짜잔~ 　이 친구의 이름은 칫솔맨이에요. 친구들이 맛있는 음식을 먹을 때 생기는 세균들을 물리쳐 주는 멋진 영웅이에요! 　(실제 칫솔을 보여 주며) 칫솔맨은 실제로 이렇게 생겼어요. T: 그럼 오늘은 우리 칫솔맨하고 같이 세균한테서 이를 깨끗하게 보호해 주는 게임을 해 볼까요?	
전개	1. 간식 그림과 치아 그림을 보여 주며 설명해 준다. T: 오늘 우리 친구들이 되어 볼 간식과 이예요. 　처음은 선생님이 칫솔맨을 할게요. 하고 싶은 친구들은 나중에 해 봐요~ 2. 치아가 될 유아와 간식이 될 유아를 정한다. T: 간식이 되고 싶은 친구 세 명! 누가 해 볼까요? 나머지 친구들은 이가 될 거예요. 　(역할을 바꿔 줄 것을 알려 주며, 지원이 몰릴 경우 가위바위보로 정한다.)	준비물: 바닥에 만들어 놓은 입속, 치아 그림, 간식 그림, 부직포로 만든 칫솔, 세균

전개	3. 활동을 진행한다. T: 먼저 이 친구들은 바닥에 있는 입속으로 들어가 앉아 주세요. 　간식 친구들은 이 친구들이 입속에 들어간 간식을 맛있게 먹으면 　이 친구들 몸에 세균을 붙여 주세요. T: 자, 이제 간식을 먹어 볼까? (간식이 된 유아가 입속으로 들어가도 　록 도와준다.) 냠냠쩝쩝! T: 어? 이 친구들 몸에 세균들이 붙어 버렸어요! 그냥 두면 친구들을 　아프게 할 텐데……. 아! 우리 칫솔맨한테 도와달라고 할까? 　하나 둘 셋 하면 "칫솔맨~ 도와주세요!" 하고 불러 보자. 　하나 둘 셋! "칫솔맨~ 도와주세요!" T: 친구들, 안녕? 나는 칫솔맨이야. 반짝반짝 깨끗한 이를 좋아하지. 　친구들 몸에 세균이 가득하구나. 친구들이 아프기 전에 내가 닦아 　주면 세균들이 없어질 거야. 　쓱쓱싹싹- 쓱쓱싹싹- (칫솔맨이 된 교사가 세균을 떼어 낸다.) T: 세균들이 모두 사라졌다! 친구들! 밥이나 간식을 먹고 나면 세균이 　생기지 않게 나를 불러 줘! 안녕~ T: 우리 친구들, 칫솔맨 얘기 잘 들었지요? 4. 가위바위보로 역할을 정한 뒤 활동을 몇 차례 반복한다. T: 칫솔맨을 하고 싶은 친구가 있네? 그럼 우리 한 번 더 해 볼까요?	
마무리 및 평가	T: 오늘 어떤 점이 재미있었나요? T: 어려운 점은 없었나요? T: 이제 친구들 점심 먹을 시간인데, 점심 먹고 친구들의 칫솔맨으로 치카치카 해요~	
확장활동	점심을 먹고 난 뒤, 직접 양치질을 해 본다.	

6. 생활도구 ① 고무줄이 되어 보자

대주제	생활도구				
소주제	다양한 생활도구	**활동형태**	대집단	**유형**	신체 활동
활 동 명	고무줄이 되어 보자	**소요시간**	30~40분	**대상연령**	만 4세
활동목표	• 고무줄이 되어 직접 몸으로 표현하며 고무줄의 탄성을 이해한다. • 함께 고무줄이 되어 협동하여 활동할 수 있다.				
표준보육과정 관련 요소	신체운동 · 건강 영역 〉 신체 활동에 참여하기 〉 자발적으로 신체 활동에 참여하기 자연탐구 영역 〉 과학적 탐구하기 〉 물체와 물질 알아보기				
활동자료	수수께끼 상자, 고무줄				
사전활동					

활동방법	활동내용	준비물 및 유의점
도입	1. 교사는 고무줄이 든 수수께끼 상자를 보여 주고 만져 보게 한다. T: 선생님이 수수께끼 상자를 가지고 왔어요. 이 안에는 오늘의 놀이친구가 들어 있어요. 　앞줄부터 차례로 나와서 상자 안에 있는 놀이친구를 손으로 만져 볼게요. 먼저 만져 본 친구들은 다른 친구들이 다 만져 볼 때까지 예쁘게 앉아 기다리고 어떤 물건인지는 마음속으로만 생각하세요~ T: 모두 잘 만져 봤죠? 　그럼 선생님이 수수께끼를 낼게요. 우리 친구들이 맞혀 보세요~ T: 나는 여자 친구들의 머리카락을 묶어 줄 수 있어요. T: 나는 늘어나기도 하고 줄어들기도 해요. T: 나를 묶어 놓고 넘으면서 놀 수 있어요. 　(아이들과 충분히 이야기를 나눈 뒤 고무줄을 꺼내며) T: 나는 바로바로~ 고무줄이에요~ 2. 고무줄을 나눠 주고 탐색할 시간을 충분히 준 뒤 탄성에 대해 이야기해 준다. T: 친구들~ 우리 다 같이 고무줄을 만져 볼 건데 그전에 선생님이랑 약속해요. 고무줄을 세게 튕기거나 휘둘러서 반 친구들이 다치지 않게 조심해 주세요~ 알겠죠? T: 고무줄을 만져 보니까 어떤 느낌이 드나요? T: (고무줄을 늘였다 놓으며) 고무줄은 이렇게 늘어났던 제자리로 돌아갈 수 있어요~ 이런 걸 탄성이라고 해요. 　(집에 가져가고 싶어 하는 아이들이 있으면 주머니에 넣거나 손목에 걸도록 한 후 활동을 진행한다.)	준비물: 수수께끼 상자, 고무줄 유의점: 아이들이 충분히 생각하고 자신의 생각을 이야기하면 정답을 알려 준다.

전개	1. 교사의 지시에 따라 몸으로 표현해 본다. T: 친구들 모두 일어나서 넓게 서 볼까요? 　이제 우리가 고무줄이 되어 볼 거예요. 선생님이 고무줄의 모습을 　말해 주면 친구들이 자유롭게 표현해 보세요~ 　고무줄이 하늘까지 키가 쑥쑥 커져요. 　고무줄이 기차처럼 빨리 되돌아와 볼까요? 　뱀처럼 구불구불해요. 2. 친구들과 함께 모여 고무줄이 되어 본다. T: 이번에는 친구들과 함께 고무줄이 되어 볼 거예요. T: 우선, 네 명씩 모둠이 되어 손을 잡아 주세요. 　선생님이 이야기를 들려 주면 잘 듣고 모둠끼리 고무줄이 되어 움 　직여 보세요~ 자, 모두 고무줄이 되었나요? 　예쁘고 멋진 고무줄이 가만히 서 있었어요. 　그런데 양쪽에서 친구들이 쭉쭉 잡아당겨요. 　고무줄이 늘어나서 힘들어하고 있어요. 　친구들이 놓아 줘서 고무줄이 원래대로 돌아왔어요. 　(충분히 한 뒤) 에구, 결국 고무줄이 끊어지고 말았어요. 	유의점: 아이들이 탄 성을 잘 이해 하도록 몇가 지 예시를 준 비한다.
마무리 및 평가	T: 오늘은 우리 무엇이 되어 봤죠? 　고무줄은 어떤 성질이 있었나요? T: 그래요~ 쭉쭉 늘어났다가 다시 제자리로 돌아오는 탄성이에요. 　우리 친구들 집에 가서 탄성이 있는 물건은 또 무엇이 있는지 알아 　보고 선생님한테 알려 주세요~	
확장활동	자연탐구 – 여러 가지 탄성 (선생님과 아이들이 탄성이 있는 물건을 직접 찾아본다.)	

6. 생활도구 ② 풍선이 커져요

대주제	생활도구				
소주제	생활도구를 움직이는 힘	활동형태	대집단	유형	신체 활동
활 동 명	풍선이 커져요	소요시간	30~40분	대상연령	만 4세
활동목표	• 풍선을 가지고 놀며 신체를 다양하게 움직일 수 있다. • 변하는 풍선의 모습을 관찰해 보고 창의적으로 움직여 본다.				
표준보육과정 관련 요소	신체운동 · 건강 영역 〉 신체 활동에 참여하기 〉 자발적으로 신체 활동에 참여하기 자연탐구 영역 〉 과학적 탐구하기 〉 물체와 물질 알아보기				
활동자료	비밀상자, 풍선, 호루라기, 매듭지은 풍선, 손 펌프				
사전활동	보글보글 공기방울을 이용해 그림을 그려 본다.				

활동방법	활동내용	준비물 및 유의점
도입	1. 비밀상자와 수수께끼로 아이들을 집중시킨다. T: 선생님이 오늘 재미있는 물건을 가지고 왔어요. 　선생님이 수수께끼를 내면 상자 안에 든 물건이 무엇인지 우리 친구들이 맞혀 주세요. T: 나는 친구들이 아주 좋아해요. T: 나는 커지기도 하고 작아지기도 해요. T: 나는 뾰족한 것에 닿으면 빵! 하고 터져 버려요. T: (미리 불어 놓은 풍선을 보여 주며) 와~ 우리 친구들이 맞혔어요~ 　그럼 선생님이랑 이 풍선을 가지고 재미있는 활동을 해 볼까요?	준비물: 비밀상자, 매듭지은 풍선
전개	1. 아이들과 원형으로 앉아 풍선을 나눠 주고 탐색하는 활동을 한다. T: 선생님이 나눠 준 풍선 하나씩 모두 받았나요? 　그럼 지금부터 풍선이 어떻게 커지는지 잘 관찰하면서 풍선을 크게 불고 풍선 입구를 꼭 잡고 있으세요. 너무 크게 불면 풍선이 터져 버릴 수 있으니까 조심하도록 해요. 　(불지 못하는 아이들이 있으면 손 펌프를 준비해 바람을 넣어 준다.) T: 다 불었나요? 그럼 이제 풍선을 공중으로 날려 볼 거예요~ 　선생님이 하나 둘 셋 하면 풍선을 손에서 놓는 거예요. 하나~ 둘~ 셋! 　(풍선 바람이 빠지면서 풍선이 각자 다른 곳으로 날아간다.) T: 풍선을 날리니까 어떻게 되었죠? 다시 한 번 날려 볼까요? 　(한 번 더 풍선을 불고 날려 본다.) T: 풍선을 날릴 때는 어떤 소리가 났죠? 2. 미리 매듭을 지어 놓은 풍선을 나눠 주고 자유롭게 놀 시간을 준다. T: 모두 풍선 받았나요? 그럼 이제 선생님이 호루라기를 불 때까지 친	준비물: 풍선, 손 펌프, 호루라기, 매듭지은 풍선

전개	구들이랑 풍선을 가지고 자유롭게 놀아 보세요. 　그런데 풍선을 가지고 놀기 전에 규칙을 정할 거예요~ 어떤 규칙이 있어야 할까요? 3. 아이들이 직접 풍선이 되어 몸으로 표현해 본다. T: (호루라기를 불며) 이제 모두 자리에 앉아 보세요. 　모두 풍선을 가지고 재미있게 놀았나요? T: 풍선을 가지고 노니까 어떤 느낌이 들었나요? T: 그럼 이번에는 친구들이 직접 풍선이 되었다고 생각하고 선생님이 하는 말을 잘 듣고 몸으로 표현해 보세요. 　친구들의 한쪽 엄지발가락이 풍선을 부는 입구라고 생각해 봐요~ 　아직 풍선에 바람이 들어가지 않아 축 처져 있어요. 　선생님이 풍선을 불었어요~ 후후 　이제 매듭을 지어 볼게요~ (매듭짓는 시늉을 한다.) 　손에서 놓았더니 풍선이 바람에 날아가 하늘을 떠다녀요~ 어! 　갑자기 강한 바람이 불어 풍선이 나뭇가지에 걸렸어요! 　풍선이 나무에 찔렸나 봐요. 빵! 하고 터져 버렸어요 　조금씩 바람이 빠지더니 바닥에 떨어졌어요. T: 이제 다시 우리 친구들로 돌아오도록 해요~ 	
마무리 및 평가	T: 오늘 무엇을 가지고 놀았나요? T: 어떤 점이 가장 재미있었나요? T: 풍선이 되어 보니까 어땠나요? T: 풍선은 친구들이 집에 갈 때 선생님이 다시 나눠 줄게요~	
확장활동	자연탐구 – 공기가 빠져요 (풍선 하나를 붙여 놓고 날이 지날수록 변하는 풍선의 모습을 관찰한다.)	

6. 생활도구 ③ 세탁기 속의 빨래

대주제	생활도구				
소주제	다양한 생활도구	활동형태	대집단	유형	신체 활동
활동명	세탁기 속의 빨래	소요시간	30~40분	대상연령	만 4세
활동목표	• 빨래를 직접 해 보고 빨래의 중요성을 알아본다. • 직접 빨래가 되어 보고, 빨래를 하는 과정을 몸을 통해 표현해 본다.				
표준보육과정 관련 요소	신체운동 · 건강 영역 〉 신체 조절과 기본운동 하기 〉 기본운동 하기 자연탐구 영역 〉 과학적 탐구하기 〉 물체와 물질 알아보기				
활동자료	음료수가 묻은 앞치마, 손수건 8개, 비누, 세숫대야 4개, 부직포 옷, 물방울 모양 부직포, 잘게 자른 부직포 조각(세제), 먼지 모양 부직포, 음료수 모양 부직포				
사전활동	옷이 더러워졌을 때 어떻게 하는지에 대해 이야기해 본다. 집에서 관찰한 바를 토대로 빨래하는 방법에 대해 이야기해 본다.				

활동방법	활동내용	준비물 및 유의점
도입	1. 선생님이 더러워진 앞치마를 입고 나타난다. T: 친구들, 선생님이 오늘 실수로 앞치마에 음료수를 흘렸어요. 　지난 시간에 우리 친구들 옷이 더러워지면 어떻게 해야 한다고 했지요? 　아~ 빨래를 해야 하는구나! 우리 친구들 잘 기억하고 있네요! T: 그럼 우리 친구들 오늘은 직접 세탁기 속의 빨래도 되어 보고, 세탁기가 돼서 빨래도 해 볼까요?	
전개	1. 빨래가 되고 싶은 아이, 빨래를 하고 싶은 아이로 조를 나누고, 빨래가 될 아이가 먼지와 음료수 얼룩이 묻은 부직포 옷을 입는다. T: 우리 친구들 옷이 더러워졌네요! 옷을 깨끗하게 해 볼까요? 2. 빨래가 될 아이들은 원 안에 들어가고, 세탁기가 될 아이들은 원 바깥에 선다. T: 우리 친구들 이번에는 직접 빨래가 되어 볼 거예요. 　원 안은 세탁기 속이고 원 바깥은 세탁기예요. 빨래가 될 친구들은 원 안에 들어가야겠죠? 　세탁기 친구들~ 빨래 친구들을 세탁기 속에 넣는 것 좀 도와줄래요? T: 와~ 빨래를 전부 세탁기 속에 넣었어요! 이제 빨래를 해 볼까요? 　빨래할 땐 제일 먼저 무엇이 필요할까요? T: 그렇구나, 친구들 말처럼 물이 필요하지요. 　그런데 세탁기로 빨래를 할 때는 세제를 먼저 넣는다고 해요. 그럼 우리 이번에는 세제를 넣어 볼까요? (잘게 자른 부직포를 세탁기 속	

전개	에 뿌린다.) T: 자~ 선생님이 세탁기 시작 버튼을 눌러 볼게요!(시작 버튼을 누른다.) 이제 세탁기가 돌아갑니다! T: 세탁기 속에 물이 들어가요~ (물방울 모양 부직포를 뿌린다.) T: 세탁기가 돌아가면서 세탁기 속에 있는 빨래들도 같이 돌아가네요! 점점 빨리 돌아가요! T: 이제 빨래가 어느 정도 깨끗해진 것 같아요. 이제 멈춤 버튼을 눌러 볼게요. (멈춤 버튼을 누른다.) 멈춤 버튼을 누르니까 점점 느려지네요. 드디어 세탁기가 멈췄어요! T: 와~ 빨래 친구들이 정말 깨끗해졌네요! 깨끗해진 빨래는 어떻게 할까요? T: 친구들 말처럼 빨래에 있는 물기를 짜 볼까요? 그럼 이번에는 물기를 탁탁 털어 볼까요?
마무리 및 평가	1. 정리를 하고 다 같이 모여 앉아 마무리한다. T: 우리 친구들 오늘 더러워진 옷을 어떻게 했지요? T: 빨래가 되어 보니 어땠어요? T: 세탁기가 되어 보니 어땠나요?
확장활동	사회관계 – 부모님이 빨래하시는 것을 도와드린다.

7. 교통기관 ① 자동차가 되어 보아요

대주제	교통기관				
소주제	여러 가지 육상 교통기관	활동형태	대집단	유형	신체 활동
활동 명	자동차가 되어 보아요	소요시간	20~30분	대상연령	만 3세
활동목표	• 자동차의 특징과 움직임을 안다. • 자동차의 움직임을 창의적으로 표현해 본다.				
표준보육과정 관련 요소	신체운동 · 건강 영역 〉 신체 활동에 참여하기 〉 자발적으로 신체 활동에 참여하기 예술경험 영역 〉 예술적 표현하기 〉 움직임과 춤으로 표현하기				
활동자료	자동차 사진과 영상 자료				
사전활동	내가 이용해 본 육상 교통기관에 대해 이야기를 나눠 본다.				

활동방법	활동내용	준비물 및 유의점
도입	1. 사진과 영상 자료를 통해 여러 자동차의 유형(견인차, 소방차, 사다리차, 구급차, 경찰차, 버스, 덤프트럭, 레미콘 등)들을 보여 주고 이 자동차들을 자세히(자동차의 모양, 움직임, 소리 등) 탐색해 본다. T: 지난 시간에 우리 친구들이 타 봤던 자동차에 대해 이야기를 나눠 봤죠? 이 사진 중에서 우리 친구들이 타 보거나 본 적이 있는 자동차가 있나요? 소리는 어땠나요? 어떻게 움직였는지 보여 줄 수 있나요?	준비물: 사진, 영상 자료
전개	1. 자동차 전체를 표현해 본다. T: 여러분, 다양한 자동차를 보았지요. 이제부터는 이 자동차들을 몸으로 표현하기로 해요. 견인차는 어떻게 표현할 수 있을까요? 2. 자동차의 부분을 표현해 본다. T: 자동차의 바퀴, 운전대는 어떻게 표현할 수 있을까요? T: 견인차의 고리, 사다리차의 사다리, 레미콘차의 레미콘은 어떻게 표현할 수 있을까요? 3. 각각 다른 자동차가 되어 움직여 본다. T: 이제는 우리 친구들이 움직이고 싶은 자동차가 되어서 자동차가 움직이는 것처럼 해 볼까요? 선생님 자동차가 고장났어요! ○○견인차 출동~	

전개		
마무리 및 평가	1. 자동차의 특성에 따라 형태와 움직임을 잘 표현했는지 본다. T: 친구들은 어떤 자동차가 만들기 어려웠어요? T: 친구들은 어떤 자동차로 출동하는 것이 제일 신났나요?	
확장활동	다른 탈것(비행기, 배 등)으로도 진행해 본다.	

7. 교통기관 ② 떴다 떴다 비행기

대주제	교통기관				
소주제	항공/해상 교통기관	활동형태	대집단	유형	신체 활동
활 동 명	떴다 떴다 비행기	소요시간	30~40분	대상연령	만 4세
활동목표	• 비행기를 자신만의 방법으로 창의적으로 표현할 수 있다. • 친구들과 함께 항공로를 만들고 비행기가 되어 길을 따라 날아 본다.				
표준보육과정 관련 요소	신체운동 · 건강 영역 〉 신체 활동에 참여하기 〉 자발적으로 신체 활동에 참여하기 예술경험 영역 〉 예술적 표현하기 〉 움직임과 춤으로 표현하기				
활동자료	종이벽돌, 하늘 사진				
사전활동	아이들과 함께 교통기관에 대해 이야기를 나눠 보고 육상 · 해상 · 항공 교통기관으로 분류해 본다.				

활동방법	활동내용	준비물 및 유의점
도입	1. 지난 시간에 배운 교통기관 중에서 항공 교통기관들에 대해 이야기하며 비행하는 모습을 몸으로 표현해 보도록 한다. T: ○○반 친구들~ 지난 시간에 여러 가지 탈것을 배웠는데 기억나나요? T: (하늘 사진을 보여 주며) 하늘에 다니는 탈것에는 무엇이 있었는지 기억나나요? T: 비행기는 어떻게 날아다닐까요? 몸으로 표현해 볼까요? T: 헬리콥터는 어떻게 날아다닐까요? 몸으로 표현해 볼까요?	준비물: 하늘 사진
전개	1. 아이들과 함께 비행기를 몸으로 표현하며 교실을 날아다녀 본다. T: 자~ 우리 친구들 전부 잘 표현했는데 오늘은 우리 모두 비행기가 되어 볼 거예요~ 우리 교실이 이제 하늘이 되었어요~ 그럼 친구들 모두 비행기가 될 준비 됐나요? 우리 친구들 마음껏 교실을 날아다녀 볼까요? T: 비행기들이 낮게 날고 있어요~ 이번엔 비행기가 높게 날고 있네요? 2. 아이들과 함께 종이벽돌로 항공로를 만들고 그 길을 따라 날아다녀 본다. T: ○○반 비행기들, 선생님 앞으로 날아와 멈춰 보세요~ 우리 친구들 비행기가 되어 하늘로 올라갔더니 무엇이 보였나요? T: 그런 것들을 보았구나. 그런데 ○○반~ 자동차는 어디서만 다녀야 하죠? 자동차가 다닐 수 있는 도로로 다녀야 하죠?	준비물: 종이벽돌 유의점: 아이들이 길을 만들며 다투지 않도록 교사가 옆에서 잘 보조한다.

전개	비행기도 마찬가지로 하늘 위에 길이 있어서 항공로라고 하는 그 길로 날아다닌대요~ 그럼 우리 이 종이벽돌로 항공로를 만들어서 함께 날아다녀 볼까요? 3. 길을 한 번 더 새롭게 만들어 아이들과 함께 자유롭게 날아다녀 본다. T: 친구들~ 이번에는 어떻게 길을 만들어 봤으면 좋겠어요? 　다시 한 번 만들어 볼까요? 4. 벽돌을 정리하며 마무리한다. T: ○○반 비행기들~ 이제 멈춰 보세요~ 　이제 다시 교실이 원래대로 돌아왔어요~ 　길을 치워 주는 게 좋겠죠? 각자 주변에 있는 벽돌을 두 개씩 가지고 오세요~ 	
마무리 및 평가	T: 오늘 우리가 무엇이 되어 봤나요? T: 종이벽돌로 무엇을 만들어 봤죠? T: 재미있던 점은 무엇인가요?	
확장활동	종이접기 – 비행기를 접어요. (아이들과 함께 비행기를 접어 밖에서 직접 날려 본다.)	

7. 교통기관 ③ 비행기 타고 가요!

대주제	교통기관				
소주제	항공/해상 교통기관	활동형태	대집단	유형	신체 활동
활 동 명	비행기 타고 가요!	소요시간	20~25분	대상연령	만 5세
활동목표	• 비행기의 특징을 이해하고 항공로의 존재를 안다. • 선을 따라 움직일 수 있다.				
표준보육과정 관련 요소	신체운동 · 건강 영역 〉 신체 조절과 기본운동 하기 〉 기본운동 하기 예술경험 영역 〉 예술적 표현하기 〉 움직임과 춤으로 표현하기				
활동자료	하늘색/남색 테이프, 부직포로 만든 구름 여러 장, 비행기 모형(혹은 날개 등을 형상화 한 모형), 종이블록, 별과 달 등이 나오는 무드등				
사전활동	비행기와 관련된 사진, 동영상 등을 보고 비행기의 특징을 배운다.				

활동방법	활동내용	준비물 및 유의점
도입	1. 교사가 준비한 자료를 유아가 이해하도록 설명한다. T: 와, 우리 교실 바닥에 뭐가 많이 생겼네요? 　○○이는 여기가 어디인 것 같아요? 그래, ○○이는 □□이라고 생각했구나. T: 사실 여긴 선생님이 만들어 둔 하늘이에요~ 　하늘 위에는 무엇이 있나요? 아~ 구름도 있고, 비행기도 있어요. T: 그런데 땅에는 있지만 하늘에는 없는 것들도 있는 것 같아요. 무엇이 없는 걸까? 그래요, 친구들 말처럼 자동차도, 신호등도, 길도 없네요. 　어? 그럼 길이 없는데 비행기는 어떻게 가는 걸까요?	
전개	1. 교사가 유아에게 교육하고자 하는 내용을 설명한다. T: 비행기를 조종하는 멋진 조종사 아저씨들이 하늘 위에서 사고가 나지 않도록 비행기가 갈 수 있는 길을 만들었어요. 어려운 말로는 항공로라고 해요. 2. 교사가 색 테이프로 바닥에 항공로를 만들고, 그 위를 따라 움직여 본다. T: 자, 그럼 우리 다 같이 비행기가 되어 볼까요? 　여기 여러 가지 비행기 날개가 놓여 있죠? 친구들이 원하는 날개를 골라서 비행기가 되어 보도록 해요. T: 선생님이 먼저 길을 따라 이동해 볼게요. 친구들은 선생님의 뒤를 따라서 비행기처럼 날아 볼까요?	준비물: 색 테이프, 하얀 부직포로 만든 구름 여러 장, 종이블록, 비행기 모형, 별과 달 등이 나오는 무드등

전개	T: 와~ 우리 모두 멋있게 날아서 목적지에 도착했어요.
	3. 한 번의 이동 후에는 유아들과 함께 길을 새로 만들어 이동해 본다.
	T: 이번에는 우리 친구들이 가고 싶은 곳으로 날아가 볼까요? 어디로 가 볼까요?
	T: 그래, 우리 미국으로 날아가 볼까요? 어? 그럼 미국으로 가는 길을 만들어야겠네.
	    우리 친구들이 앞에 있는 하얀 구름과 종이블록으로 미국으로 갈 수 있는 하늘 길을 만들어서 날아갈까요?
	T: 와! 멋진 길이 만들어졌네요! 그럼 우리 모두 하늘을 날아서 미국으로 가 봐요!
	4. 다양한 동작으로 이동하다 교실의 조명을 조절해 교실 안을 어둡게 하고, 미리 준비한 전등을 이용해 밤하늘을 연출한다.
	T: 어? 바람 친구들이 놀러 왔나 봐요! 그럼 우리 이번엔 바람 친구들을 타고 날아가 볼까요? 바람을 타고 날아가면 어떻게 날아갈까?
	    빠르게 날아가는 비행기도 있고 점프하며 날아가는 비행기도 있네?
	T: 어? 이제 밤이 됐어요. 하늘에 별도 뜨고 달도 떴네요?
	    아쉽지만 ○○유치원으로 돌아가야 할 시간이 됐어요.
	    이제 밤하늘을 날아서 다시 ○○유치원으로 돌아갈 거예요.
	    선생님은 어두워서 ○○유치원으로 가는 길이 보이질 않네요. 우리 친구들이 유치원으로 갈 수 있는 길을 만들어서 가 볼까요?
	T: 멋진 길이 만들어졌네요? 그럼 우리 다 같이 유치원으로 가 볼까요?
		유의점:
		아이들이 이동하는 활동을 할 때 다치지 않도록 유의한다.

마무리 및 평가	T: 하늘 위에는 어떤 것들이 있었지요? T: 하늘을 날 때 어떤 것들을 느꼈어요? T: 재미있거나 힘들었던 점들은 무엇이었어요?	
확장활동	미술 영역 – 종이비행기 접기	

8. 우리나라 ① 탈춤을 춰요

대주제	우리나라				
소주제	우리나라의 놀이와 예술	활동형태	대집단	유형	신체 활동
활동명	탈춤을 춰요	소요시간	30~40분	대상연령	만 5세
활동목표	• 우리나라 전통노래와 춤에 관심을 가지고 노래의 빠르기에 맞춰 출 수 있다. • 친구들과 협동하여 자유롭게 춤을 만들어 춘다.				
표준보육과정 관련 요소	신체운동 · 건강 영역 〉 신체 활동에 참여하기 〉 자발적으로 신체 활동에 참여하기 사회관계 영역 〉 사회에 관심 갖기 〉 우리나라에 관심 갖고 이해하기				
활동자료	탈춤 사진, 유아 각자가 만든 탈, 손수건, 음악의 빠르기가 다른 국악				
사전활동	선생님과 함께 탈에 대해 알아보고 자신만의 탈을 직접 만들어 본다.				

활동방법	활동내용	준비물 및 유의점
도입	1. 탈춤에 관한 이야기를 나눈다. T: ○○반 친구들~ 우리 저번 시간에 만든 탈 기억나나요? 어떤 탈들이 있었죠? T: 탈을 쓰고 무엇을 할 수 있을까요? 　아~ 그런데 오늘은 선생님과 탈을 쓰고 춤을 춰 볼 거예요~ T: (여러 가지 탈춤 사진을 보여 주며) 친구들 탈춤 본 적 있나요? 　탈춤은 귀신을 쫓기 위해서도 췄고 놀이를 위해서도 추고 탈에 따라 다양한 이유에서 옛날 사람들이 추던 춤이래요~ T: 그럼 우리 이 사진들처럼 자유롭게 탈춤을 춰 볼까요? 	준비물: 탈춤 사진
전개	1. 자신이 만든 탈과 손수건을 나눠 준 후 탈춤을 춰 본다. T: 자, 모두 탈을 쓰고 손수건을 양손에 하나씩 잡으세요~ 　이제 우리 모두 일어나서 큰 원을 만들어 서 볼까요? T: 선생님이 노래를 틀어 주면 노래의 빠르기에 맞추어 자유롭게 탈춤을 춰 보세요~ T: (느린 국악을 들려 준다.) 이 노래에서는 춤을 어떻게 춰야 할까요? T: (빠른 국악을 들려 준다.) 이 노래에서는 춤을 어떻게 춰야 할까요? 2. 모둠을 만들어 탈춤을 춰 본다.	준비물: 탈춤 사진, 유아 각자가 만든 탈, 손수건, 음악의 빠르기가 다른 국악

전개	T: 이번엔 5명씩 모여서 어떻게 탈춤을 출 건지 같이 춰 보고 친구들에 게도 보여 줄까요? (충분한 시간을 준 후 한 팀씩 나와 친구들에게 탈춤을 보여 주도록 한다.) T: ○○팀은 탈춤을 어떻게 췄나요? 따라서 춰 볼까요? (모든 팀을 반복한다.)	유의점: 각 모둠이 모여 자유롭게 협동 하여 탈춤을 춰 보도록 교사가 돌아다니며 지 도한다.
마무리 및 평가	T: 이제 탈을 벗고 예쁘게 앉아 보세요~ T: 오늘 우리가 어떤 춤을 췄나요? T: 느린 노래로 춤을 출 때는 어땠나요? T: 빠른 노래로 춤을 출 때는 어땠나요? T: 친구들과 함께 춤을 춰 보니 어땠나요?	
확장활동	언어 영역 – 탈춤 (지역마다 다른 탈춤의 특징들을 알아본다.)	

8. 우리나라 ② 문을 열어라

대주제	우리나라				
소주제	우리나라의 놀이와 예술	활동형태	대집단	유형	신체 활동
활 동 명	문을 열어라	소요시간	20~30분	대상연령	만 3세
활동목표	• 노래에 맞춰 친구들과 함께 즐겁게 전통놀이에 참여한다. • 놀이의 규칙을 잘 지키며 놀이를 할 수 있다.				
표준보육과정 관련 요소	신체운동 · 건강 영역 〉 신체 활동에 참여하기 〉 자발적으로 신체 활동에 참여하기 사회관계 영역 〉 사회에 관심 갖기 〉 우리나라에 관심 갖고 이해하기				
활동자료	〈동대문을 열어라〉 가사판과 노래 CD				
사전활동	우리나라의 국기와 국화를 알아보고, 국기를 직접 색칠해 본다.				

활동방법	활동내용	준비물 및 유의점
도입	1. 〈동대문을 열어라〉 노래를 틀어 아이들을 모은 후 아이들과 함께 들어 보고 불러 본다. T: 선생님이 오늘 재미있는 노래를 들려 줄게요~ 잘 들어 보세요~ T: 선생님이랑 한 번 불러 볼까요? T: 동대문은 어떻게 생겼을 것 같나요? T: 남대문은 어떻게 생겼을 것 같나요? 　문은 사람들이 잘 지나다닐 수 있어야겠죠? 　옆 친구와 둘이서 한번 만들어 볼까요?	준비물: 〈동대문을 열 어라〉 가사판, 노래 CD
전개	1. 아이들과 함께 〈동대문을 열어라〉 노래에 맞춰 게임을 해 본다. T: 선생님과 노래에 맞춰 재미있는 놀이를 해 볼까요? T: 예쁘게 앉아 있는 ○○이와 △△이랑 □□이와 ☆☆이랑 나와 볼까요? 　이제 이 친구들이 동대문과 남대문이 되어서 "12시가 되면은 문을 　닫는다" 할 때 손을 내려서 친구들을 가둘 거예요~ 　그럼 잡힌 친구가 원하는 친구와 함께 문이 되는 거예요~ 　나머지 친구들은 문을 지나가면 돼요~ 그럼 시작할까요? 　(노래를 틀어 주고 아이들과 문을 바꿔 가며 게임을 해 본다.) 2. 노래를 천천히, 빠르게 불러 주며 아이들과 함께 대문놀이를 해 　본다. T: 이번에는 선생님이 천천히 노래를 불러 줄게요~ 천천히 문을 지나 　가 보세요~ T: 이번에는 선생님이 빠르게 노래를 불러 줄게요~ 빠르게 문을 지나 　가 볼까요?	준비물: 〈동대문을 열 어라〉 가사판, 노래 CD 유의점: 모든 아이가 문 이 되어 보게 해 준다./문을 닫거나 움직일 때 다치지 않도 록 주의한다.

전개	

마무리
및
평가
	T: 이제 문을 닫고 우리 친구들 모두 자리에 와서 앉아 보세요~
	   오늘 어떤 문을 지나가 봤죠?
	T: 재미있었나요? 어떤 점이 재미있었나요?
	T: 오늘 한 놀이는 우리나라의 전통놀이인 '대문놀이'예요~ 다음시간
	    에는 우리나라의 다른 놀이를 알아보고 함께 해 볼까요?

확장활동	이야기 나누기 – 아이들과 우리나라의 여러 놀이에 대해 이야기를 나 눠 보고 직접 해 본다.

8. 우리나라 ③ 항아리와 토기장이

대주제	우리나라				
소주제	우리나라 사람들의 생활	활동형태	대집단	유형	신체 활동
활 동 명	항아리와 토기장이	소요시간	30~40분	대상연령	만 5세
활동목표	• 흙이 항아리가 되는 과정과 토기장이가 항아리를 만드는 과정을 직접 몸으로 표현해 본다. • 우리나라 전통 생활용품인 항아리의 쓰임새를 알 수 있다.				
표준보육과정 관련 요소	신체운동 · 건강 영역 〉 신체 활동에 참여하기 〉 자발적으로 신체 활동에 참여하기 자연탐구 영역 〉 과학적 탐구하기 〉 물체와 물질 알아보기				
활동자료	실제 항아리와 토기장이 사진, 음악(베토벤 교향곡 6번 〈전원〉 & 쇼팽 〈즉흥환상곡〉), 색 테이프, 블록				
사전활동	동화 『숨 쉬는 항아리』를 듣고 이야기 나누기				

활동방법	활동내용	준비물 및 유의점
도입	1. 유아가 교사와 함께 항아리와 토기장이에 대해 이야기를 나눈다. T: 우리 지난 시간에 선생님이랑 『숨 쉬는 항아리』라는 동화를 듣고 이런 양념들이 항아리에서 만들어지고, 또 항아리는 어떻게 만들어지는지 보고 이야기를 나누었지요. T: (실제 사진을 보여 주며) 자, 여기 사진을 보면 여러 가지 모양의 항아리들이 있고 옆에 사람이 있는데 이 사람은 누굴까요? T: 그렇구나~ 이 사람은 우리가 동화에서 본 것처럼 숨쉬는 항아리를 만드는 멋진 토기장이예요. T: 그럼 오늘은 우리 함께 토기장이도 되어 보고, 항아리도 되어 보아요!	
전개	1. 유아가 토기장이와 항아리 중에 되고 싶은 것을 선택한다. T: 친구들, 우리 교실 바닥에 큰 동그라미가 그려져 있어요. 항아리가 되고 싶은 친구들은 동그라미 안으로 들어가면 되고, 항아리를 만드는 토기장이가 되고 싶은 친구들은 바깥에 있으면 돼요. 2. 항아리를 선택한 유아가 음악(느린 곡–베토벤 교향곡 6번 〈전원〉)에 맞춰 자유롭게 흙을 표현한다. T: 우리 음악에 몸을 맡기고 자유로운 흙이 되어 볼까요? 여러 가지 흙이 있구나. 3. 토기장이를 선택한 유아들이 흙으로 항아리를 빚는다. T: 토기장이 친구들, 들판에 있는 좋은 흙들을 다 모아서 반죽해 봐요!	유의점: 원하는 역할이 한쪽으로 몰릴 경우 역할을 바꿔 한 번 더 활동할 것을 예고하고, 가위바위보로 정하게 한다.

전개	T: 반죽이 잘 되었네요. 토기장이 친구들, 이제 물레를 돌리면서 항아리를 예쁘게 빚어 보세요. 4. 토기장이 유아들이 음악(빠른 곡-쇼팽 〈즉흥환상곡〉)에 맞춰 항아리를 굽는다. T: 선생님 앞에 있는 블록은 이제 나무토막이 되었어요. 토기장이 친구들은 나무토막을 가져다가 불을 붙이고, 뜨거워진 아궁이 속에 항아리를 넣어서 단단해지도록 구워 주세요. T: (항아리를 표현하는 유아 쪽에 손을 갖다대며) 앗 뜨거워! 아궁이가 뜨거워지면서 항아리 친구들 몸도 점점 뜨거워지고 있는 것 같아요! 5. 항아리를 표현하는 유아들이 갈색 천을 두른다. T: 우리 항아리 친구들~ 동화책에서처럼 알맞게 구워져서 예쁜 갈색 옷으로 갈아입을 거예요. 예쁜 갈색 천이 많이 있네. 갈아입어 봐요~ T: 이야~ 반짝반짝 빛이 나네요. 이제 항아리 친구들이 숨쉬는 항아리가 되었어요. 우리 어떤 음식이 담겨도 맛있게 만들어 줄 수 있도록 크게 한 번 숨을 쉬어 볼까요? 6. 역할을 바꿔서 다시 한 번 표현해 본다.	
마무리 및 평가	1. 이야기를 나누며 활동을 마무리한다. T: 친구들, 오늘 활동하면서 어려운 점 있었어요? T: 그럼 재미있었던 것은 어떤 것이었나요?	
확장활동	예술경험, 사회관계 - 전통시장이 열렸어요! (역할놀이)	

9. 환경과 생활 ① 뽀송뽀송 밀가루빵이 되었어요

대주제	환경과 생활				
소주제	물과 우리생활	활동형태	대집단	유형	신체 활동
활동명	뽀송뽀송 밀가루 빵이 되었어요	소요시간	25~30분	대상연령	만 3세
활동목표	• 밀가루가 빵이 되는 과정을 몸으로 표현함으로써 이해한다. • 밀가루의 가벼움과 밀가루 반죽의 특징을 몸으로 표현해 본다.				
표준보육과정 관련 요소	신체운동·건강 영역 〉 신체 활동에 참여하기 〉 자발적으로 신체 활동에 참여하기 자연탐구 영역 〉 탐구하는 태도 기르기 〉 탐구과정 즐기기				
활동자료	접시를 표시할 검정 테이프, 오븐을 표시할 빨간 테이프, 일회용 접시, 밀가루, 물, 컵, 분무기, 어린이용 비닐장갑, 머리띠(흰색), 앞치마				
사전활동	밀가루로 만들 수 있는 음식에 대해 알아본다.				

활동방법	활동내용	준비물 및 유의점
도입	1. 직접 가져온 밀가루를 보여 주며 소개한다. T: 선생님이 접시에 음식을 가져왔어요~ 이게 무엇일까요? T: 우리 저번 시간에 밀가루로 만들 수 있는 음식에 대해서 배웠죠? 　뭐가 있었나요? T: 우리 친구들 정말 잘 기억하고 있구나~ 　그럼 우리 밀가루를 직접 만져 볼까요? 2. 한 명씩 일회용 접시와 컵에 밀가루와 물을 나누어 주고 탐색하게 　해 본다. T: 밀가루를 만져 보니 느낌이 어때요? 　밀가루를 후~ 하고 불어 볼까요? 　밀가루에 물을 부으면 어떻게 될까요? 한번 부어 볼까요? 　(비닐장갑을 끼고 반죽을 할 수 있도록 충분한 시간을 준다.) T: 한 번 주물러 볼까요? 밀가루가 어떻게 되었나요? 밀가루가 반죽이 　되었네요~ 반죽을 쭈욱 잡아당겨 보고 여러 모양도 만들어 볼까요? 　반죽이 오븐 속으로 들어가면 빵으로 만들어진대요~ T: 우리가 직접 밀가루가 되어 빵으로 만들어져 볼까요?	준비물: 일회용 접시, 밀가루, 물컵, 어린이용 비 닐장갑
전개	1. 요리사를 할 사람과 밀가루가 될 사람으로 나누어 밀가루가 빵이 　되는 과정을 몸으로 표현해 본다. 　(요리사는 앞치마를 둘러 주고 밀가루는 하얀 머리띠를 씌워 준다.) T: 자~ 친구들 검은 테이프는 접시! 빨간 테이프는 오븐이에요~ 　(밀가루 친구들은 검은 테이프 안쪽으로 들어가서 시작한다.) 　선생님이 이야기를 들려 주면 친구들이 밀가루와 요리사가 되어 몸 　으로 표현해 보세요~	준비물: 접시를 표시할 검정 테이프, 오븐을 표시할 빨간 테이프, 분무기, 머리띠 (흰색), 앞치마

전개	T: 요리사가 밀가루를 후~ 하고 불었어요! 밀가루는 어떻게 되었을까요? T: 요리사가 접시 밖으로 나온 밀가루를 접시 안으로 모았어요. 　요리사가 밀가루에 물을 넣었어요. 　(분무기를 이용해 요리사가 밀가루 위쪽에 뿌리도록 도와준다.) T: 요리사가 밀가루 반죽을 만들기 시작했어요. 밀가루는 어떻게 되었나요? 　반죽이 된 밀가루를 쿵 하고 눌러 납작하게 되었네요? 　이번엔 반죽을 쭈욱~ 천천히 늘렸어요! 그러자 반죽이 똑! 하고 떨어졌네요? 　요리사는 여러 모양으로 반죽을 만들기 시작했어요~ 어떤 모양이 되었을까요? T: 요리사는 반죽을 뜨거운 오븐 속으로 넣었어요! 밀가루 반죽은 어떻게 되었을까요? T: 반죽이 뜨거워하고 있네요? 그러자 반죽이 부풀기 시작했어요. 　시간이 지나고 오븐 속에서 빵이 만들어졌네요? 　요리사는 빵의 맛을 보기 위해 먹어 보았어요. 빵이 맛있게 만들어졌나요? 2. 밀가루와 요리사 역할을 바꾸어 활동을 다시 해 본다. 	유의점: 말을 천천히 하여 아이들이 잘 듣고 표현 할 수 있도록 한다.
마무리 및 평가	1. 오늘 했던 활동을 이야기하며 마무리한다. T: 오늘 우리가 무엇을 해 봤죠? T: 밀가루에 물을 부으면 어떻게 되죠? T: 반죽을 오븐에 넣었더니 어떻게 되었나요?	
확장활동	미술 영역 – 내가 만든 빵 (찰흙으로 빵을 직접 만들어 본다.)	

9. 환경과 생활 ② 보글보글 비눗방울

대주제	환경과 생활				
소주제	바람, 공기와 우리생활	활동형태	대집단	유형	신체 활동
활동명	보글보글 비눗방울	소요시간	30~40분	대상연령	만 4세
활동목표	• 밖에서 하는 비눗방울 놀이에 즐겁게 참여한다. • 비눗방울의 성질을 알고 비눗방울을 몸으로 표현할 수 있다.				
표준보육과정 관련 요소	신체운동 · 건강 영역 〉 신체 활동에 참여하기 〉 바깥에서 신체 활동 하기 자연탐구 영역 〉 과학적 탐구하기 〉 물체와 물질 알아보기				
활동자료	비눗방울 사진, 비눗방울 물, 조금 큰 비눗방울 틀, 종이컵, 빨대, 대야				
사전활동	비누가 쓰이는 다양한 곳을 알아본다.				

활동방법	활동내용	준비물 및 유의점
도입	1. 비눗방울 사진을 보여 주며 비눗방울에 대해 이야기한다. T: 이 사진은 무슨 사진일까요? 　우리 친구들은 비눗방울을 직접 보거나 만들어 본 적이 있나요? T: 비눗방울은 어디에서 봤나요? 비눗방울은 어떻게 만드나요? T: 비눗방울은 어떤 모양이었나요? 2. 비눗방울을 부는 활동을 할 때 주의할 점에 대해 이야기를 나눈다. T: 우리가 오늘 밖에 왜 나왔을까요? 　맞아요~ 선생님이랑 친구들이 비눗방울을 만들 거예요~ 　그런데 재미있는 비눗방울을 불기 위해서는 지켜야 할 약속들이 있어요. 어떤 약속들이 필요할까요? 　(아이들이 말한 약속들을 왜 지켜야만 하는지 말해 주고 활동을 시작한다.)	준비물: 비눗방울, 사진
전개	1. 비눗방울을 만드는 시범을 보이고, 아이들이 비눗방울을 직접 만들어 보게 한다. T: 친구들 여기 통에 들어 있는 물은 무슨 물일까요? T: 선생님이 우리 친구들을 위해 비눗방울 물을 미리 만들어 왔어요. 선생님이 먼저 비눗방울을 한번 만들 테니까 비눗방울이 어떻게 만들어지는지 잘 지켜보세요~ 2. 아이들에게 주의사항을 한 번 더 알려 주며 빨대를 나눠 주고 부는 연습을 같이 해 보도록 한다. T: 이번에는 친구들이 직접 만들어 봐요~ 빨대 모두 받았나요? 　비눗방울 물은 절대 먹으면 안 된다고 아까 약속했죠? T: 우리 빨대로 비눗방울 부는 연습을 해 볼 거예요~ 　후~ 하고 불어 보세요. 후~	준비물: 비눗방울 물, 조금 큰 비눗방울 틀, 종이컵, 빨대, 대야 유의점: 잘 불지 못하는 아이들은 개별적으로 옆에 가서 도와준다.

전개	T: 이제 비눗방울을 종이컵에 담아 나눠 줄게요~ 우리 친구들 각자 만들어 봐요~ 3. 아이들을 두 조로 나누어 비눗방울 잡기놀이를 한다. T: 자, 이쪽에 있는 친구들은 비눗방울을 불고 이쪽 친구들은 친구들이 분 비눗방울을 터뜨려 보세요~ (역할을 바꾸어 한 번 더 해 본다.) 4. 네다섯 명씩 모여 대야에 비눗방울 물을 붓고 여러 명이 협동하여 큰 비눗방울을 만들어 보도록 한다. T: 친구들 우리 이제 큰 비눗방울을 만들 건데 우리 친구들 모두의 힘이 필요해요. 한 조에 하나씩 여기 이 통을 나눠 주면 친구들이 가지고 놀던 비눗방울 물을 여기에 부어 주세요. T: 싸우지 말고 차례대로 한 명씩 큰 비눗방울을 만들어 보세요. 5. 비눗방울을 불어 본 것에 대해 이야기해 보며 그것을 몸으로 표현해 본다. T: 비눗방울이 어떻게 했더니 생겼나요? 몸으로 한 번 표현해 볼까요? T: 비눗방울을 불고 나니까 어떻게 되었는지 몸으로 표현해 볼까요? T: 비눗방울을 터뜨렸더니 비눗방울이 어떻게 되었죠? 한번 움직여 볼까요?
마무리 및 평가	T: 오늘 어떤 놀이를 했죠? 비눗방울 놀이를 하면서 가장 재미있었던 점은 무엇이었나요?
확장활동	미술 영역 – 거품으로 그려요 (비눗방울 거품으로 도화지에 그림을 그려 본다.)

9. 환경과 생활	③ 알록달록 공기를 튕겨 보아요				
대주제	환경과 생활				
소주제	바람, 공기와 우리 생활	활동형태	대집단	유형	신체 활동
활동 명	알록달록 공기를 튕겨 보아요	소요시간	30분	대상연령	만 4세
활동목표	• 공기의 존재를 이해한다. • 공기를 느낄 수 있는 여러 가지 방법을 안다. • 몸을 움직여 적극적으로 참여한다.				
표준보육과정 관련 요소	신체운동 · 건강 영역 〉 신체 활동에 참여하기 〉 자발적으로 신체 활동에 참여하기 자연탐구 영역 〉 과학적 탐구하기 〉 자연현상 알아보기				
활동자료	백업(아이들 수만큼), 풍선 여러 개, 동화책『공기를 보았니?』, 신나는 노래(CD 혹은 피아노 반주)				
사전활동					

활동방법	활동내용	준비물 및 유의점
도입	1. 동화책『공기를 보았니?』를 읽어 준다. T: 책에서 어떤 이야기를 해 주었어요? 공기에 대해 이야기해 주었구나! T: 아~ 공기는 눈으로 보아서는 알 수가 없구나. 만질 수도 없고! 　그럼 눈으로도 보지 못하고, 만질 수도 없으면 공기가 어디에 있는지 어떻게 알 수 있을까요? T: 아아~ 비눗방울을 부는 방법도 있고, 풍선을 부는 방법도 있고, 그래, 또 숨을 참는 방법도 있구나! 여러 가지 방법이 있네. T: 그럼 친구들이 말한 방법 중에 오늘은 풍선을 불어 봐요~	준비물: 『공기를 보았니?』 동화책
전개	1. 풍선 하나를 꺼내 교사가 분다. T: 와, 선생님이 후~ 하고 부니까 풍선이 어떻게 됐어요? 　그래, 그럼 풍선이 왜 커진 걸까? 아~ 공기가 들어가서 그런 거였구나. 2. 아이들에게 풍선 하나씩을 나눠 주고 불게 한다. T: 우리 친구들도 풍선에 공기를 넣어 줘서 풍선을 크게 만들어 볼까요? T: 와, 우리 친구들이 공기를 넣어 줘서 풍선이 커졌어요. 　그런데 친구들이 입을 떼니까 어떻게 되었나요? 그래요, 공기가 빠져 나가서 풍선이 다시 작아졌죠? 3. 풍선을 튕기는 활동을 한다. T: 선생님은 풍선 안에 있는 공기가 빠져나가지 못하게 묶을 거예요.	준비물: 풍선, 백업, 신나는 노래(CD 혹은 피아노 반주)

전개	T: 우리 오늘은 이렇게 공기가 들어가서 커진 풍선을 통! 통! 튕겨 볼 거예요. 선생님이 풍선을 여기 이만큼 불어 왔어요. 그리고 이건(백 업을 보여 주며) 풍선을 튕기게 할 수 있는 거예요. T: 이제 친구들이 풍선을 튕겨 볼 건데 그전에 우리가 지켜야 할 약속 들이 있어요. 어떤 것들이 있을까요? T: 그래요, 친구와 싸우지 않고 재미있게 풍선놀이 할 수 있겠지요? 그럼 다 같이 풍선을 튕겨 볼까요? 자, 시작! T: 와, 친구들 모두 풍선을 잘 튕겼어요. 그럼 이번에는 친구와 함께 풍선 주고받기를 해 볼까요? 시작!
마무리 및 평가	T: 우리 오늘은 어떤 것에 대해 알아보았지요? T: 공기를 느낄 수 있는 방법 중에 가장 기억에 남는 방법은 무엇이었 어요? T: 재미있거나 힘들었던 점은 어떤 것이었어요?
확장활동	

9. 환경과 생활 ④ 물을 깨끗하게 만들어요

대주제	환경과 생활				
소주제	물과 우리 생활	활동형태	대집단	유형	신체 활동
활 동 명	물을 깨끗하게 만들어요	소요시간	20분	대상연령	만 5세
활동목표	• 물이 오염되는 과정과 깨끗해지는 과정을 몸으로 표현해 본다. • 물의 오염을 몸으로 표현해 봄으로써 물의 소중함을 안다.				
표준보육과정 관련 요소	신체운동 · 건강 영역 〉 신체 활동에 참여하기 〉 자발적으로 신체 활동에 참여하기 자연탐구 영역 〉 과학적 탐구하기 〉 생명체와 자연환경 알아보기				
활동자료	깨끗한 강과 오염된 강 교구, 물을 오염시키는 행동이 적힌 카드, 물을 깨끗하게 하는 행동이 적힌 카드, 물을 오염시키는 요인이 적힌 카드가 담긴 뽑기 통, 물을 깨끗하게 하는 행동이 적힌 카드가 담긴 뽑기 통				
사전활동	평소에 물이 오염되는 행동을 했는지에 대해 이야기를 나눠 본다.				

활동방법	활동내용	준비물 및 유의점
도입	1. 오염된 물 사진을 보여 준다. T: 은하수반 친구들, 오늘은 선생님이 친구들 보여 주려고 사진을 가지고 왔어요. 　(더러운 강물 사진을 보여 주며) 무슨 사진일까요? 어때 보여요? T: 그렇구나, 왜 이렇게 물이 더러워졌을까요? 아~ 그렇게 생각했구나. 　그럼 친구들이랑 선생님이 같이 사진 속 물이 왜 더러워졌는지 몸으로 표현하며 알아볼까요?	준비물: 오염된 강물 사진
전개	1. 오늘 할 신체 활동에 대해 설명한다. T: 친구들, (깨끗한 강 교구를 가리키며) 바닥에 있는 이것은 무엇일까요? 　그렇구나, 아까 본 사진은 더러운 물이었는데 이건 깨끗한 물이구나. 그럼 이렇게 깨끗한 물에서 우리가 평소에 물을 어떻게 더럽히고 있는지 몸으로 표현해 볼 거예요. T: 선생님이 들고 있는 뽑기 통 안에 있는 카드를 한 친구가 하나만 뽑을 거예요. 그다음에 그 친구가 뽑은 내용을 몸으로 표현해 볼 거예요. 그럼 나머지 친구들이 어떤 표현인지 맞혀 봐요. 문제를 낸 친구는 문제를 다 내고 정답이 나와서 자리에 들어갈 때 강을 하나 뒤집어 주세요. T: ○○이부터 나와서 뽑아 주세요.	준비물: 깨끗한 강과 오염된 강 교구, 뽑기 통, 카드,

2. 물을 오염시키는 활동을 한다.

T: ○○이가 무엇을 뽑았을까요? ○○이가 몸으로 표현하는 걸 잘 보고 우리 은하수반 친구들이 맞혀 주세요!

(20명의 아이들이 한 명씩 나와 총 20번을 표현하고 맞히는 활동을 한 후)

T: 친구들! 남은 깨끗한 강물을 다 뒤집으면 어떻게 될까요?

우리 한 번 다 뒤집어 봐요!

T: 강물이 어떻게 보여요? 그래, 왜 더러워졌을까요?

그렇구나, 세수도 하고, 쓰레기도 버리고, 설거지도 해서 더러워졌구나.

3. 물을 정화시키는 활동을 한다.

T: 그림 물이 계속 아프면 안 되니까 우리 친구들이 물을 다시 안 아프게 만들어 주세요!

T: 이번엔 □□이부터 나와서 카드를 뽑아 표현해 주고, 우리 친구들은 또 잘 보고 맞혀 주세요!

(20명의 아이들이 한 명씩 나와 총 20번을 표현하고 맞히는 활동을 한 후)

T: 친구들! 남은 강물을 다 뒤집으면 어떻게 될까요? 모두 뒤집어 봐요!

T: 은하수반 친구들이 다시 물을 깨끗하게 만들었구나!

T: 이제 우리 친구들이 모두 물을 더럽히는 행동을 하지 않고, 물을 깨끗하게 하는 행동을 해서 그런 거예요. 박수!

전개	(위 내용)	
마무리 및 평가	1. 오늘 했던 활동에 대해 이야기를 나눈다. T: 오늘 한 활동 어땠어요? T: 재미있거나 힘들었던 점은 무엇이었어요? T: 그림 우리 오늘 배운 것처럼 물을 아껴서 손을 씻고 점심 먹으러 가요~	
확장활동	물을 사랑하는 내용의 그림을 그린다.	

10 계절 ① 바람이 불어요

대주제	계절				
소주제	사계절의 날씨	활동형태	대집단	유형	신체 활동
활동명	바람이 불어요	소요시간	30~40분	대상연령	만 4세
활동목표	• 사계절에 대한 바람을 이야기해 보고 몸으로 표현할 수 있다. • 스카프를 가지고 사계절의 바람을 자유롭게 표현할 수 있다.				
표준보육과정 관련 요소	신체운동 · 건강 영역 〉 신체 활동에 참여하기 〉 자발적으로 신체 활동에 참여하기 자연탐구 영역 〉 과학적 탐구하기 〉 자연현상 알아보기				
활동자료	스카프 또는 보자기, 찍찍이판, 여러 가지 계절 · 날씨 사진, 계절 노래(〈사계〉)				
사전활동	선생님과 함께 바람개비를 만들어 본다.				

활동방법	활동내용	준비물 및 유의점
도입	1. 계절과 그에 따른 바람에 대해 사진을 보며 이야기한다. T: 친구들 아침에 올 때 날씨가 어땠어요? T: (아이들과 상호작용한 뒤) 그래서 오늘은 선생님이랑 계절과 바람에 대해 이야기를 해 볼 거예요~ T: (찍찍이판에 봄 사진을 붙이며) 이 사진은 어느 계절일까요? 　아~ 그럼 봄에는 어떤 바람이 불까요? 손으로 한 번 표현해 볼까요? T: (찍찍이판에 여름 사진을 붙이며) 이 계절은 어느 계절 같나요? 여름에는 어떤 바람이 불 것 같아요? 손으로 한 번 표현해 볼까요? 　그런데 여름에는 태풍이라고 많은 바람이 쌩쌩 불어 올 때도 있어요~ 모두 태풍을 아나요? 손으로 한 번 표현해 볼까요? 　(사진을 붙여주며) 이게 바로 태풍이에요~ 태풍이 오면 사람들이 우산을 들고 다니지도 못할 만큼 아주 강한 바람이 분대요~ 손으로 한 번 표현해 볼까요? T: (찍찍이판에 가을 사진을 붙이며) 이 계절은 어느 계절일까요? 　가을에는 어떤 바람이 불까요? 손으로 한 번 표현해 볼까요? T: (찍찍이판에 겨울 사진을 붙이며) 이 그림은 어느 계절일까요? 　겨울에는 어떤 바람이 부나요? 손으로 한 번 표현해 볼까요?	준비물: 찍찍이판, 여러 가지 계절 · 날 씨 사진
전개	1. 스카프를 나눠 주고 도입에서 이야기한 바람들을 표현하도록 한다. T: 선생님이 스카프를 나눠 주면 이 스카프를 가지고 우리가 바람을 직접 몸으로 표현할 거예요. 　두 명씩 나와서 앞에 있는 스카프를 하나씩 가져가세요. 　선생님이 노래를 틀어 주면 노래에 맞춰 계절바람들을 표현해 보세요~	준비물: 스카프 또는 보자기, 계절 노래(〈사계〉)

전개	T: (노래를 틀어 주며) 따뜻한 봄이 왔어요. T: (노래를 틀어 주며) 이번엔 무더운 여름 바람을 표현해 볼까요? 그런데 갑자기 태풍이 왔어요! T: (노래를 틀어 주며) 여름이 지나가고 가을이 왔어요~ 가을 바람은 어떻게 분다고 했죠? T: (노래를 틀어 주며) 이번에는 추운 겨울이 왔어요~ 겨울 바람을 표 현해 보세요~ 2. 계절별(봄, 여름(태풍), 가을, 겨울)로 바람을 표현해 보고 원하는 유아는 앞에서 표현해 보도록 한다. T: 우리 이제 봄바람처럼 움직여 볼까요? 앞에 나와서 한번 표현해 볼 까요? (반복하여 실행함으로써 모든 유아가 친구들 앞에서 보여 줄 수 있도록 한다.) 3. 노래를 틀고 아이들과 활동을 여러 번 반복한다.	유의점: 아이들이 충분 한 공간에서 바람을 표현할 수 있도록 공 간을 잘 확보 한다.
마무리 및 평가	T: 오늘 우리가 스카프로 무엇을 표현해 봤죠? T: 스카프로 바람을 표현해 보니까 재미있었나요? 어떤 점이 재미있었 나요? T: 그럼 우리 저번 시간에 만들었던 바람개비를 들고 밖에 나가서 직 접 바람을 느껴 볼까요?	
확장활동	새 노래 – 〈바람은 장난꾸러기〉 (〈바람은 장난꾸러기〉 노래를 함께 배워 본다.)	

10 계절 ② 나비와 꽃

대주제	계절				
소주제	봄의 풍경	활동형태	대집단	유형	신체 활동
활동명	나비와 꽃	소요시간	20~30분	대상연령	만 3세
활동목표	• 규칙을 만들고 지키며 꽃과 나비의 모습을 표현한다. • 나비와 꽃이 되어 친구와 접촉함으로써 친밀감을 형성한다.				
표준보육과정 관련 요소	신체운동·건강 영역 〉 신체 활동에 참여하기 〉 자발적으로 신체 활동에 참여하기 사회관계 영역 〉 다른 사람과 더불어 생활하기 〉 친구와 사이좋게 지내기				
활동자료	시트지로 만든 꽃(빨강, 노랑, 초록, 파랑), 도화지로 만든 나비와 꽃				
사전활동	새 노래 시간에 〈숲속을 걸어요〉 노래를 배워 본다.				

활동방법	활동내용	준비물 및 유의점
도입	1. 〈나비야〉 노래를 부르며 아이들을 모은 후 먼저 오는 아이부터 차례로 가슴에 꽃을 붙여 준다. 2. 나비 이야기를 들려 준다.	준비물: 시트지로 만든 꽃(빨강, 노랑, 초록, 파랑), 도화지로 만든 나비와 꽃
전개	1. 나비와 꽃의 움직임을 흉내 낸다. T: 나비를 본 적 있나요? T: 나비가 어떻게 날지요? T: 나비는 어떻게 꿀을 먹지요? ○○이는 이렇게 꿀을 먹었구나. 또 다른 사람은 없나요? (선생님이 꽃이라 하고 보여 주게 한다.) T: 꽃은 어떻게 움직이죠? T: 꽃은 말을 못 하는데 나비를 어떻게 부르죠? T: 몸으로 표현해 볼까요? 	준비물: 시트지로 만든 꽃(빨강, 노랑, 초록, 파랑), 유의점: 소외되는 아이가 없도록 주의한다.

전개	2. 활동을 하면서 다치지 않도록 시범을 보이며 규칙을 정한다. T: 이제 우리 친구들이 나비와 꽃이 되어 볼 거예요~ 　(꽃 색이 다른 두 친구를 일으켜 선생님이 나비가 되어 시범을 보인다.) T: 자, 선생님이 배고픈 나비예요~ 　선생님은 빨간 친구와 파란 친구의 꿀을 먹을 거예요~ 그러면 빨강이를 꼭 껴안고 파랑이는 손을 꼭 잡을 거예요. 　그런데 나비가 꽃을 밀거나 때리면 꽃의 기분이 어떨까요? 　그럼 어떻게 해야 할까요? T: 그럼 ○○반 친구들이 말한 것들을 여기에 적어 놓을게요. 잘 지키면서 놀 수 있죠? 3. 선생님이 시범을 보여 준 후 아이들이 활동을 시작한다. T: 자기 가슴에 꽃이 보이나요? 하나 둘 셋 하면 무슨 색인지 큰소리로 이야기해 보세요~ 하나 둘 셋! T: 선생님이 말하는 색의 친구들은 꽃이 되고 나머지 친구들은 나비가 되는 거예요~ 　빨간 꽃, 노란 꽃 친구들 손 들어 볼까요? 일어서서 친구들이 있고 싶은 곳에 가서 서 있고, 나머지 친구들은 나비가 되어 꽃에게 가서 꿀을 받아 보세요~ 　(선생님도 함께 참여한다.) T: 자, 이번엔 바꿔 볼까요? 　초록 꽃, 파랑 꽃 친구들이 꽃이 되어 피어 보세요. 그럼 빨간 꽃, 노란 꽃 친구들은 이제 나비가 되어 볼까요? 4. 색깔을 바꾸어 가며 반복하다 맛있는 꿀을 먹은 기분을 몸으로 표현 해 본다. T: 달콤한 꿀을 먹은 나비는 기분이 어떨까요? 몸으로 표현해 볼까요?	
마무리 및 평가	1. 이야기를 나누며 활동을 마무리한다. T: 자~ 이번에는 선생님이 꽃이에요~ 나비들 모두 이리 날아오세요~ T: 오늘 어떤 게 재미있었나요? T: 꽃이 되어 보니 어땠어요? T: 나비가 되어 보니 어땠어요? T: 나비는 무엇을 배불리 먹었죠? 　우리도 나비처럼 배불리 밥을 먹으러 가 볼까요?	
확장활동	자연탐구 – 나비와 꽃 (나비와 꽃에 관련된 책을 자연탐구 영역에 배치한다.)	

10 계절 ③ 눈싸움을 해 보자

대주제	계절				
소주제	신나는 겨울놀이	활동형태	대집단	유형	신체 활동
활 동 명	눈싸움을 해 보자	소요시간	20~30분	대상연령	만 4세
활동목표	• 눈을 이용한 놀이에 흥미를 갖는다. • 팀이 되어 협동하는 능력을 기른다.				
표준보육과정 관련 요소	신체운동 · 건강 영역 〉 신체 활동에 참여하기 〉 자발적으로 신체 활동에 참여하기				
활동자료	찢은 신문지 혹은 신문지, 색 테이프				
사전활동	눈이 내린 날 바깥놀이에서 눈싸움을 해 본다.				

활동방법	활동내용	준비물 및 유의점
도입	1. 이야기 나누기 T: ○○반 우리 어제 하늘에서 무슨 일이 일어났는지 말해 볼까요? T: 그렇지요, 어제 하늘에서는 많은 일이 있었구나. 그럼 우리 유치원 근처에 하얗게 쌓인 건 무엇일까요? T: 그럼 눈으로 할 수 있는 놀이에는 어떤 것들이 있을까요? T: 어제 우리 친구들 다 같이 눈싸움 재미있게 해 봤죠? T: 선생님이 어제 밖에서 한 눈싸움을 교실에서 할 수 있도록 준비했어요. 그럼 우리 교실에서 눈싸움을 해 볼까요?	
전개	1. 눈 만들기 T: 눈싸움은 눈이 내려야 할 수 있겠죠? 그럼 지금부터 선생님이 구름이 되어서 눈을 내려 줄게요~ (교사가 찢어 놓은 신문지 조각을 뿌린다.) T: 선생님 구름 혼자서는 눈이 쌓이질 않네. ○○반 친구들 모두 구름이 되어서 선생님을 도와 눈을 뿌려 볼까요?(아이들에게 교사처럼 신문지 조각을 뿌리게 하거나 찢어지지 않은 신문지를 찢도록 한다.) T: 우와~ ○○반 친구들이 구름이 되어 눈을 뿌려 준 덕분에 우리 교실에 신문지 눈이 가득 쌓였어요. 	준비물: 찢은 신문지, 신문지, 색 테이프

전개	2. 눈뭉치 만들기 T: 우와~ ○○ 친구들이 구름이 되어 눈을 뿌려 준 덕분에 우리 교실에 신문지 눈이 가득 쌓였어요. 그럼 우리 눈뭉치를 만들어 볼까요? (아이들이 자유롭게 만들고 싶은 크기로 눈뭉치를 만드는 동안 교사는 아이들과 상호작용한다.) 3. 팀 나누기 T: 친구들 모두 눈뭉치를 열심히 만든 덕분에 교실에 눈뭉치가 가득 쌓였어요. 이제 눈싸움을 하려면 팀을 나눠야 하는데 어떻게 나누면 좋을까요? T: 그럼 우리 어제 바깥놀이에서 했던 것처럼 팀을 나누어서 해 볼까요? T: 친구들 어제 바깥놀이 때 한 약속들 기억나요? T: 다들 약속을 잘 기억하고 있구나. 그럼 우리 어제 한 약속들을 지키면서 눈싸움을 해 봐요. 4. 눈싸움하기 T: 교사가 색 테이프로 교실의 중간을 표시해 주고 팀끼리 모여 눈을 던지는 눈싸움을 한다. 5. 눈싸움이 끝나고 T: 그럼 우리 다 같이 눈뭉치가 몇 개 남았는지 세어 볼까요? (아이들과 각 팀에 남은 눈뭉치 숫자를 세어 보고 활동을 마무리한다.)	
마무리 및 평가	T: 친구들과 교실에서 눈싸움을 해 보니 어땠어요? T: 어떤 점이 힘들었고 어떤 점이 재미있었나요?	
확장활동	오늘 눈싸움하던 모습을 그림으로 그려 본다.	

10 계절 ④ 민들레씨의 여행

대주제	계절				
소주제	봄의 풍경	**활동형태**	대집단	**유형**	신체 활동
활동명	민들레씨의 여행	**소요시간**	20~30분	**대상연령**	만 4세
활동목표	• 민들레씨가 날아가는 모습을 몸으로 표현해 본다. • 민들레씨의 여행 과정을 표현해 봄으로써 창의적 표현력을 기른다.				
표준보육과정 관련 요소	신체운동 · 건강 영역 〉신체 활동에 참여하기 〉자발적으로 신체 활동에 참여하기 예술경험 영역 〉예술적 표현하기 〉움직임과 춤으로 표현하기				
활동자료	민들레씨, 민들레씨 사진, 그림동화책, 민들레씨 머리띠, 바닥에 붙일 것(냇물), 벽에 붙일 것(튤립 4개, 은행나무 1개), 은행잎, 바람, 빗줄기, 관련 음악(빗소리, 바람소리, 느린 노래, 빠른 노래, 잔잔한 자장가, 신나는 노래)				
사전활동	아이들과 밖에 나가 직접 민들레를 보고 불어 본다.				

활동방법	활동내용	준비물 및 유의점
도입	1. 민들레씨 사진과 실물을 보여 준다. T: (민들레씨 사진을 보여 준다.) 친구들 이게 뭘까요? T: 선생님이 실제로도 가져왔어요. (민들레씨를 보여 준다.) 이게 뭘까 　요? T: 친구들은 민들레를 본 적 있나요? 후~ 불면 어떻게 되었나요? T: 그럼 오늘은 민들레씨가 어디로 날아가는지 함께 책을 읽고 알아보 　아요. 2. 『민들레 씨앗의 여행』 책을 보고 이야기해 본다. T: 민들레씨가 하늘로 날아갈 수 있게 누가 도와주었나요? T: 민들레씨는 여행을 하면서 어디로 날아갔나요?	준비물: 민들레씨, 민들 레씨 사진, 그 림동화책 『민 들레 씨앗의 여 행』
전개	T: 선생님이 동화에서 나온 냇물, 튤립, 은행나무를 준비했어요. 　(민들레씨 머리띠를 나눠 준다.) 오늘은 친구들이 직접 민들레씨가 　되어 날아가 볼 거예요. T: 민들레씨가 날아가려면 무엇이 필요하다고 했죠? 　바람이 필요했죠~ (바람소리를 튼다.) 　마침 바람이 불어오네요! (만들어진 바람 그림을 교사가 들고 바람 　을 불어 준다.) T: 민들레씨 친구들, 냇물까지 자유롭게 날아가 봐요. (신나는 음악을 　튼다.) T: 냇물에 왔어요! 냇물에 빠지지 않으려면 어떻게 날아가야 할까요?	준비물: 민들레씨 머리 띠, 색지로 만 든 바람, 색종 이로 만든 빗 줄기, 부직포 로 만든 냇물, 전지로 그린 튤립 4개, 전 지로 그린 은 행나무와 부직

전개	T: 천천히, 조심조심 날아가야겠다. 민들레 친구들, 냇물에 빠지지 말고 튤립까지 날아가 봐요. (느린 노래를 튼다.) T: 튤립에 무사히 도착했어요. (빗소리를 튼다.) 어! 근데 비가 내리네요. 잠깐 쉬었다 가야겠어요. 친구들~~ 우리 튤립 밑에서 잠깐 쉬어 가요. (교사가 빗줄기를 뿌린다.) T: 비가 그쳤어요. 잠깐 쉬었으니 이제 은행나무까지 빨리 날아갑시다. (빠른 음악을 튼다.) T: 은행나무에 도착했어요! 하지만 곧 겨울이 되어 날아갈 수가 없어요. 민들레씨 친구들 언제 다시 여행을 떠나야 할까요? T: 그럼 그때까지 은행나무 밑에서 잠을 자고 친구들이 말한 때가 오면 다시 여행을 떠나요. (잔잔한 자장가를 튼다.) T: 겨울이 지나갔어요~ 민들레씨 친구들 다시 날아갈 준비를 합시다. T: (바람소리를 튼다.) 바람이 불어오네요! (만들어진 바람 그림을 교사가 들고 바람을 불어 준다.) 친구들이 꽃을 피우고 싶은 곳으로 자유롭게 날아가서 앉아 보아요. (신나는 음악을 튼다.) T: 민들레씨 친구들~ 어디에 앉았나요? T: (아이들이 답한 내용을 토대로) 유치원 앞, 집 앞, 놀이터에 앉았구나. 그럼 앉은 곳에서 예쁜 민들레꽃을 활짝 피워 보아요.	포로 만든 은행잎, 관련 음악(느린 노래, 빠른 노래, 잔잔한 자장가, 신나는 노래, 바람소리, 빗소리)
마무리 및 평가	1. 활동이 끝난 후 한곳에 모여 마무리를 한다. T: 친구들, 민들레씨가 되어 보니 어땠나요? T: 어떤 점이 재미있었어요? T: 민들레씨 머리띠는 한곳에 모아 둘게요. 또 해 보고 싶은 친구들은 자유놀이 시간에 해 보세요.	
확장활동	자연현장에 나가서 실내에서 한 활동을 실제 자연물들을 이용하여 활동해 본다.	

참·고·문·헌

교육과학기술부, 보건복지부(2013). 3~5세 연령별 누리과정 해설서와 지침서.

김수연(2002). 통합적 동작활동 유아의 신체 발달 및사회성 발달에 미치는 영향. 계명대
　　　학교 교육대학원 석사학위논문.

김은심(2011). 유아 동작교육의 이론과 실제. 서울: 창지사.

김은정(2003). 유아체육활동이 5~6세 유아의 운동능력과 인지발달에 미치는 영향. 명지
　　　대학교 사회교육대학원 석사학위논문.

김현지, 오연주(1998). 유아를 위한 체육활동 이론과 실제. 서울: 양서원.

노순주(2003). 통합적 운동놀이 프로그램이 유아의 운동능력 및 행동발달에 미치는 효
　　　과. 아동교육, 12(2). 103-120.

마에하시 아키라(2005). 영·유아 운동 발달: 심신의 건강(이정숙 역). 서울: 보경문화사.

배인자, 한규령(1996). 유아를 위한 동작교육의 이론과 실제. 서울: 양서원.

백민호(2002). 유아체육교육이 유아의 자아개념과 친사회적 행동에 미치는 영향. 국민대
　　　학교 교육대학원 석사학위논문.

보건복지부(2013). 제3차 표준보육과정.

보건복지부(2014). 제3차 어린이집 표준보육과정.

보건복지부, 교육과학기술부(2013). 3-5세 연령별 누리과정 해설서.

심성경, 이선경, 변길희, 김나림, 박주희(2007). 유아를 위한 동작교육의 이론과 실제. 서울:
　　　학지사.

오연주(2001). 4, 5세 유아의 운동능력에 영향을 미치는 관련 변인 연구. 한국유아교육학회
　　　지, 21(4), 45-65.

오연주, 김혜옥, 이경실, 권명희(2013). 유아 동작교육의 이론과 실제(개정판). 서울: 창지사.

오연주, 이경실, 김현지, 박경애(2000). 유아 동작 교육의 이론과 실제. 서울: 창지사.

유미경(1990). 현대무용 변천과정에 대한 논고. 공주대학교 대학원 석사학위논문.

육완순, 이희선(1992). 무용교육 과정. 서울: 금광.

이기숙(1992). 유아교육과정. 서울: 교문사.

이순례(2003). 통합적 유아 국악음률활동의 효과에 관한 연구. 성신여자대학교 대학원 석사학위논문.

이영(1993). 유아동작교육. 서울: 한국방송통신대학교 출판문화원.

이영, 전인옥, 김온기(2004). 유아를 위한 창의적 동작교육. 경기: 교문사.

이영, 전인옥, 김온기(2008). 유아를 위한 창의적 동작교육(개정판). 경기: 교문사.

이희자, 김경의, 이효숙, 함은숙, 허은주, 안연경(2009). 영·유아를 위한 동작교육. 경기: 공동체.

이희자, 김경의, 이효숙, 함은숙, 허은주, 안연경(2013). 영·유아를 위한 동작교육(2판). 서울: 공동체.

전가일(2013). 자유놀이에서 유아의 관계맺기에 대한 현상학적 연구. 서울대학교 대학원 박사학위논문.

정기정(2003). 델사르트와 라반의 움직임 이론이 뷔그만의 작품에 미친 영향. 신라대학교 대학원 석사학위논문.

정세호, 엄정애(2002). 통합적 동작활동이 종일제 유아의 기본운동능력 및 신체표현에 미치는 영향. 아동학회지, 23(5), 153-166.

정옥분(2002). 아동발달의 이해. 서울: 학지사.

정왕부(2012). 행복한 코칭 즐거운 공부. 경기: 푸른영토.

조희숙, 최인숙, 김경중, 정갑순, 신화식, 류왕효, 조경미, 박은준, 최재숙, 류인숙(1996). 아동발달 심리. 서울: 지학사.

최종삼, 손수범(2011). 스포츠·체육사의 이해. 서울: 21세기교육사.

Bollnow, O. F. (1971). 교육의 인간학(*Pdagogik in anthropologischer Sicht*) (오인탁, 전혜영 역). 서울: 문음사.

Bredekamp, S., & Copple, C. (Eds.) (1997). *Developmentally appropriate practice in early childhood programs.* Washington, DC: National Association for the Education of Young Children.

Bredekamp, S., & Rosegrants, T. J. (1992). *Reaching potentials: Appropriate curriculum and assessment for young children.* N.A.E.Y.C.

Frostig, M. (1970). *Movement education: Theory and practice.* Chicago: Follet.

Gabbard, C. (1998). Windows of opportunitiy for early brain and motor development.

Journal of Physical Education, Recreation, and Dance, 69, 54-55.

Gallahue, D. L. (1976). *Motor developmental movement experiences for young children* (pp. 3-7). NY: John Wiley & Sons.

Gallahue, D. L. (1996). *Development physical education for today' s children* (3rd ed.). IA: Brown & Benchmark.

Gallahue, D. L., & Donnelly, F. C. (2003). *Developmental physical education for all children* (4th ed.). Champaign, IL: Human Kinetics.

Gallahue, D. L., & Ozmun, J. C. (2009). 운동발달의 이해: 유아, 아동, 청소년, 성인 (*Understanding motor development: Infants, children, adolescents, adults*) (김경원, 송우엽 역). 서울: 레인보우북스.

Gallahue, D. L., Ozmun, J. C., & Goodway, J. D. (2012). *Understanding motor development: Infants, children, adolescents, adults.* New York: McGraw-Hill.

Graham, B. (2005). *The engaging museum: Development museums for visitor involvement.* N.Y.: Routledge.

Graham, G. (1992). Developmentally appropriate physical education for children. *Journal of Physical Education and Dance, 63*(6), 31-60.

Heidegger, M. (1998). 존재와 시간(*SEIN UND ZEIT*) (이기상 역). 서울: 까치글방.

Hendrick, J. (1992). *The whole child* (5th ed.). New York: Merrill/Macmillan.

Kamii, C., & DeVries, R. (1980). *Group games in early education.* Washington, DC: National Association for the Education of Young Children.

Kaur, H. (2003). Duration of television watching is associated with body mass index. *Journal of Pediatrics, 143*(4), 506-511.

MacDonald K., & Parke R. (1984). Bridging the gap: Parent-child play interaction and peer interactive cometence. *Child Development, 55*, 1265-1277.

Mayesky, M. (2006). *Creative activities for young children.* Clifton Park, NY: Delmar Learning.

Mayesky, M. (2012). *Creative activities for young childre* (10th ed). Belmont, CA: Wadsworth/Cengage Learning.

Mechikoff, R. A., & Estes, S. G. (2005). 스포츠와 체육의 역사 · 철학: 고대문명에서 현대까지 (*History and philosophy of sport and physical education: From ancient civilization to the modern world*) (김방출 역). 서울: 무지개사.

Mercogliano, C. (2002). 두려움과 배움은 함께 춤출 수 없다(*Making it up as we go along: The story of the albany free school*) (공양희 역). 서울 민들레.

Monsour, S., Cohen, M. C., & Lindell, P. E. (1966). *Rhythm in music and dance for children*. Belmont: Wadsworth Pub. Co.

Montgomery, P. C., & Connolly, B. H. (2008). Montgomery의 운동조절: 임상적 적용 (*Clinical applications for motor control*). (이정숙, 황보각, 구현모, 김성원, 박은세, 천송희 역). 서울: 영문출판사.

Mosston, M., & Ashworth, S. (1990). *The spectrum of teaching styles: from command to discovery*. N.Y.: Delmar Publishers Inc.

Piaget, J. (1952). *The origins of intelligence in children*. N.Y.: International University.

Pica, R. (2010). 출생부터 8세까지 유아를 위한 동작 음악교육(*Experiences in movement & music: Birth to age 8*) (김은심 역). 서울: 정민사.

Purcell, T. (1994). *Teaching children dance*. IL: Human Kinetics.

Robert, D. L. (2001). Successful preschool movement programs. *Teaching Elementary Physical Education, 12*, 30-33.

Trawick-Smith, J. (2005). 놀이지도: 아이들을 사로잡는 상호작용(*Interactions in the classroom*) (송혜린, 신혜영, 조혜진 역). 서울: 다음세대.

van Manen, M. (2012). The call of pedagogy as the call of contact. *Phenomenology & Practice, 6*(2), 8-34.

von Laban, R. (1963). *Modern educational dance*. London: Macdonald an Evans.

Zimmer, R. (2010). 움직임 교육의 이해(*Handbuch der Bewegungserziehung*) (김경숙, 주성순, 김도연, 최지현, 역). 서울: 대한미디어.

찾 • 아 • 보 • 기

저자 소개

전가일(Jeon Gail)
서울대학교 대학원 아동가족학과 석사 및 박사
서울대학교 부속어린이집 교사
한국은행어린이집 원장
현) 장안대학교 유아교육과 교수

이세라피나(Lee Seraphina)
중앙대학교 대학원 아동청소년학과 석사
중앙대학교 대학원 사회복지학과 박사 수료
양정삼성어린이집 교사
고양시보육정보센터 센터장
현) SK텔레콤푸르니어린이집 원장

김진욱(Kim Jinwook)
서울대학교 대학원 아동가족학과 석사 및 박사
서울대학교 부속어린이집 교사
서울대학교 부속어린이집 원장
현) 명지대학교 아동학과 교수

3차 표준보육과정과 누리과정에 맞춘

영유아 동작교육
Movement Education in Early Childhood

2015년 2월 16일 1판 1쇄 인쇄
2015년 2월 25일 1판 1쇄 발행

지은이 • 전가일 · 이세라피나 · 김진욱

펴낸이 • 김진환

펴낸곳 • (주) **학지사**

121-838 서울특별시 마포구 양화로 15길 20 마인드월드빌딩

대표전화 • 02-330-5114   팩스 • 02-324-2345

등록번호 • 제313-2006-000265호

홈페이지 • http://www.hakjisa.co.kr

커뮤니티 • http://cafe.naver.com/hakjisa

ISBN 978-89-997-0376-8 93370

Copyright © 2015 by Hakjisa Publisher, Inc.

정가 18,000원

인터넷 학술논문 원문 서비스 **뉴논문** www.newnonmun.com

이 도서의 국립중앙도서관 출판시도서목록(CIP)은 서지정보유통지원
시스템 홈페이지(http://seoji.nl.go.kr)와 국가자료공동목록시스템
(http://www.nl.go.kr/kolisnet)에서 이용하실 수 있습니다.
(CIP 제어번호: CIP2015003212)